国际政治经济学研究丛书
主编 张宇燕

A Study of Corruption Prevention System and Mechanism from the Horizon of Mutual Learning Among Civilizations

文明互鉴视域下的预防腐败体制机制研究

彭成义 著

中国社会科学出版社

图书在版编目(CIP)数据

文明互鉴视域下的预防腐败体制机制研究 / 彭成义著. —北京：中国社会科学出版社，2024.4

(国际政治经济学研究丛书)

ISBN 978-7-5227-2874-2

Ⅰ. ①文… Ⅱ. ①彭… Ⅲ. ①廉政建设—研究—中国 Ⅳ. ①D630.9

中国国家版本馆 CIP 数据核字(2023)第 247644 号

出 版 人	赵剑英
责任编辑	田 文
特约编辑	周晓慧
责任校对	张爱华
责任印制	张雪娇

出　　版	中国社会科学出版社
社　　址	北京鼓楼西大街甲 158 号
邮　　编	100720
网　　址	http://www.csspw.cn
发 行 部	010-84083685
门 市 部	010-84029450
经　　销	新华书店及其他书店

印刷装订	北京君升印刷有限公司
版　　次	2024 年 4 月第 1 版
印　　次	2024 年 4 月第 1 次印刷

开　　本	710×1000　1/16
印　　张	21.75
插　　页	2
字　　数	263 千字
定　　价	108.00 元

凡购买中国社会科学出版社图书，如有质量问题请与本社营销中心联系调换
电话：010-84083683
版权所有　侵权必究

献给所有关心中国发展与世界前途的同道同仁！

总　序

张宇燕[*]

为了繁荣和发展中国哲学社会科学，2016年中国社会科学院推出了"登峰计划"，力求重点打造一系列优势学科。世界经济与政治研究所承担了两项优势学科建设任务，国际政治经济学便是其中之一。将国际政治经济学作为研究所优势学科之一加以建设，主要出于三点考虑：其一，在经济与政治相互作用与融合越发深化的世界中，以经济学视角看待政治、以政治学视角看待经济，或是以政治经济学视角看待世界，实乃大势所趋，而且也是发挥世界经济与政治研究所优势的有效途径；其二，当今世界的许多大事，比如全球治理、打造新型国际关系、构建人类命运共同体等，都需要有跨学科的特别是政治与经济相结合的理论探讨与政策手段；其三，研究所有一批熟稔世界经济和国际政治的专家学者，他们在各自的研究领域内都取得了不小的学术成就。

---

[*] 作者系中国社会科学院学部委员，世界经济与政治研究所所长、研究员。

国际政治经济学并不是一个新学科。长期以来，它作为国际政治学或国际关系学的一个重要分支存在了数十年，其基本研究路径是以政治学和历史学为基础对国际或全球经济问题加以研究。近年来，越来越多的学者以经济学特别是经济学中的政治经济学理论来分析国际政治或国际关系，并尝试在此基础上发展出一门新的学科分支——国际经济政治学。今天的世界和今天的中国一方面从昨天走来，另一方面又与昨天有显著的不同。一度势不可当的全球化如今进入崎岖的历史路段便是一例。面对新形势，形成以马克思主义为指导、有中国特色的国际政治经济学，对身处中华民族伟大复兴新时代的中国专家学者而言既是机遇，更是责任。

在众多国际政治经济学可以施展的研究领域中，对"一带一路"建设的研究应该是最能发挥其独特优势的领域了。"一带一路"建设既是研究我国改革发展稳定重大理论和实践问题为主攻方向之一，也是发展中国理论和传播中国思想的重要依托。这一点可以从"一带一路"建设的五大内容，即与政治经济均高度相关的"五通"中得到充分反映。自2013年"一带一路"倡议提出以来，中国一直大力推进并且取得了一系列积极成果，其国际声势也达到了前所未有的高度。当前，中国经济发展进入新时代，外部经济环境不确定性明显增多。为了今后更好地推动"一带一路"建设，实现全球共享发展，对"一带一路"的战略意义、目标设定、实施手段、风险规避等都需要进一步思考。为此，我们将重点关注"一带一路"等重大问题，深入探讨新时代中国与世界的互动关系，并将陆续出版优势学科建设的成果，不断推动国际政治经济学的理论进步与学术繁荣。

一些上面提到的综合性、全球性议题的不断出现，也自然而然地把世界经济和国际政治学者聚拢到了一起。参与世界经济与政治研究所国际政治经济学优势学科建设的研究人员，主要来自国际战略研究室、国际政治经济学研究室和国家安全研究室的研究人员。作为世界经济与政治研究所国际政治经济学优势学科的负责人，同时作为本丛书的主编，在此我特别感谢读者的关注，也希望读者提出批评与建议。

2019 年 2 月

自　序

在本书即将付梓之际，看到经过多时的辛勤耕耘终于结出一份还有一定分量的果实，心里亦多感欣慰。亚圣孟子曾言："观水有术，必观其澜"，阅读一本书，序与跋无疑属于这种必观的"澜"之列。如果把全书比喻为一条龙，那序或可看作点睛之笔，所以笔者对此高度重视，并就本书在知识与智慧光谱的定位做个交代，让读者在开卷之前能有一幅地图，在这场知识与智慧的探险旅程中能有的放矢，少走弯路，直捣黄龙。

首先有必要开宗明义地指出，该书不是那种只有少数专业人员才读得懂并有所收获的以知识性为主的专业书籍，恰恰相反，笔者更希望它对那些关心中国和世界前途命运的仁人志士有一些思想甚至智慧性的启发。

智慧与知识的区别和分野是一个非常重要的问题，也是笔者近来思考较多的问题。前者因为灵活而且适用范围广，所以能引发较后者范围更广的共鸣，而后者则局限于相关的小群体。智慧与知识的差别经常让笔者想起庄子的一个精彩比喻："于是为之调瑟，废一于堂，废一于室，鼓宫宫动，鼓角角动，音律同矣。夫或改调一弦，于五音无当也，鼓之二十五弦皆动，未始异于声，而音之君已。"(《庄子·徐无鬼》)换句话说,知识性的写作只能引发对相关知识感兴趣的小众读者的兴趣或者共鸣,恰如庄子这里所言的宫商角徵羽的具体而殊的音,而智慧则好比"音之君",能作为所有音的最大公约数,引发最大范围的共鸣。思想则介于智慧与知识之间,不过有的时候也可以粗略地将其与智慧等同视之。

如果说智慧追求的是整全贯通,那么知识追求的则可能走向片面隔绝。中国古圣先贤有非常多的智慧,比如庄子就预见到了这种"道术将为天下裂"的趋势:

> 天下大乱,贤圣不明,道德不一,天下多得一察焉以自好。譬如耳目鼻口,皆有所明,不能相通。犹百家众技也,皆有所长,时有所用。虽然,不该不遍,一曲之士也。判天地之美,析万物之理,察古人之全,寡能备于天地之美,称神明之容。是故内圣外王之道,暗而不明,郁而不发,天下之人各为其所欲焉以自为方。悲夫!百家往而不反,必不合矣。后世之学者,不幸不见天地之纯,古人之大体,道术将为天下裂。(《庄子·天下》)

也正是在这个意义上,笔者认为古代的道学是一种"本学",现当代的学术更接近于"末学",与佛家所言"末法"时代呼应。古代的"博士"也确实是通达而博闻广记之士,今之"博士"不过是"专才""曲士""豪杰",甚至贬义来说则是《盐铁论》作者所言的不足挂齿的"斗筲之人,道谀之徒"(《盐铁论·杂论》)。当今中外学术界普遍存在的"学科越分越细，研究问题越来越窄，所用语言越来越与大众脱节"的现象就是这种趋势的一个极好体现。事实上，当今学术的本质确实就是在一个知识急剧爆炸的时代寻求一点点突破的尝试。这类活动对于人类知识的增加无疑是有益的，但是其对于大多数人包括研究者本身而言则没有太多实质性的意义。这种对于细枝末节的追寻最终走向穷途末路也就是其题中应有之义及不可避免的宿命。

佛家所言人生烦恼根源的贪嗔痴就包括"痴"，而观其字形，就可以知道其指向对知识的一种病态追求。这与庄子所言"吾生也有涯，而知也无涯。以有涯随无涯，殆已；已而为知者，殆而已矣"（《庄子·养生主》）的智慧有着异曲同工之妙。更进一步，"痴"还是天下祸乱的根源："天下每每大乱，罪在于好知。"（《庄子·胠箧》）这可能也让我们联想到西方文明所言亚当、夏娃偷吃知识树禁果从而走向堕落不归路的故事。可惜诚如老子所言，"信言不美，美言不信"，这些闪耀着人类智慧光芒的真知灼见并不为我们这个时代大多数人所理解和接受，所以可能还得继续等待一些时日去邂逅其知音。或许诚如庄子所言："万世之后，而一遇大圣，知其解者，是旦暮遇之也。"（《庄子·齐物论》）旦暮可以理解为人类的开始和结束，与西方上帝言其是开始和结束刚好呼应。英语表述为"Alpha and Omega"（阿尔法和欧米茄），由希腊字母的首字alpha（α 或 A）与尾字 omega（ω 或 Ω）组成。这些都不约而同地佐证了一种对人类历史的总分总模式的理解：从整全的道开始，中间是各种异化、各种迷失，但终究还是"同归而殊涂，一致而百虑"

(《周易》)。用歌德的优美表述就是:"在无尽之中,自我重复,终要万川归一。无数拱顶辐射交汇,终为扶持那巍峨的构型。万物之川流,只眷恋生命巨星和泥土。任由一切孜孜不止,终要在上帝那里得永恒的安息。"

本书的定位就需要放在这种宏大的历史观中去把握。本书作为笔者在研修过程中的阶段性成果,其专业性的知识占比还是很重,这其实也恰恰折射出笔者及其所处时代的一些基本特征。我们所处的时代无疑是知识主导的时代,所以离古人追求的"传道受业解惑"已经渐行渐远。如果说古人的道术主要还是侧重于认识世界的话,那么今天的知识无疑是以改造世界为主要目的。该研究的缘起事实上也是出于国家现阶段的发展需要,特别是党的十八大以来对反腐倡廉的高度重视以及取得巨大成果的基础上的前瞻性研究。鉴于此,本书的第二、三、四、五章中的前两节都是知识性的梳理,这些章的第三节"比较及完善建议"以及第一章"导论"和第六章"系统观念指导下中国预防腐败体制机制的国际借鉴和完善"则更多包含笔者的深入思考,值得大家用心细读。因为智慧的视角与知识的视角在研究和阐述的方法上有着本质的差异,所以这两者之间的张力在全书中也有体现。比如按照后者的要求,就不可能对一些核心概念如腐败进行一种广义的最大化的理解。书中对所有概念都倾向于做"扩大化"处理也就可能成为一些廉政研究专业人员不满以及诟病的地方。不管怎样,笔者希望所有读者朋友能有所收获,有所启发。

最后,恰如一份果实的长成除了依赖自身的原因外,还必须借助于一些必要的外因。这本书能得以付梓，也同样离不开一些"增上缘"的助力。比如中国社会科学院创新工程学术出版资助的立项，笔者所在研究室主任徐秀军研究员及张宇燕所长主编的国际政治经济学研究丛书的支持等。当然，追溯远一点，该书之所以能完成，又与笔者家人的辛勤付出是分不开的。再追溯远一点，因为世界本来就是互联互通的，我们每一个人都不可能单独存在，所以我们即使从名相上说有那么一点小小的成绩，那也是与他人以及万物分不开的。这里一并谢过。当然书中如有不足之处，也诚挚欢迎并期待大家不吝多多批评指正交流。

目　录

第一章　导论 …………………………………………………… (1)
　　一　研究背景 ……………………………………………… (1)
　　二　研究创新 ……………………………………………… (20)
　　三　研究价值 ……………………………………………… (25)
　　四　概念辨析 ……………………………………………… (27)
　　五　研究对象 ……………………………………………… (41)
　　六　研究思路、方法和规划 ……………………………… (45)

第二章　防止利益冲突制度 …………………………………… (48)
　　一　国外防止利益冲突制度 ……………………………… (48)
　　二　国内防止利益冲突制度 ……………………………… (67)
　　三　比较及完善建议 ……………………………………… (85)

第三章　政府公开透明制度 …………………………………… (94)
　　一　国外信息公开制度 …………………………………… (97)
　　二　国内信息公开制度 …………………………………… (115)
　　三　比较及完善建议 ……………………………………… (146)

第四章 官员财产申报与公示制度 ……………………（162）
 一 国外官员财产申报与公示制度 …………………（162）
 二 国内官员财产申报制度 …………………………（198）
 三 比较及完善建议 …………………………………（228）

第五章 吹哨人保护制度 ……………………………………（242）
 一 国外吹哨人保护制度 ……………………………（244）
 二 中国吹哨人保护制度 ……………………………（261）
 三 比较及完善建议 …………………………………（281）

第六章 系统观念指导下中国预防腐败体制机制的
国际借鉴和完善 ………………………………………（284）
 一 坚持用系统观念指导中国反腐倡廉体系建设 ………（285）
 二 文化形态学视角下的国际借鉴 …………………（288）
 三 中西宏观差异比较 ………………………………（294）
 四 中西腐败观差异及四项制度的"位"与
   "能" ………………………………………………（300）

参考文献 ……………………………………………………（315）

跋 ……………………………………………………………（328）

第一章

导　论

◇　一　研究背景

党的十八大以来，以习近平同志为核心的党中央反腐倡廉的决心和成绩有目共睹。从最开始的反腐败与腐败双方处于胶着状态，到压倒性态势正在形成、已经形成并巩固发展，直到反腐败斗争取得压倒性胜利，其间每一步对形势的评估都见证了反腐败斗争从量变到质变的过程。虽然压倒性胜利还不是彻底胜利，但意味着正义的一方已经占据优势，反腐败斗争站在了新的历史起点上。相应地，作为治本之策的预防腐败体制机制建设也提上了重要议事日程。为此，有必要对党的十八大以来的反腐倡廉建设有一个宏观的梳理和把握，从而更好地定位当前关于反腐败研究所处的位置。

（一）党的十八大以来中国反腐倡廉的披荆斩棘之旅

如何在集权体制下将权力关进制度的笼子，从而实现自我监督无疑是世界性难题，是国家治理的"哥德巴赫猜想"。那么中央是如何解答这个世界性难题的呢？从广义上讲，党的十八大以来中央所有重大战略举措都与从根本上解决腐败问题有关。比如统筹推进的"五位一体"总体布局和协调推进的"四个全面"战略布局等。"五位一体"是党的十八大报告的"新提法"之一，包括经济建设、政治建设、文化建设、社会建设、生态文明建设，这是我党对国家"实现什么样的发展、怎样发展"这一重大战略问题的科学回答。"四个全面"，即全面建成小康社会、全面深化改革、全面依法治国、全面从严治党，则更完整地展现出党的十八大以来中央领导集体治国理政总体框架，对国家各项工作的主攻方向、重点领域、关键环节做了总体规划，其与预防腐败的目标也更加接近和明确。在这些大政方针指导下推出的具体举措，比如让市场发挥决定性的作用，简政放权，加大开放力度以倒逼改革等都对预防腐败有着重要的促进作用。

从狭义上说，中央将权力关进制度笼子的思路集中体现为一体推进"三不"的反腐败斗争基本方针和全面从严治党的重要方略。笔者将其概括为三个面向，具体对应着"三不"中的"一不"内容。

第一，教育面向，对应"三不"中的"不想腐"。在党的十九大报告中，这个面向的具体举措包括加强理想信念教育，狠抓作风建设，坚持群众路线；以上率下，巩固落实中央八项规定精神成果，继续整治"四风"问题，坚决反对特权思想和特权现象；强化政治纪律和组织纪律，带动廉洁纪律、群众纪律、工作纪律、生活纪律严起来；坚持开展批评和自我批评，坚持惩前毖后、治病救人，运用监督执纪"四种形态"，抓早抓小、防微杜渐；强化监督执纪问责，加强纪律教育，让各级官员知敬畏、存戒惧、守底线，习惯在受监督和约束的环境中工作生活等。

第二，制度面向，具体对应着"三不"中的"不能腐"。在党的十九大报告中，这个面向的具体举措包括让权力在阳光下运行，把权力关进制度的笼子；强化自上而下的组织监督，改进自下而上的民主监督，发挥同级相互监督作用，加强对党员领导干部的日常管理监督；深化政治巡视，坚持发现问题、形成震慑不动摇，建立巡视巡察上下联动的监督网；深化国家监察体制改革，将试点工作在全国推开，组建国家、省、市、县监察委员会，同党的纪律检查机关合署办公，实现对所有行使公权力的公职人员监察全覆盖；制定国家监察法，依法赋予监察委员会职责权限和调查手段，用留置取代"两规"措施；改革审计管理体制，完善统计体制；构建党统一指挥、全面覆盖、权威高效的监督体系，把党内监督同国家机关监督、民主监督、司法监督、群众监督、舆论监督贯通起来，增强监督合力。[①]

第三，惩治面向，具体对应"三不"中的"不敢腐"。在党的十九大报告中，这个面向的具体举措包括保持对反腐败永远在路上的坚韧和执着，深化标本兼治；坚持无禁区、全覆盖、零容忍，坚持重遏制、强高压、长震慑，坚持受贿行贿一起查，坚决防止党内形成利益集团；在市县党委建立巡察制度，加大整治群众身边腐败

---

① 习近平：《决胜全面建成小康社会 夺取新时代中国特色社会主义伟大胜利——在中国共产党第十九次全国代表大会上的报告》，人民出版社2017年版，第67—68页。

问题力度；加强追逃追赃工作；推进反腐败国家立法，建设覆盖纪检监察系统的检举举报平台；压实纪检监察主体责任，等等。

此外，通过对十八届和十九届中纪委历次全会公报的梳理和比较，我们也能更好地发现其中的突出主题及重要发展线索。如表1-1所示，十八届中纪委第二次全会公布的中心工作主要包括四个方面，即坚决维护党章党纪、加强作风建设、坚持惩防并举以及加强纪检监察队伍建设。十八届中纪委第三次全会是在中共十八届三中全会发布《中共中央关于全面深化改革若干重大问题的决定》后召开的，其中心工作相应也有较大变化，这包括将加强反腐败体制机制创新和制度保障列为首要任务，突出对领导干部的监督、管理和教育。要求加大对领导干部个人事项报告的抽查力度也是从这时开始的。值得指出的是，这次全会特别强调要更加清醒地认识反腐败斗争的长期性、复杂性、艰巨性，这或许是并未将"预防腐败"列入中心任务标题中的重要原因之一，取而代之的是"坚持以零容忍态度惩治腐败，坚决遏制腐败蔓延势头"。十八届中纪委第五次全会则主要增加了两项中心工作，即"落实主体责任，强化责任追究"与"加强国际合作，狠抓追逃追赃"。这两项中心任务在十八届中纪委第六次全会上变成了"落实巡视工作条例，向全覆盖目标迈进"，以及"坚决整治和查处侵害群众利益的不正之风和腐败问题，切实加强基层党风廉政建设"。十八届中纪委第七次全会是在中央换届之年召开的，其中心工作就包括了"严明换届纪律"以及"提炼总结实践成果"等。到此时为止，中央反腐败工作已经取得重大进步，所以"巩固反腐败斗争压倒性态势"也被列为中心任务。

十九届中纪委第二次全会根据中央部署,将"党的政治建设"列为首要任务,其他则传承了上一届纪委的中心任务,比如加强巡视、巩固反腐败压倒性态势、整治群众身边腐败,落实问责等。十九届中纪委第三次全会则开始显现出一些显著变化,体现在中心任务及其表述上。前者将学习新思想、开展主题教育作为首要任务,以党的政治建设为统领力戒形式主义和官僚主义。后者包括"切实把制度优势转化为治理效能","做实做细监督职责,着力在日常监督、长期监督上探索创新、实现突破","完善巡视巡察战略格局","巩固发展反腐败斗争压倒性胜利","让人民群众有更多更直接更实在的获得感、幸福感、安全感",等等。十九届中纪委第四次全会一方面结合党中央战略部署安排了"保障脱贫攻坚决战决胜"等任务,另一方面提出了"推动化风成俗、成为习惯","完善巡视巡察上下联动工作格局,促进巡视巡察与其他各类监督贯通融合","构建一体推进不敢腐、不能腐、不想腐体制机制"等中心任务。十九届中纪委第五次全会则结合"十四五"规划的开局之年,将为后者保驾护航作为首要任务,并提出要落实"让求真务实、清正廉洁的新风正气不断充盈","促进社会公平正义、保障群众合法权益","推进巡视巡察上下联动,充分发挥党内监督利剑和密切联系群众纽带作用","促进各类监督贯通融合,不断增强监督治理效能"等中心工作。很明显,十九届中纪委的工作已经站在更高的起点上开始推进中国的反腐倡廉建设。这种细微的变化也凸显出中国反腐倡廉体系逐渐从政党中心向国家制度和社会治理一体推进的方向发展。

表1-1　　　　　　　　中纪委历次全会公报中心工作一览

中纪委历次全会公报	召开时间	中心工作
十八届二次全会	2013.1	①坚决维护党章的权威性和严肃性。 ②不折不扣落实中央关于改进工作作风、密切联系群众的八项规定。 ③坚持惩治和预防腐败两手抓、两手都要硬。 ④用铁的纪律打造人民满意的纪检监察干部队伍。
十八届三次全会	2014.1	①深入贯彻党的十八大和十八届三中全会精神,加强反腐败体制机制创新和制度保障。 ②深入落实中央八项规定精神,强化纪律建设,持之以恒纠正"四风"。 ③坚持以零容忍态度惩治腐败,坚决遏制腐败蔓延势头。 ④强化对领导干部的监督、管理和教育。 ⑤转职能、转方式、转作风,用铁的纪律打造纪检监察队伍。
十八届五次全会	2015.1	①从严治党、依规治党,加强党的纪律建设。 ②深化纪律检查体制改革,推动组织和制度创新。 ③深入落实主体责任,强化责任追究。 ④深入落实中央八项规定精神,驰而不息纠正"四风"。 ⑤持续保持高压态势,坚决遏制腐败蔓延势头。 ⑥加强国际合作,狠抓追逃追赃,把腐败分子追回来绳之以法。 ⑦落实监督责任,建设忠诚、干净、担当的纪检监察干部队伍。
十八届六次全会	2016.1	①严明党的纪律,完善监督制度。 ②深化体制机制改革,夯实管党治党责任。 ③落实巡视工作条例,向全覆盖目标迈进。 ④在坚持中深化、在深化中坚持,让中央八项规定精神落地生根。 ⑤力度不减、节奏不变,持续保持遏制腐败的高压态势。 ⑥坚决整治和查处侵害群众利益的不正之风和腐败问题,切实加强基层党风廉政建设。 ⑦建设忠诚、干净、担当的纪检监察队伍。
十八届七次全会	2017.1	①深入学习贯彻党的十八届六中全会精神,严肃党内政治生活,强化党内监督,严明换届纪律。 ②抓铁有痕、踏石留印,交上作风建设合格答卷。 ③以强有力问责督促各级党组织履行全面从严治党政治责任。 ④扎实推进监察体制改革,完善党和国家自我监督。 ⑤坚定旗帜立场、紧盯目标任务,巩固反腐败斗争压倒性态势。 ⑥立足本届完成纪检体制改革任务,提炼总结实践成果。 ⑦无须扬鞭自奋蹄,绝不辜负党和人民重托。

续表

中纪委历次全会公报	召开时间	中心工作
十九届二次全会	2018.1	①把党的政治建设摆在首位。 ②全面推进国家监察体制改革。 ③巩固拓展落实中央八项规定精神成果。 ④让巡视利剑作用更加彰显。 ⑤全面加强党的纪律建设。 ⑥巩固发展反腐败斗争压倒性态势。 ⑦坚决整治群众身边腐败问题。 ⑧推动全面从严治党责任落到实处。
十九届三次全会	2019.1	①持之以恒学习贯彻习近平新时代中国特色社会主义思想,深入开展"不忘初心、牢记使命"主题教育。 ②以党的政治建设为统领,坚决破除形式主义、官僚主义。 ③创新纪检监察体制机制,切实把制度优势转化为治理效能。 ④做实做细监督职责,着力在日常监督、长期监督上探索创新、实现突破。 ⑤持续深化政治巡视,完善巡视巡察战略格局。 ⑥有力削减存量、有效遏制增量,巩固发展反腐败斗争压倒性胜利。 ⑦持续整治群众身边腐败和作风问题,让人民群众有更多更直接更实在的获得感、幸福感、安全感。 ⑧按照政治过硬、本领高强要求,从严从实加强纪检监察队伍建设。
十九届四次全会	2020.1	①坚持以初心使命作为政治本色和前进动力,不断增强"两个维护"的自觉性坚定性。 ②全力保障脱贫攻坚决战决胜,集中整治群众反映强烈的突出问题。 ③持续深化纪检监察体制改革,推动健全党和国家监督体系。 ④发挥纪委监委专责监督作用,加强对权力运行的监督。 ⑤巩固拓展作风建设成效,推动化风成俗、成为习惯。 ⑥完善巡视巡察上下联动工作格局,促进巡视巡察与其他各类监督贯通融合。 ⑦构建一体推进不敢腐、不能腐、不想腐体制机制,进一步巩固和发展反腐败斗争压倒性胜利。 ⑧建设高素质专业化干部队伍,做忠诚干净担当、敢于善于斗争的战士。

续表

中纪委历次全会公报	召开时间	中心工作
十九届五次全会	2021.1	①自觉践行"两个维护",以强有力的政治监督保障"十四五"规划顺利实施。 ②坚定不移深化反腐败斗争,一体推进不敢腐、不能腐、不想腐。 ③深化整治形式主义、官僚主义顽瘴痼疾,让求真务实、清正廉洁的新风正气不断充盈。 ④持续整治群众身边腐败和不正之风,促进社会公平正义、保障群众合法权益。 ⑤推进巡视巡察上下联动,充分发挥党内监督利剑和密切联系群众纽带作用。 ⑥促进各类监督贯通融合,不断增强监督治理效能。 ⑦抓深抓实纪检监察体制改革,有效推进党内监督和国家监察全覆盖。 ⑧从严从实加强自我监督约束,建设政治素质高、忠诚干净担当、专业化能力强、敢于善于斗争的纪检监察铁军。
十九届六次全会	2022.1	①深入学习贯彻党的十九届六中全会精神,聚焦"国之大者"推动政治监督具体化常态化。 ②保持反对和惩治腐败的强大力量常在,坚定不移把反腐败斗争推向纵深。 ③持续加固中央八项规定堤坝,坚持不懈整治群众身边腐败和不正之风。 ④健全巡视巡察上下联动格局,实现高质量全覆盖目标任务。 ⑤促进纪检监察体制改革系统集成、协同高效,推动制度优势转化为治理效能。 ⑥落实政治过硬、本领高强要求,努力做党和人民的忠诚卫士。

资料来源:十八届中纪委第四次全会是为了学习贯彻党的十八届四中全会精神而专门召开的,并没有像其他例行全会那样发布公告,所以这里没有录入其中心工作进行比较。

(二)作为全面深化改革中较难啃"硬骨头"的四项制度

不难看出,党的十八大以来中国反腐倡廉的主要工作都是大体按照党的十八届三中全会设计的全面深化改革的总蓝图向前推进的。党的十八届三中全会的意义再怎么强调都不为过,正如习近平总书记所指出的:

党的十一届三中全会是划时代的,开启了改革开放和社会主义现代化建设历史新时期。党的十八届三中全会也是划时代的，开启了全面深化改革、系统整体设计推进改革的新时代，开创了我国改革开放的全新局面。要对标到2020年在重要领域和关键环节改革上取得决定性成果，继续打硬仗，啃硬骨头，确保干一件成一件，为全面完成党的十八届三中全会部署的改革任务打下决定性基础。①

当时设定的时间表是到2020年在重要领域和关键环节要取得决定性成果，无疑，其余的还应该继续推进下去。

正如习近平总书记在《关于〈中共中央关于全面深化改革若干重大问题的决定〉的说明》中所指出的那样，当时中国在反腐倡廉领域面临的主要是"反腐败机构职能分散、形不成合力，有些案件难以坚决查办，腐败案件频发却责任追究不够"②的问题，所以此次全会决定对加强反腐败体制机制创新和制度保障进行重点部署。主要是加强党的统一领导，明确"两个责任"，制定实施追责制度；健全反腐败的领导体制和工作机制，改善协调小组职能，提升纪委较之于同级党委的独立办案能力，全面落实中央纪委派驻及巡视制度的全覆盖等。从上面我们对党的十八大以来中纪委中心工作的回顾可知，这些主要目标无疑已经取得决定性成果。

而同在《中共中央关于全面深化改革若干重大问题的决定》中提出的与本研究相关的制度目标，即防止利益冲突制度，政府公开

---

① 《习近平谈治国理政》第3卷，外文出版社2020年版，第178页。
② 《习近平谈治国理政》，外文出版社2014年版，第83页。

透明制度，官员财产申报与公示制度，吹哨人保护制度，则仍有待加强和完善。其中相关的表述包括："让权力在阳光下运行"；"推行地方各级政府及其工作部门权力清单制度，依法公开权力运行流程。完善党务、政务和各领域办事公开制度，推进决策公开、管理公开、服务公开、结果公开"；"健全反腐倡廉法规制度体系，完善惩治和预防腐败、防控廉政风险、防止利益冲突、领导干部报告个人有关事项、任职回避等方面法律法规，推行新提任领导干部有关事项公开制度试点。健全民主监督、法律监督、舆论监督机制，运用和规范互联网监督"；"完善并严格执行领导干部亲属经商、担任公职和社会组织职务、出国定居等相关制度规定，防止领导干部利用公共权力或自身影响为亲属和其他特定关系人谋取私利，坚决反对特权思想和作风"。①

或许正如习近平总书记在2014年初接受外媒采访时所指出的，我们的改革"已进入深水区，可以说，容易的、皆大欢喜的改革已经完成了，好吃的肉都吃掉了，剩下的都是难啃的硬骨头……改革再难也要向前推进"②。现在回过头来看，本书考察的四项国际通行制度或者说"硬骨头"，是留到最后较难啃的"硬骨头"。吹哨人保护制度虽然在《中共中央关于全面深化改革若干重大问题的决定》中没有直接的表述，但是其无疑应该成为民主监督、法律监督、舆论监督和互联网监督的题中应有之义，而且正如下文所述，其意义并不局

---

① 《中共中央关于全面深化改革若干重大问题的决定》，人民出版社2013年版，第35—38页。

② 《习近平接受俄罗斯电视台专访》，《人民日报》2014年2月9日第1版。

限于反腐倡廉建设,对于推进整个国家治理体系和治理能力现代化,甚至社会主义民主政治建设都有重要意义。所以抓紧对这四项制度作出细致考察并做好中国相应制度完善的顶层设计无疑正当其时,并具有非常重要的意义。这是开展本研究最重要的一个背景。

(三) 中国反腐倡廉建设趋势与规律的必然要求

开展本研究的第二个重要背景是这四项制度的完善实乃反腐倡廉趋势和规律的必然要求。首先,预防腐败的重要性随着反腐败斗争的推进必将再次凸显并成为首要任务。在党的十八大召开前党中央曾于2005年发布《建立健全惩治和预防腐败体系实施纲要》,并于2008年和2013年分别发布两个五年"工作规划"。党的十八大后,鉴于反腐败形势的严峻性,工作策略逐渐转向"治标为治本赢得时间",所以"预防腐败"提得相对少一些,这从国家机构改革中不再单设预防腐败局方面也可见一些端倪。但是,随着反腐败斗争取得压倒性胜利,治本之策无疑将成为重中之重。而且正如上述对党的十八届三中全会提出的各项深化改革目标的回顾,尚未完成的多数任务与预防腐败体制机制建设有关,所以这是一个大趋势。正如一些有识之士所指出的,惩治腐败相对容易,预防腐败则明显属于更难啃的"硬骨头"。

首先,对于不同的权力,惩治性权力监督的最终机制与手段都是一样的,然而,预防性权力监督则是根据不同权力的性质、能级以及发生腐败的危险程度而各不相同,呈现出多样性的特征。因而,相比较而言,构建预防性权力监督并保障其作用的有效发挥,更具挑战性，不仅需要科学的制度和程序设计，以保障每一项权力监督的科学有效，而且需要有效的组织与整合，以保证权力监督能够形成合力，从而最终将各种权力都关进闭合的制度与监督之"笼"中。①

其次，中国反腐倡廉体系从以政党为中心转向与制度和社会协同发展已是大势所趋，因为出于党建国家的历史及党管干部的原则，中国反腐倡廉体系以政党为中心不难理解。这在党的十八大后全面加强党的领导和全面从严治党的背景下体现得更加明显。但是在实行改革开放之后，随着国家制度化和民主化的推进，中国反腐倡廉体系也逐渐扩展到国家和社会层面。1987年监察部的成立标志着在国家制度内建立起反腐倡廉体系。"随着国家行为的出现，必然是社会行为，因为，惩治与预防腐败的国家行为是从这样的基本政治原则出发的，即国家公权来自民众，必须维护民众的权益，接受民众的监督。"当然，鉴于"国家行为是基于社会行为而形成的，国家行为的强弱在一定程度上取决于社会行为的强弱，而社会行为的强弱则直接取决于社会自身的发育水平以及它与国家、政党所建立起来的关系……实践表明，市场经济的发展和社会自主性的成长，正不断增强社会行为的力度、广度和效度，在政党、国家之外，逐渐成为具有一定自主性的惩治与预防腐败的重要力量"。②

最后，对预防腐败四项制度的研究也是中国反腐倡廉规律的必

---

① 林尚立：《当代中国政治：基础与发展》，中国大百科全书出版社2017年版，第344页。

② 林尚立：《当代中国政治：基础与发展》，中国大百科全书出版社2017年版，第340页。

然要求。这有如下几点考虑。

第一，西方自由主义对反腐倡廉规律的认识和解决之道不足以满足中国反腐倡廉的需要。西方自由主义一开始就将其目光聚焦于公权力，这就决定了其片面性和先天不足。西方自由主义基于人性恶的假设，主张权力只能靠权力来制约，所以其制度设计特别强调多党竞争和分权制衡，并主张小政府大社会，建立法治切实保障人权等。这些已俨然成为西方主导下的普世"共识"和"真理"。受此影响，国内一些学者也是顺着这种思路去思考中国反腐倡廉建设的。① 比如浙江大学的陈国权团队提出的所谓"新三权"就是其中的代表性例子。他们使用的"新三权论"指的是"决策权、执行权与监督权"，从而与西方"立法、行政与司法"的老三权相区别。这种研究思路主张在权力结构方面可以拒绝西方三权分立的制度安排，但是在功能方面可以按决策、执行与监督的三分来有效替代结构上的三分，从而实现权力制约的目的。其核心逻辑是：社会细化分工的大趋势决定了政府的三事分工，三事分工决定了政府机构的三职分定，三职分定决定了三权分立。② 而且他们认为这种思路已经部分被官方所认同和吸纳，这在最近几次党代会报告中都有所体现。

然而，正如景跃进所指出的，这种思路存在着两个大的问题。第一，分工—分权是否必然导致制衡？分工确实是普遍的，它超越了不同政治体制的差异，而且其专业化应该导致机构—职能的分

---

① 在本书中，"国内""我国""中国"等通用，都指中华人民共和国的大陆地区。
② 陈国权、毛益民等：《权力法治与廉政治理》，中国社会科学出版社2017年版。

化，但是不同的政体对于分工原则的处理方式却是不同的，有的将分工原则转化为分权制衡的制度，有的则将其转化为分权协调的问题。第二，"新三权论"如何处理与民主集中制的关系？"新三权论"并未阐述清楚该思路是集权体制内部与政府过程有关的分支理论或局部性规则，还是支配整个中国政治权力结构的运行原理。从其逻辑来看，它是带有全局性的整体布局，那么这就面临着一个如何促成集权体制向分权体制转型的问题。这又使得这种思路显得跟老式西方"三权分立制衡"没有多大区别。事实上，"制约"和"协调"从来都是一个硬币的两面，而纵观中央的文件，通常是对二者并列进行强调的。自由主义片面强调"制约"忽略了"协调"的重要性。

所以为解决第二个问题，景跃进提出了"集权体制下的权力制约"的思路，也就是说，将西方三权分立和"新三权分立制衡"的逻辑作为局部性运行规则加以考量。而中国社会主义政治制度优越性的一个突出特点就是党所起的总揽全局、协调各方的领导核心作用。所以思考中国特色的权力制约机制，必须考虑这个大前提，而这也昭示出景跃进思路的前景更加广阔。

该思路主要包括两个层面的思考和设计。第一个层面是权力顶层的自我规训和自我约束。作为中国政体的组织原则，民主集中制特别强调集中统一和权力的有效行使，而且因为不存在多党竞争和分权制衡，所以相关的权力制约探索都是体制内部以问题为导向的自我探索。其中的核心议题就包括领导核心、权力交接、重大决策等。改革开放以来，中国在这些核心议题上都作出了重大推进，包括在人事维度取消了终身制，实行任期制；不复存在"指定制"，最高领导候选人的党内协商制；基于干部四化的精英层级遴选；保留"核心制"；党内法规建设（建章立制，强调政治规矩）及尊崇宪法、依法治国等。在决策维度实行重大决策的程序化、法制化、民主化，健全集体决策制等。在官方的表述中，这种寻求"将权力关进制度的笼子"的实践就是执政党的自我净化、自我完善、自我革新、自我提高，而前面提到的党的十八大以来中央在制度层面的举措就包括将这些制度体系更加定型和完善。

除了顶层的自我规训以外，第二个层面则是顶层之外的多元探索。相比于权力顶端的自我规训，顶层之下的实践更为丰富多样。首先，在党政体制内部，相关的权力制约实践既包括增强传统制度刚性，也包括在新的历史条件下进行的一些创新探索。前者包括加强自上而下监督、下派巡视组、增强审计考核、鼓励举报等，后者则包括干部四化、依法治国、依法行政、行政诉讼、国家赔偿、任职公示、听证会、民主测评、公民参与、信息公开、权力清单、权力在阳光下运行等。其次，在党政体制之外，随着计划经济向市场经济的转型，国家与社会关系、政府与市场关系开始登场，一系列重大的变化随之出现，如承认产权、引进外资外商、参与全球化、中产阶级的兴起、社会组织的涌现、公民权利意识的觉醒、自由流动资源增多、社会舆论形构等。公权力的边界开始得到界定，政府权力的行使方式开始规范化。不过，景跃进将其类比为集权体制的一个钟摆运动（见图1-1）。这个类比值得商榷，因为随着中国国家治理体系和治理能力现代化的推进，这个过程大概率是单向的，并不存在不停往复摆动的趋势，当然，就如很多事物的发展规律一样，也可能呈现出螺旋式上升的态势。

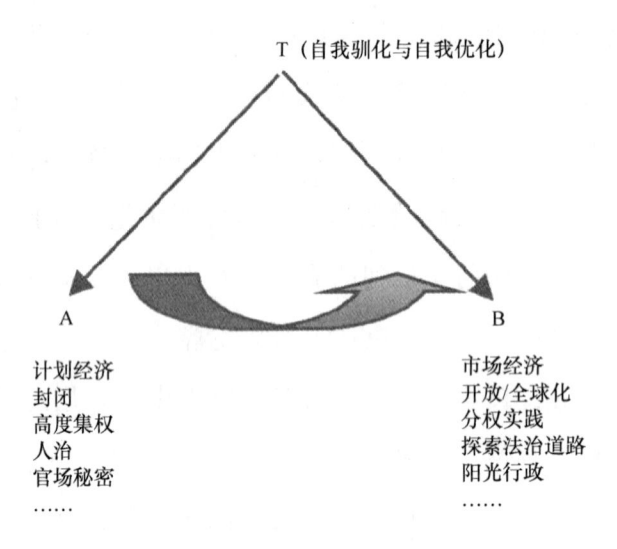

T（自我驯化与自我优化）

A
计划经济
封闭
高度集权
人治
官场秘密
……

B
市场经济
开放/全球化
分权实践
探索法治道路
阳光行政
……

图 1-1　集权体制的钟摆运动

资料来源：景跃进：《中国特色的权力制约之路——关于权力制约的两种研究策略之辨析》，《经济社会体制比较》2017 年第 4 期。

总之，两种对反腐倡廉规律的认识思路既有相似点也有重要的差异。两者的相似之处体现在方法论层面，景跃进将其总结为四个主要方面：第一，充分肯定权力制约问题在当代中国政治中的重要性；第二，都在"政治正确"的红线之内思考和谋求突破；第三，从经验现实而不是普遍理论出发框定现实政治；第四，以不同方式对主流理论进行反思和扬弃。两者的差异则主要体现在如下一些具体的主张上。第一，对权力制约与分权的关系这一基本理论问题，两者采取了不同的立场。"新三权论"保留并坚持分权对于权力制约的必要性和重要性，而"集权体制下的权力制约"则放弃了这种思路。第二，两种思路都区分了权力结构和权力运行，但是对其赋予了不同的内涵。"新三权论"将权力运行维度的决策、执行和监督三权提升到权力结构的层次，而"集权体制下的权力制约"则尊重民主集中制原则，将新三权的功能限定在权力运行维度。第三，在关于未来想象方面，"新三权论"设置了从"集权体制"向"分权制衡体制"的转型，而"集权体制下的权力制约"不做这样的设定。两者间的具体异同如表1-2所示。

表1-2　　　　　　　　两种研究策略的比照

研究策略 内容	新三权论	集权体制下的权力制约
在体制内思考	是	是
承认腐败的制度根源	是	是
权力制约的必要性	是	是
（老）三权分立	否	否
权力结构与权力运行二分法	采纳	采纳
决策权、执行权与监督权（新三权）	采纳	可以接受，但很难操作
新三权的功能位置	权力结构层面	权力运行层面
分权制衡原理	接受与重构	排斥（权力结构层面）
权力制约机制	新三权制约/协调	自我规训（权力结构层面） 强调监督（权力运行层面）
集权—分权二分法	承认基础上的转化	承认和持续
未来前景	体制转型	开放性/版本升级
研究方法	经验归纳+演绎	经验归纳/概括
对主流理论的立场	可以重构	可以重构

资料来源：景跃进：《中国特色的权力制约之路——关于权力制约的两种研究策略之辨析》，《经济社会体制比较》2017年第4期。

（四）补充现有研究之不足

鉴于上文所回顾的中国反腐倡廉工作重心的与时俱进与转移，国内学界对于预防腐败体制机制国际借鉴的研究文献相对比较老旧和稀少。对于预防腐败理论及体系建设，国内的研究成果多见于党的十八大之前。其中，清华大学程文浩教授的专著《预防腐败》（2011）比较系统地对腐败行为赖以发生的三要素，即公共权力（资源）、腐败动机、腐败机会及其各自的特点、变化规律及三者之间的互动关系进行了探讨，并运用此对工程建设领域和国有企业领域的腐败进行了解读，最后从宏观层面提出构建中国预防腐败体系需要解决的十对关系。但是，该书主要还是从学理层面进行分析，并没有从具体的制度层面对借鉴国外做法展开探讨。倪邦文、石国亮、刘晶所著的《国外廉政建设：制度与操作》（2010）对国外廉政建设的制度安排与行动策略进行了较为系统的梳理，但是其重点落在对国外廉政建设的组织体系与运行机制、廉政文化建设等方面进行介绍，而没有结合党的十八大后中国反腐倡廉制度建设推进的大背景来探讨借鉴国外具体制度的可行性等问题。张法连编著的《预防腐败势在必行：国内外预防腐败问题研究》（2008），其名虽曰研究，但实际上是政策文件及一些官方讲话和学界文章的合集，谈不上系统深入的研究。中山大学学者倪星的专著《惩治与预防腐败体系的评价机制研究》（2012）则对改革开放尤其是党的十六大以来中国反腐倡廉态势进行了系统梳理，重点探讨了制度反腐新战略的作用机理和实际效果。在此基础上，该书从"机会—意愿—行为"的腐败滋生逻辑和"投入—过程—产出—影响"的绩效评价维度出发，构建了一套包括腐败控制指数和腐败感觉指数在内的、主客观相结合的惩防腐败评价指数体系，并运用德尔菲法进行了指标筛选和赋权。对于本书所要考察的四种制度则没有进行系统深入分析。

在本研究拟重点考察的四种具体预防腐败的制度方面，国内学界的文献相对丰富且不乏党的十八大以后出版发表的作品。以公开出版的图书为例，在防止利益冲突方面，有庄德水的专著《防止利益冲突制度与廉政建设研究》（2010），会议论文集《反腐败：防止利益冲突的理论与实践》（2012）等；有干以胜主编的《新形势下防止利益冲突制度研究》（2015），聂资鲁等著的《域外防止公职人员利益冲突理论与实践研究》（2017）。在官员财产申报制度方面的文献最为丰富，有刘志勇的专著《中国官员财产申报制度研究》（2013），房宁等编著的《国外公职人员财产申报与公示制度》（2013），廖晓明与邱安民的专著《我国官员财产申报制度影响因素及实现路径探索》（2014），林华的专著《公职人员财产申报法的理论展开》（2019），郭强华的专著《中国特色财产申报制度研究》（2019）等。在信息公开制度方面，有赵雅丹的专著《信息分享结构与透明政府建设》（2012），王万华等编著的《知情权与政府信息公开制度研究》（2013），黄伟群的专著《政府信息公开保密审查制度研究》（2014）等。在吹哨人保护制度方面，尚没有专门的著作，但是有一些期刊文章，如郭萍的《吹哨人保护制度设计的四个关键》（2014），何名祥的《法治下实名吹哨人保护制度的建立和完善》（2014）等。但是，这些成果主要是从学理层面对某单一制度进行介绍和讨论，缺乏系统而深入的思考，也没有针对党的十八大后中国廉政制度建设的大好环境，利用世界银行和OECD专题组的最新研究成果和大数据，对四种制度可资借鉴的内容进行系统考察并提出可行的对策建议，更不用说对四种制度各自的优势劣势进行比较分析等。所以本研究可以补充当前研究文献的不足，并具有重要的理论和实践意义。

◇ 二 研究创新

在有关政策和研究的脉络上，本研究可以看作对反腐倡廉从政党向国家和社会扩展趋势及"集权体制下的权力制约"研究思路的深化和拓展，尽管本研究的视角更加细致和广博一些。从广博方面来说，本研究对于反腐倡廉并不局限于通常意义上的"权力制约"的概念框架内来思考。事实上，这也是笔者诟病主流学术界对宪制进行定义的地方。如果我们将宪制的核心理解为刚性限权以防滥用的话，就应该认识到此种定义已经将其他可能的合理的理解排除在外了。比如，一部宪法还可以通过诸如道德和习俗等的软约束加以规范并防止滥权，甚至可以通过教育和文化机制等从本原上减少甚至堵住滥权的源头。所以尽管在学术研究上定义是必需的，但我们应该灵活地处理它而不是教条主义式地将其抱住不放。正如托马斯·库恩所警告的："逻辑表述本身并无太多价值，而只有当处境需要并能恰到好处时我们才应该召唤其过来，要不然定义不仅不能给我们的思维带来太多帮助，反而将使我们陷入巨大的危险之中。"[1] 其实，这正呼应了赫伯特·马尔库塞对于西方社会科学界流行的"压迫性思维萎缩"症状的洞见。根据马尔库塞的观点，概念是我们对一些已经理解或者通过思考后认识的事物在头脑里所形成的代表形式。它们都包含过渡层面的含义，因为它们都超越对具体事物的具体描述。也就是说，因为概念与其所代表的历史总体相连，它们都超越了具体的运作语境，但是它们的超越性又是建立在实证基础之上的，因为只有这样它们才能被理解。[2]然而，受20世纪实证主义方法论的影响，很多概念"空虚不实"地连接到整体的那部分意义被砍掉了，于是学术研究就被锁定在以自身社会的标准检讨一个论点合理与否的怪圈中不得解脱。[3] 其实，马尔库塞在他的《单向度的人》中提到的这个洞见不仅适用于宪制的概念，而且包括其他诸如民主、人权、自由等概念。所以我们在做中国政治研究的时候一定要牢记正名的重要性。

此外，如果宪制只是刚性限制公权力的话，那么它和传统的美德培养是没有太多关联的，至少在国家和宪制的层面而言。虽然这并不表示限权与美德培养势不两立、不可兼容，但是因为赋予政府

---

[1] Kuhn, Thomas S., "Logic of Discovery or Psychology of Research?", in Imre Lakatos and Allan Musgrave, eds., *Criticism and the Growth of Knowledge*, Cambridge: Cambridge University Press, 1970, pp. 18, 19.

[2] Marcuse, Herbert, *One-Dimensional Man: Studies in the Ideology of Advanced Industrial Society*, Boston: Beacon Press, [1964], 1991, p. 106.

[3] Marcuse, Herbert, *One-Dimensional Man: Studies in the Ideology of Advanced Industrial Society*, Boston: Beacon Press, [1964], 1991, p. 114.

美德培养的权力就意味着增大了其滥权的可能，所以这对于持有政府"守夜人"角色理念的自由派宪制学者而言是不能接受的。这在英美传统中最为盛行，因为他们有着深植于历史与文化中的对政府的不信任感并且缺乏关于统一的美德伦理的理论和实践。①换句话说，当法律强制手段限制了政府做坏事的可能性的时候，它也将政府培养美德的手脚给捆住了。这正应和了苏联诺贝尔奖获得者亚历山大·索尔仁尼琴对西方的批判："当生命的组织被法治关系网住的时候，它导致了精神平庸的氛围并瘫痪了人们高尚的动力。"②确实，限权的程度和美德培养的能力之间似乎存在着一种逆向的关系，也正因如此，中国传统政治和文化更倾向于用一种软约束去规范政府的行为。

对政府的软约束并不必然导致对美德的培养，但是它很明显为后者提供了更多的空间。对于软约束，笔者认为主要是指刚性约束之外的其他约束，比如道德、习俗、理念等的规范。因为中国文化本身是以"育人"为目标和出发点的，所以认为中国的制度安排从来不曾放弃培养人们的美德并不应该让人感到意外。韩国学者金镇夏就分析了儒家文化的礼乐如何被付诸政治实践中以达成化育美德的目的。在他的一篇会议论文中，他将儒家的生态乐理运用于解读儒家的"礼制宪制"。在金镇夏看来，宪制最主要的命题就是如何

---

① Dennehy, Raymond L., "The Illusion of Freedom Separated from Moral Virtue", *Journal of Interdisciplinary Studies*, 19.1/2 (2007), p. 19.

② Solzhenitsyn, Aleksandr I., *East and West*, Perennial Library：New York, 1980, p. 48.

调动、分配和使用权力，而他将权力的运用看作一种演出。这种演出需要一个宪制框架以监督和制衡可能的权力滥用，也就是说，它需要重构一个生态式的参与剧场以使表演者的角色扮演能够得到互为主体间的并按照礼制规定的理想类型的相互评估。金镇夏认为，韩国历史上的朝鲜王朝就采取了这样一种模式：憧憬着一个无为而治的和谐大同的政治道德共同体，朝鲜的宪制设计师们动用了一系列的文化机制将道德行为与权力运作的规范以"礼"的形式刻入了政治社会领域，并且这样做的目的是构建一个"只有当行为实现其可能效果而又与礼制的宪制秩序不相冲突的时候才被放行的一个自我塑成的礼制宇宙"[①]。所以赋权需要调谐，而且金镇夏指出这种在礼制共同体内形成的个体及社会的同源共鸣最后成就了一场壮观的交响乐，而这正是天人合一的礼制宪制所达到的最佳状态。很明显，基于这样的理由，中国文化是不大赞成只靠刚性法制来约束政府的。除了软约束外，还有一个防止滥权的选项是对行使公权的人员进行成功的教育。这当然不是一件容易的事，但事实上中国传统从来都不曾放弃这个治本的选项。中国传统对于"正君心"及官德的重视就是一例。这个选项主要寻求培养官员的正义感与使命感，唤醒他们心底的仁爱与怜悯之心，并且引导他们实现精神觉醒。对于后者，中国传统上的不少智慧就很有启发意义，比如《淮南子》

---

① Kim, Jin-Ha., "Tuning: Constitutional Employment under the Confucian Rule of Ritual", *Paper Presented at the Annual Meeting of the American Political Science Association*, Marriott, Loews Philadelphia, and the Pennsylvania Convention Center, Philadelphia, PA, Aug. 31, 2006.

所言:"尊势厚利,人之所贪也;使之左据天下图,而右手刎其喉,愚夫不为。由此观之,生尊于天下也。"《文子》亦曰:"夫所谓圣人者,适情而已,量腹而食,度形而衣,节乎己,而贪污之心无由生也。"

当然,我们的传统从来都是标本兼顾的,只是在不同的历史条件下可能强调与依赖的方式不同而已。只靠软约束或者教育在当今这样的社会里是肯定不够的,因为我们现在受到市场经济深度洗礼的社会诱惑非常之多,而且人们的价值观念在急遽变革的时代很容易动摇瓦解,所以我们应该坚持法治的道路,并积极借鉴国外通行的预防腐败体制机制等。这也牵涉了下一节将要讨论的借鉴的可能性和标准问题。

总之,本研究就是在这样的大背景下展开的。一方面,中国反腐败斗争取得了压倒性胜利,其重心已经从治标向治本转移,中央也已经为中国未来的制度体系描绘出蓝图,即到我们党成立一百年时,各方面制度要更加成熟更加定型;到2035年时,各方面制度更加完善;到新中国成立一百年时,全面实现国家治理体系和治理能力现代化。而且根据党的十八届三中全会所确立的深化改革的各项目标,我们对其中能啃的"硬骨头"都已啃掉,但是对于本研究所要考察的四项制度这最后的"硬骨头",则仍有待深入研究和完善。另一方面,在以治标为治本赢得时间的策略已取得重大进展,中国反腐败斗争已经取得压倒性胜利的情况下,重新将预防腐败列为首要任务自是其中应有之义,而且符合中国反腐倡廉体系从以政党为中心转向国家和社会协同发展的大趋势。此外,这也符合具有中国特色反腐倡廉体系发展的规律和认识。受西方自由主义影响的"新三权论"思路并不能解决中国反腐倡廉的问题，而"集权体制下的权力制约"思路虽然已经开始摆脱西方自由主义的桎梏，但是有些语焉不详，而且在实践探索方面需要进一步深化。本研究就是响应中央的号召，从制度体系完善的角度思考对国外预防腐败体制机制的借鉴问题，总的来说是对集权体制下的权力制约的深化和拓展，尽管视野更广阔和细致一些。

具体来说，对于中国预防腐败的体制机制建设，一方面，我们要巩固和完善既有的中国特色廉政制度体系；另一方面，我们也应该大力借鉴和消化国际的通行做法。本书将利用国外相关的研究成果和实践经验，对国际上公认的四种预防腐败利器，即防止利益冲突制度、信息公开制度、官员财产申报制度和吹哨人保护制度进行介绍、比较，并以此为参照对中国相关制度框架和运行进行梳理分析，提出可行的、完善中国预防腐败体制机制的对策建议。本研究的重点在于阐述清楚四种制度的核心要素及运行机理，并摸清中国的制度差距及提出可行的完善建议。其难点在于获取中国相关制度及运行的资料，把准推行相关制度建设和完善的困难和阻力，并结合国情提出可操作的建设性意见。

◇◇ 三 研究价值

这项研究的应用价值主要体现在如下三方面。第一，系统借鉴国外反腐倡廉体制机制为我所用确为中央决策之所需，特别是本研究考察的四个制度恰为党的十八届三中全会全面深化改革所确定的最难啃的"硬骨头"。中国学者对之虽然也有一些引介和讨论，但是缺少系统性及结合中国最新的反腐倡廉形势进行深入的思考并提出可行的改进观点和建议。

第二，本研究能从西方视角出发对中国预防腐败的体制机制进行系统梳理，从中辨析中国固有制度的优缺点，从而实现拾遗补阙、优势互补的目的，切实增强国人的"四个自信"。这些努力不仅对于反腐倡廉，而且对于实现党的十八届三中全会提出的全面深化改革各项目标、党的十八届四中全会提出的全面建设法治国家目标，以及党的十九大及十九届四中全会提出的"坚持和完善中国特色社会主义制度，推进国家治理体系和治理能力现代化"，切实推进社会主义民主政治建设都具有重要意义。

第三，鉴于中国既是《联合国反腐败公约》的签署国，又是二十国集团和亚太经合组织的主要参与者，而这四项制度也是这些国际组织和协议在反腐倡廉方面大力倡导的主要做法，中国努力借鉴这四种制度对于中国完成履约承诺，提升中国国际形象，增进国际反腐合作与交流，以及改善中西方关系都具有重要意义。

本研究的学术价值在于：第一，为反腐倡廉和"权力制约"等重要理论和实践问题提供中国角度的思考和分析；第二，为有着不同政治经济文化传统并处于不同发展阶段的国家如何取舍、引进国际通行制度和做法提供理论总结和参考；第三，为世界反腐倡廉制度建设贡献中国智慧和中国方案，有可能的话，中国的个案还能为世界银行和

OECD组织的相关数据库提供中国方面的数据和资料以供学术研究；第四，基于中国特殊政治经济文化背景下预防腐败四项制度的探讨也能为国际机制的普遍性和特殊性关系提供案例和启发。

四　概念辨析

下面将分别对本研究中的几个关键词进行辨析，而且这种概念辨析争取采用一种宏观的历史视野，以避免陷入"片面的深刻"的窠臼。

（一）腐败

预防腐败首先需要澄清的是腐败的概念，然而，这本身并不是一件容易的事情，因此我们应该对其历史的演变脉络有一个把握。在中文语境中，按字面来讲，"腐败"由"腐"和"败"组成，其中"腐"在这里指"朽烂，变质"，所以《说文解字》定义"腐，烂也"。成书于三国时期的一部较早的百科辞典《广雅》则将"腐"定义为"败也"，似乎将"腐"与"败"进行了最早的连接。不过，在古人的世界里，这种将"腐"理解为"朽烂，变质"还是比较普遍的，比如汉代的王充《论衡·订鬼篇》言"人死，五藏腐朽"；《吕氏春秋·尽数》则有"流水不腐"的名句；《荀子·劝学》言"肉腐出虫，鱼枯生蠹"。"败"也有"腐烂变质"的含义，比如《论语·乡党》言"鱼馁而肉败，不食"，但这里主要是指

"毁坏、衰落"的意思。这也符合"败"的本义，《说文解字》也说："败，毁也。从攴贝。败贼皆从贝，会意。"事实上，甲骨文的"败"字左边是"鼎"字（小篆简作"贝"），右边是"攴"，表示以手持棍击鼎，引申本义为毁坏、搞坏。此外，古时以贝壳为货币，又用作装饰，故从"贝"的字多与钱财宝物、装饰品或贸易商品有关，这似乎对于我们今天反思腐败也有启发意义。败用来指其本义在古代是很常见的，比如"无俾正败"（《诗·大雅·民劳》），"若唇之与击，空柔相摩而不致败"（《淮南子·说林》），"能全天之所生而勿败之"（《吕氏春秋·尊师》），"法败则国乱"（《韩非子》），"败家丧身"（宋·司马光《训俭示康》），"死而形体朽，精气散，犹囊橐穿败，粟米弃出也"（《论衡》），"蠹鱼败书编，萍草粘户半"（宋·陆游《久雨喜晴十韵》）等。"腐败"两字连用古已有之，但是其大意主要还是指物的"朽烂、变质"，比如《韩诗外传》言"食无腐败"，《论衡》言"人死口喉腐败，舌不复动，何能成言"？《史记》言"至腐败不可食"，"以物相贸易，腐败而食之货勿留"，等等。后来这种对物的描述也扩展到人和社会，于是衍生出个人层面的"思想行为颓丧不振"与社会层面的"政治腐化，社会风气败坏"的意义。

在西方的语境中，与腐败对应的词语是"corruption"，在14世纪中叶时，其主要指的是物质，特别是尸体的"腐烂、溶解、衰退"等，也用来指灵魂和道德等方面的"精神污染、堕落、邪恶"，拉丁语"corruptionem"，即指"一种腐败、变质、引诱；一种腐败状况"，其词根则是"corrumpere"，也指"毁坏、变质"等。与中国语境比较起来，西方的"腐败"概念似乎较早就有了道德价值规范的面向。所以，对于罗马帝国之衰落，腐败被归结为主要原因，而宗教改革同样是打着回应天主教会广泛存在的腐败问题（包括不正当地兜售赎罪券等）来推进的。中国古代也有类似的概念，但是用腐败来指称此类行为似乎是后来的事情。在西方，正如复旦大学李辉对腐败概念的思想史进行梳理后所指出的，从古希腊哲学发端到现代政治之前，腐败概念是与一个政治体的整体性衰败关系紧密相连的，并非像今天的概念框架那样是建立在公私二元划分的基础之上的，所以可以说，今天我们所使用的腐败概念基本上来自于自由主义的学说，过度关注于公私冲突、概念的操作化和方法论，逐渐遗忘了腐败的本来含义。①

然而，当我们忘记腐败本身的意义之后，往后越来越窄的定义都或多或少地面临着失之片面的风险。比如，现在很多将"腐败"定义为"假公济私"或者"公权私用"的行为，但是，这种定义同时排除了很多同样可以视为腐败的行为。首先，有一些腐败如学术腐败、医疗腐败、教育腐败、慈善腐败等并不属于传统的公权力的范畴，但是很明显也属于腐败现象；其次，有一些腐败如渎职等并不存在严格的或者明显的"济私"或"私用"的特点，但是依然可以视为腐败的行为。对于前者，透明国际的做法是将"公权"扩展为"受托的权力"，所以腐败的概念范畴就涵盖了企业等私营部门。对于后者，国内常见将渎职与腐败并列提出，显示出两者并不相

---

① 李辉：《国外腐败问题研究：历史、现状和方法》，中国方正出版社2019年版。

同，虽然最近几年也有将"怠政懒政"视为腐败的，但是在概念上并没有说清楚。比如，李松在其《牛栏关不住猫：历史巨镜中的腐败与反腐败》中就认为，"反腐风暴"主要是针对"乱作为"，而"治懒风暴"更多的是针对"不作为"。很明显，在他看来，反腐与治懒是不一样的。不过也有人主张将其视作"不作为式的腐败"，而且得到中央领导同志的认同，比如，李克强总理就是从非常宽泛的意义上界定腐败的："尸位素餐本身就是腐败，不作为的'懒政'也是腐败！"① 很明显中央并未囿于一个具体的定义，从而保持了概念的开放性和与时俱进的可能性。比如，早在党的十八大前，中纪委就明确提出腐败的核心要义是"以公共权力谋取私利并达到严重程度"。其中"严重程度"的判断是以触犯刑律、进了监狱、受到法律制裁为门槛的；没有达到"严重程度"、没进监狱的一般叫"不廉洁行为"。之所以作出这样的概念区分，完全是因为从有利于政治的角度考虑的。② 但是，随着反腐倡廉形势的发展，特别是"三不"的一体推进，腐败的概念已经有所扩展，所以才有上述李克强总理"不作为的'懒政'也是腐败"的表述，而且现在中央的反腐倡廉策略对不作为式的腐败抓住了"问责"这个要害，所以《推进领导干部能上能下若干规定（试行）》和《中国共产党问责条例》等相继出台，都强化了问责制度。"干部能上能下"，而且

---

① 朱友华：《对不作为式的腐败也要"零容忍"》，新华网，2018年1月16日，http://www.xinhuanet.com/comments/2018-01/16/c_1122260249.htm，2020年5月18日登录。

② 对于这一点笔者得感谢一位匿名评审专家的意见。

"有权必有责、有责要担当、失责必追究"就是其背后的主要逻辑。这种对于腐败的理解和传统上对于规范的强调也是一脉相承的。可以说,从严格意义上讲,没有与相应的规范匹配的行为都属于"腐败",所以不作为和乱作为其实只是程度不同而已,其性质无异。这并不难理解,尤其是当我们考虑不作为的一个极端例子如警察的"不作为"时。在这种情况下,即使警察不进行调查和不采取逮捕的行为不是为了换取个人或者亲友财物或其他方面的利益,依然属于警察腐败的范畴。

理解了这一点,我们关于不同文化中对于"关系网络"之于腐败的意义就有了更为全面的把握。比如俄罗斯的"布拉特"(blat)观念、中国的"关系"观念、美国人首先提出的"结网"(networking)观念,以及英国(主要是英格兰)的"校友裙带"观念等。这些关系网络都旨在增进当事人彼此之间的信任感和互惠感,比如中国的"关系"观念是指个人或群体之间产生的关联,涉及一种潜在的、长期的相互责任,即互惠互利。通常所说的感情投资即属于此范畴。同样地,"结网"这一概念正日益普及,它涉及确立非正式的关系,以便为当事各方带来好处。如果我与在商务会议或学术会议上认识的人套近乎,心里最终想的是哪天可以从这种接触中求得方便,我就是试图以关系(可能只是很弱的关系)为基础,而不是完全以我的资历条件来影响那个人。这一条可能算是此处分析的四种非正式关系中最不受诟病的一种,但是从广义来看,它仍可视为腐败的一种形式。很多人反对把"结网"与腐败扯上关系,英国的"校友裙带"观念则不一样,引起了广泛批评。那些可能连面都没见过的人却给彼此以优待，原因只不过是都上过英国一个小圈子里的精英学校。在此处考察的四种非正式关系中，"校友裙带"是最排外的；如果幼年时没有上过这些精英学校中的某一所，则绝无可能挤入那个内部圈子。此种关系与前三种的重要区别就在这里，它也最容易被列为腐败的一种形式。对于这四种非正式关系，要强调的主要一点是，虽然互有区别且与特定文化相关，但四者之间其实有共通之处，即这四种关系都会区分出自己人和局外人，并常常让自己人享受优待。如果出现这种因为亲疏关系而存在厚此薄彼的现象，那么这就已经导致腐败。反之，如果虽然存在这种特殊关系，但是决策者依然能一视同仁，则被视为是清廉公正的。不过，从狭义来看，只要上述几种关系不涉及国家公职人员，就都不算腐败。宽泛的定义则会使门户大开，人与人之间的所有关系，甚至是友谊，只要影响了公正的决策、行为或者结果，都可以视为腐败。① 顺着这种思路，我们看到，在开放和民主的社会里，立法基本上是议会内外各种群体妥协的结果，各种利益团体游说的分量不同，从而使他们所代表的利益或者价值观被纳入考量的优先顺序和分量不尽相同。但是在一个清醒的旁观者看来，这也可能是不公正的，从而是腐败的。②

---

① ［澳］莱斯利·霍姆斯：《腐败》，胡伍玄译，译林出版社2019年版，第13—14页。
② 在威权体制下基本上不存在这种让不同利益群体竞争影响决策的情况，尽管决策者如果藏有私心也会导致同样的有失公允的情况。但是从面上说，决策者毕竟是少数，其私利相对社会来说也比较有限，而且并非完全不受限制，所以在和将私利合法化的西方自由民主制度比起来可能还相对好一些。

(二) 预防腐败

回顾了腐败所具有的丰富而庞杂的内涵之后，我们很容易就可以发现腐败的危害是巨大的。从大的方面来说，纵观古今中外，它都是国家兴亡、政权更迭的重要推手。从小的方面来说，它则是个体道德堕落的标志。而反腐败指的是反对或抑制腐败的活动。正如腐败的内涵非常广博一样，反腐败工作的范围和策略也各不相同。有时会在预防措施和被动措施之间作出区分。在这种框架下，反腐的纪检司法调查被认为是被动的，而有关腐败危害的教育或公司内部合规设计则被归为前者。前者被视为事后惩治，后者属于事前预防。

正如清华大学的程文浩所指出的，事后惩治和事前预防有着不同的目的、内容和工作重点。具体来说，打击腐败的重点在于调查和惩处业已发生的腐败行为及其主体，目的在于"惩前毖后，治病救人"，以此震慑犯罪、警示他人。预防腐败的目的则是通过严密的制度设计、严格执法和加强监督等途径，降低腐败发生的可能性和成功率，从而防患于未然。如果说事后惩治主要着眼于过去，那么事前预防主要着眼于未来。除了目的差异之外，这两种反腐方式的对象也不同。事后惩治主要是"对人"，即查处各类腐败行为的行为主体，而事前预防主要是"对事"，即通过识别和消除腐败行为所借助的各种条件，实现"釜底抽薪"。我们可以将事后惩治比作在下游捕杀漏网之鱼，将事前预防比作在上游加固堤坝和渔网。

事后惩治遏制腐败存在三种明显的缺陷与不足。第一种缺陷是其滞后性。纪检监察和检察院等反腐部门一般要在群众举报或其他渠道发现公职人员的可疑行为之后，才正式启动调查。这些部门反应再敏捷、动作再迅速，在时间上也已明显滞后于腐败行为本身，而且腐败行为所造成的各种危害、损失和成本往往早已成为现实。从某种意义上说，事后惩治属于被动防御，由于反击滞后于对方进攻，因此必然要付出极大代价才能够抵挡住对方的攻势，而且要付出更大代价才能夺取作战的主动权。作战如此，反腐败工作亦然。第二种缺陷在于其不全面性和不彻底性。目前各级反腐部门主要依靠群众举报等途径发现腐败行为。事实证明，能够被群众和有关部门及时发现的腐败行为只占所有已发生腐败行为的一小部分。这种所谓的腐败"黑数"的客观存在，不仅严重挑战法律尊严和公平原则，而且助长了其他潜在腐败者的侥幸心理，激发了他们的作案动机。第三种缺陷在于其无法治本。这也是事后惩治的主要缺陷。腐败的源头远在上游，仅靠在下游阻击腐败行为，难以对源头产生根本性影响。各级反腐部门掌握大量的腐败行为线索，日常的查案工作牵扯其大部分精力和工作资源，使其难以溯流而上真正根除腐败的源头。这就在客观上导致大量新生腐败行为不断发生，导致某些人认为腐败行为"越反越多"[①]。

总而言之，要想扭转当前反腐败斗争形势，取得战略主动权，就必须在战略战术上做根本性的调整，改事后防御为主动出击，切断腐败行为的发生链条。具体来说，就是要实现从事后惩治到事前预防的根本性转变，通过对腐败行为的源头治理，力争不战而屈人

---

① 程文浩：《预防腐败》，清华大学出版社2011年版，第Ⅳ—Ⅴ页。

之兵。本研究的重点就在于如何通过制度创新消除腐败机会，从而实现对腐败行为的超前预防。需要说明的是，事前预防与事后惩治相辅相成，不是彼此对立。预防腐败并不等于要削弱对腐败行为的调查和惩治，而是要在保持查处腐败行为的高压态势的同时，力图解决上游的问题源头。削弱惩治工作会使腐败分子逍遥法外，而忽视预防则会使反腐败工作长期陷于查处案件中，难以掌握主动权。所以，最合理的反腐败策略在于攻守兼备、惩防并举。预防腐败和惩治腐败不仅十分重要，而且两者之间相辅相成、密不可分。预防工作能够显著减轻惩治工作的压力。上游漏洞被成功堵塞，下游捕杀漏网之鱼的工作量自然会逐步减轻。惩治腐败同样能够促进预防工作。严惩腐败能产生杀一儆百的警示效果，这本身就是一种有效的预防。不仅如此，惩治腐败还能为预防腐败工作提供重要的参考。要医治疾病，首先要了解病症发生的深层机理。同样的道理，要预防腐败，就必须了解各类腐败行为的发生机理。从这种意义上说，每一个腐败案例，每一种腐败手法，都能给预防腐败工作带来重要的启示。如果我们不仅仅满足于侦破查处了某个案件，而是能够溯本求源，找到腐败行为的根源，就有望做到一叶知秋、举一反三。虽然各类腐败行为已给中国造成极大的损失，但是"亡羊补牢，犹未晚矣"，如果我们能够通过对这些行为的查处，发现并消除各种制度漏洞和缺陷，就能成功地避免未来产生更大的损失。古人云"君子不贰过"，一个成熟的国家应能从当前的突出问题中充分吸取教训，全面优化未来的发展战略，降低未来的发展成本。

令人欣慰的是，党和政府已经充分认识到预防腐败的重要性。

2005年，中共中央发布《建立健全教育、制度、监督并重的惩治和预防腐败体系实施纲要》，明确提出要注重从源头上预防和解决腐败问题，坚持标本兼治、综合治理、惩防并举、注重预防。党的十七大报告也提出，在坚决惩治腐败的同时，要更加注重治本，更加注重预防，更加注重制度建设，拓展从源头上防治腐败工作领域。虽然国家已经充分认识到预防腐败的重要意义，但是对于预防什么、如何预防这些重大问题，还需要理论界和实务界共同进行系统深入的研究。本研究的写作初衷就是通过对腐败预防的工作对象和工作方式的探索，为中国今后的预防腐败工作提供一定的理论参考。笔者认为，预防为本，惩治为用，今后国家应在保持惩治腐败的高压态势的同时，逐步将反腐倡廉工作的整体重心转移至预防腐败上；唯有如此，我们才能真正找到腐败现象的治本之道，也才能真正掌握反腐败斗争的主动权。本书就以对腐败进行源头治理的预防腐败体制机制的建设和完善为研究对象，特别关注对国外通行的四层"渔网"进行学习借鉴的问题。

（三）体制机制

"体制""机制"和"制度"都是多义词，在涉及社会生活时，它们的意思比较接近，在使用时需要加以仔细辨析。通常来说，"机制"用来表示"一个工作系统的组织或部分之间相互作用的过程和方式"，所以"机制"都跟某种"作用"有关。可以说，"机制"多用来指起某种作用的系统，或者说是指某种成系统的作用。而"体制"指"机关、企业、事业单位等的机构设置、管理权限、工作部署的制度",所以"体制"通常指某方面的机构设置和运作。"制度"的范畴最广,可用来指"在某方面要求大家共同遵守的办事规程或行动准则",也就是说"制度"指办事规章或行动准则。制度经济学对制度的解释是:

> 制度是关于博弈如何进行的共有信念的一个自我维系系统。制度的本质是对均衡博弈路径显著和固定特征的一种浓缩性表征,该表征被相关域几乎所有参与人所感知,认为是与他们策略决策相关的。这样,制度就以一种自我实施的方式制约着参与人的策略互动,并反过来又被他们在连续变化的环境下的实际决策不断再生产出来。①

这一定义涉及制度的五个特征:内生性、信息浓缩性、对于环境连续性变化和微小动荡的刚性、相关域几乎所有参与人的普遍性和多重性。②

很明显,"机制""体制"和"制度"的范畴有逐渐扩大的趋势。正如中国古人的智慧所示,制度最大可至效法天地四时之自然,所以《淮南子·时则训》说:"大制有六度:天为绳,地为准,春为规,夏为衡,秋为矩,冬为权。"要以绳之度为万物之宗本,以准之度为

---

① Masahiko Aoki, *Toward a Comparative Institutional Analysis*, US: MIT Press, 2001, Chapter 1.
② Masahiko Aoki, *Toward a Comparative Institutional Analysis*, US: MIT Press, 2001, Chapter 1.

万物之平正，以规之度理生气，以衡之度明天地，以矩之度服百诛，以权之度藏万物。也就是说，天地四时之自然乃是包括人在内的万物行事之规矩、准绳和权衡，也即是说，天、地、时为一切生存物的活动提供了一种不可违逆的原则和规范，万物只能顺此而行。本研究主要是考察中观和微观层面预防腐败的举措，所以标题使用"体制机制"，但是在研究中对此并未做细致区分，时有通用。

（四）文明互鉴

顾名思义，这里的文明是一个复数，所以存在互鉴的可能，因此与单一文明概念下"相对于野蛮而言的人类社会进步开化的状态"不同，这里的文明更多的是指达到一定的积淀程度和规模的文化实体。它既包括物质的面向也包括精神的面向，但其重心是后者，比如各种制度以及宗教、哲学等思想观念。在人类社会的各种关系中，正如亚里士多德所指出的，政治关系无疑是最有权威的关系，所以我们可以将政治视为文明的"长子"，类似于中国《易经》乾坤六子中的"长男"——震卦。哲学与宗教则可以视为文明的源头，类似于乾父坤母的角色。相应地，当讨论文明互鉴与文明冲突时，政治面向首当其冲，并常常成为交流互鉴最大的阻碍，当然，其根源还是在宗教与哲学等基本的面向上。本书的焦点则是此大背景中大的政治面向下具体的几种治理制度。

界定完"文明"之后，有必要简单阐述一下"互鉴"。在当前的语境中，"互鉴"往往被理解为互相借鉴，也就是说，"把别的人或事当镜子，对照自己，以便吸取经验或教训"。关于"借鉴"的智慧，中国早已有之，比如《淮南子·主术训》言："夫据榦①而窥井底，虽达视犹不能见其睛；借明于鉴以照之，则寸分可得而察也"；北齐刘昼的《新论·贵言》曰："人目短于自见，故借镜以观形。"后因之以"借鉴"或"借镜"比喻把别人的经验或教训借来对照学习或吸取。当然，"互相借鉴"只是"互鉴"的一种意思。"鉴"的本义是指古代用来盛水或冰的青铜大盆，引申为镜子，所以"互鉴"也可以包括"互相照镜子"的意思。再往前推进一步，"鉴"还有"审查"的意思，比如古人在书信结尾时常用的"台鉴""惠鉴""钧鉴"等表达的就是这个意思，相应地，"互鉴"也可以引申为"相互审查"的意涵。

文明互鉴之所以是可能的，是因为这是中华人民共和国自成立以来一贯的方针。比如毛泽东同志就有非常著名的"古为今用，洋为中用"的主张。他既反对全盘西化、盲目崇洋，也反对对外国文化全盘否定，搞排外主义，而是要求区别对待，把批判与继承辩证地统一起来。从《新民主主义论》《在延安文艺座谈会上的讲话》，到1956年的《同音乐工作者的谈话》，毛泽东同志都谈到如何正确对待中外文化遗产问题，所论十分精辟、十分系统。同时，毛泽东同志也十分清楚这个问题是复杂的，人们的看法并不一致，有许多人可能并不赞成其所论。后来到邓小平开启中国恢宏的改革开放征程，这种海纳百川、有容乃大的借鉴精神则进一步得到弘扬。在继往开来的党的十八届三中全会报告中，习近平总书记也两次提到借鉴的重要性："坚持

---

① "榦"通"干"，指井上的围栏。

解放思想、实事求是、与时俱进、求真务实,一切从实际出发,总结国内成功做法,借鉴国外有益经验,勇于推进理论和实践创新","积极吸收借鉴国外一切优秀文化成果"。① 在党的十九大报告中,习近平总书记再次重申"要尊重世界文明多样性,以文明交流超越文明隔阂、文明互鉴超越文明冲突、文明共存超越文明优越"②。

在2016年召开的哲学社会科学工作座谈会上,习近平总书记则进一步进行了详细的阐述:

> 我们既要立足本国实际,又要开门搞研究。对人类创造的有益的理论观点和学术成果,我们应该吸收借鉴,但不能把一种理论观点和学术成果当成"唯一准则",不能企图用一种模式来改造整个世界,否则就容易滑入机械论的泥坑。一些理论观点和学术成果可以用来说明一些国家和民族的发展历程,在一定地域和历史文化中具有合理性,但如果硬要把它们套在各国各民族头上、用它们来对人类生活进行格式化,并以此为裁判,那就是荒谬的了。对国外的理论、概念、话语、方法,要有分析、有鉴别,适用的就拿来用,不适用的就不要生搬硬套。哲学社会科学要有批判精神,这是马克思主义最可贵的精神品质。③

本研究就是本着这种开放借鉴的精神,在比较、对照、批判、

---

① 《十八大以来重要文献选编》(上),中央文献出版社2014年版,第514、535页。
② 《习近平谈治国理政》第3卷,外文出版社2020年版,第46页。
③ 习近平:《在哲学社会科学工作座谈会上的讲话》,人民出版社2016年版,第18页。

吸收、升华的基础上，将西方有益的建设性的元素消化之后拿来为我所用，所以政道层面的具有颠覆性的体制机制基本没有考虑，更多的则是治道层面的建设性的制度元素，包括防止利益冲突制度、信息公开制度、吹哨人保护制度、官员财产申报制度，当然其中也包括对西方制度不足，以及中国制度优势的分析和讨论。

五 研究对象

（一）防止利益冲突制度

廉政学界的利益冲突概念指的是公职人员可以凭借其职权进行假公济私行为的情形，即便这种行为尚未发生。所以利益冲突的存在并不表明腐败业已发生，而是对腐败可能性或者风险的一种预警。比较突出的利益冲突情形通常发生在如下一些情况中：公职人员或其亲属拥有或者持有私营企业股份，承担政府合同，接受礼物、款待、赞助或有裙带关系，参与私企事务（如任董事会成员、顾问等），在国际组织中任职，是非政府组织或者工会会员，对决策进行投票，离职后的工作安排等。通常对于利益冲突的情况有两种应对方式：一种是禁止，另一种是申报。[①] 禁止方式的责任主要

---

① "申报"所对应的英语词汇为"declaration"，对此，我们后文将有专门章节予以讨论，它和"披露"（disclosure）一词在国外经常通用，不过"披露"从字面上看更加强调公开的面向，所以这里选择更为中性的"申报"一词，以更加接近中国的国情和现实。

落在官员身上，使得他们需要熟悉相关法律，分清具体情况并依法依规而行。而申报方式则要求官员披露他们存在的可能影响秉公用权的利益。申报方式又分为特定性申报及预防性申报，其责任主要落在官员及监管者（或者相关纪检官员）身上，并可作为廉洁从政的一种提醒。在申报体系中，利益冲突的处理可以有如下一些方式：剥离相关投资或者利益，停止购进更多投资或者利益，冻结投资交易一段时间，对投资进行盲目信托管理，停止处理利益相关的案子，将相关职责交给他人，禁止信息输送等。防止利益冲突制度通常将禁止与申报两种方式并用，但是要使该制度取得良好的预期效果，则需要有较高水平的审计和核查能力，以及与有效的处罚威慑措施配套使用。

随着改革开放的深入，中国防止利益冲突的建设也取得了巨大进步。在过去40年中，中国有近两百项重要规章在很大程度上与管理利益冲突有关。但是中国防止利益冲突制度的约束力和效果还很不够。这方面尤其需要我们借鉴国外做法加以完善和改进，且是本研究在防止利益冲突制度方面将要着力解决的问题。不过，从更为宏观的视野来说，加强"党的领导"无疑是中国探索防止利益冲突制度最大的治本之策，并极具中国智慧和中国特色。因为党能代表全局和长远利益，所以只有全面"从严治党"、加强"党的领导"和"向党看齐"才能有效地解决"部门利益化"及个人层面各种"假公济私"或"德不配位"的广义腐败行为。

（二）政府公开透明制度

政府公开透明制度在国外通常被称为信息自由制度，其对政府的透明运作发挥着基础性作用，并有利于促进公众对政府的参与和问责。一个完整的信息公开制度通常包括三个部分：第一，定期可靠地提供政府文件与信息给公众；第二，教育公众理解透明政府的意义；第三，促进个人合理恰当地使用相关信息。而要有效地发挥该制度的预防腐败功能和增进政府的透明度，有七个方面的因素需要考虑：第一，信息披露的范围；第二，获取信息的程序；第三，豁免信息披露的规定；第四，执行机制；第五，信息发布的具体截止日期；第六，对违反规定的制裁措施；第七，主动披露的意义。

中国并没有使用信息自由的提法，但是关于政治的公开透明则一直在探索并推进中。其中比较突出的就包括于2007年1月通过，于2008年5月开始正式实施的《政府信息公开条例》。党的十八大后，中央对政治的公开透明建设开始加速，包括党务公开，基层政务公开规范化等，但总的来说，该制度实施的效果还有不少改进的空间。

（三）官员财产申报与公示制度

官员财产申报与公示制度比较全面地包括公职人员财产、收入以及利益的申报，所以与防止利益冲突制度有一些重合。该制度也是世界上通行的反腐败措施之一，并被世界上100多个国家所采用。其目标包括惩治腐败和预防腐败，惩治腐败主要表现在侦测官员财富不合理增长等方面，而预防腐败则包括防止利益冲突及相关侦测的威慑效力等。早在十几年前中国就有了官员财产申报的相关规定，但是并未上升到法律层面，并且在公示方面并无要求。不过，党的十八大以后对《领导个人事项报告》的抽查则已经开始显现出该制度的威力。虽然如此，中国的官员财产申报制度仍需完善并考虑如下一些问题，包括明确制度主要目标，有机"嵌入"现有的道德规范和法律法规，申报信息的公开等。对这些问题的思考也可以借鉴国外的经验，这是本研究在官员财产申报制度方面的贡献之所在。

（四）吹哨人保护制度

不管是在公共部门还是私营部门，最先发现不当行为的通常都是那些接触相关信息的雇员。如果他们的举报得不到支持或者保护，那么腐败的风险就会大幅增加。事实上，举报者确实可能面临同事或者上级的打击报复，包括恐吓、骚扰、解雇或者暴力等。在许多国家，举报甚至还可能与叛国或者间谍罪相联系。因此，吹哨人保护制度对于鼓励举报不当行为、欺诈和腐败就显得非常关键。而为吹哨人提供有力的保障对于打击腐败、维护政府诚信、加强官员问责、支持廉洁营商环境等都具有重要意义。吹哨人保护制度也是国际上通行的反腐败制度之一，并被国际上所有与反腐败相关的组织或者协议所提倡。在2010年召开的G20峰会上，G20反腐败工作组就专门向20国领导人提出了《吹哨人保护立法的指导原则》，2019年在日本召开的G20峰会上则再次发布新的《吹哨人有效保护的高级别指导原则》，显示出国际社会对此的一贯关注和重视。要建立有效的吹哨人保护制度，国外经验显示，我们需要处理好如下一些问题，包括全面清晰的立法保护，有效的体制机制和程序，对被打击人提供全面而强有力的保护，定期宣介活动，以及对制度作出定期评估和回顾等。中国前些年对举报人的打击报复时常见诸报端，党的十八大以来中央也是高度重视并推出一系列改进举措，包括由几个部委联合发文等，但是，总的来说，这一制度依然不完善，实施效果还有待观察，并需要积极借鉴国外的丰富理论和实践成果。

◇◇ 六 研究思路、方法和规划

（一）研究思路

本研究将在党的十八大以来历次中央全会精神的指导下考察中国预防腐败制度建设对国外体制机制的借鉴问题。鉴于预防腐败与廉政建设是同一个事物的两面，而廉政可以说是善治的基础要求，其制度建设自然特别与党的十八届三中全会提出的全面深化改革目标、十八届四中全会提出的全面依法治国目标以及十九届四中全会关于使中国特色社会主义制度更加完善和更加定型的目标紧密相连。而且，正如毛泽东同志当年在回答黄炎培先生如何跳出"廉洁—腐败—灭亡"的历史周期率时所指出的那样，中国的解决办法就是找到了民主制度，所以本研究也将在中国近代以来推行的民主政治建设的大历史进程中思考这一问题，并运用系统的、科学的和科技的手段去研究、借鉴国外通行的廉政体制机制（具体的思路如图1-2所示）。

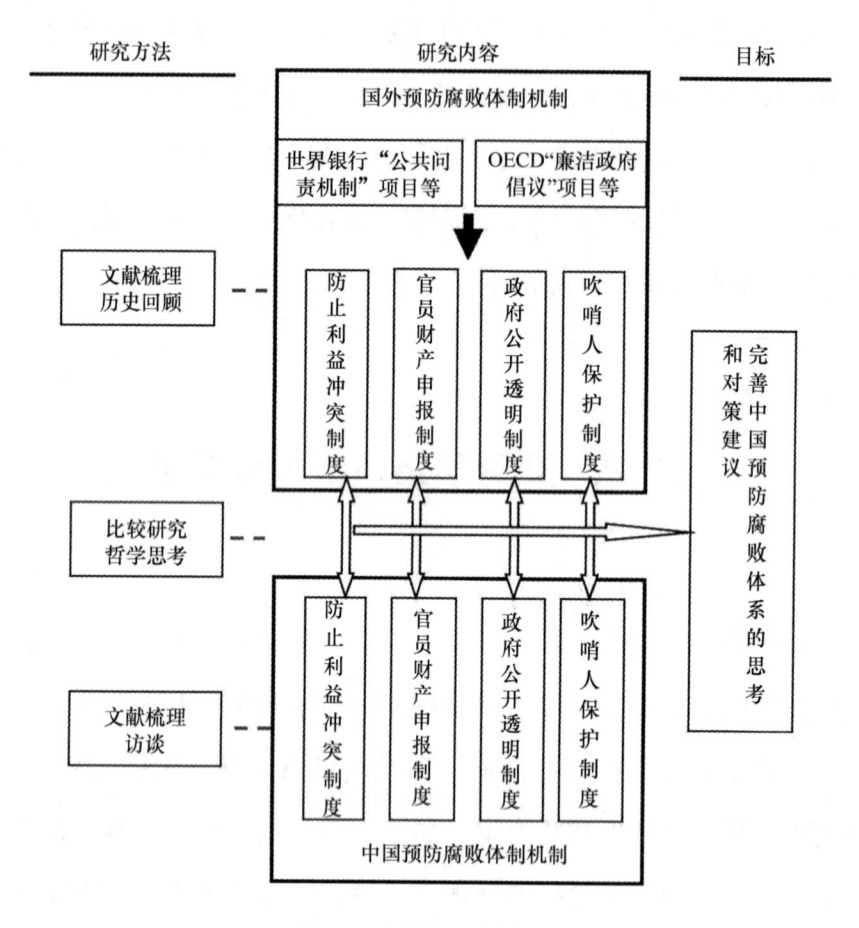

图1-2　总体研究规划

(二) 研究方法

具体的研究方法包括文献梳理、比较研究、访谈及大数据分析和哲学思辨等。在文献梳理方面将全面收集最近几年国内外相关的一手资料，如相关制度建设的法律法规文本及二手资料如学者对制度建设的对策建议和学术文章等。在比较研究部分则包括两方面：一是将国外的四种预防腐败体制机制与国内的相比较；二是四种制度之间的优缺点比较。在访谈方面，主要是对从事廉政研究的专家学者、廉政建设的决策者等的访谈。在大数据分析部分，则主要是对世界银行和OECD组织相关预防腐败数据库中的数据进行经验总结与规律提炼。在哲学思辨部分则是就相关制度元素借鉴的可能性及效果等进行宏观和深层次思考。

（三）本书结构

相应地，本书的结构将包括六部分：第一部分介绍选题背景、概念辨析、研究对象、研究方法等。第二、三、四、五部分将对防止利益冲突制度、信息公开制度、官员财产申报制度及吹哨人保护制度在国外和国内的框架及运行情况进行详细介绍，并提出完善中国相应制度的建议。第六部分是对预防腐败体制机制国际经验借鉴的总论，希望在前面章节的细节梳理、比较的基础上，对其有一个宏观把握和升华，包括中西文化主要差异及借鉴的标准等在内。

第 二 章

防止利益冲突制度

为了降低腐败风险，关于利益冲突的情形必须得到准确界定和识别，以及有效管理或者避免。相应地，政府应该制定相应的法律法规和政策工具去加强这方面的工作，以实现这个目的。同时，减少私利对公职人员公正履职的影响无疑也是善治的主要目标之一，这对于弘扬社会公平与正义，增强公众对公共机构及公职人员的信心，直至国家的长治久安等都有着非常重要的意义。

◇ 一 国外防止利益冲突制度

(一) 概念辨析

"利益冲突"（对应的英文为"Conflict of Interest"）是一个复杂而又难于定义和把握的概念，并可分为广义和狭义两种不同的理解。按照维基百科的解释，广义的"利益冲突"是指个人或组织涉及多种利益，财务或其他利益，并且服务于其中一种可能涉及与其他利益相冲突的情况。通常，这涉及个人或组织的自我利益，可能会对其所应负责的第三方的利益产生不利影响。还有学者将"利益冲突"视为一种存在关于主要利益的专业判断或行为将会受到次要利益不当影响的风险的情景。这里的主要利益指的是相关职责或活动的主要目标,例如对客户的保护,患者的健康,以及公职人员的职责等。次要利益包括个人利益,但并不仅限于个人经济利益,还包括诸如职业发展或为家人和朋友做事的动机等。这些次要利益本身并不被视为错误,但如果它们被认为比主要利益更重要就是应该反对的。[①]

狭义的定义则具体涉及其在廉政领域的理解,按照经合组织（OECD）的定义,"利益冲突"涉及私人利益与公共职责之间的冲突,其中公职人员具有的私人利益可能会不正当地影响其公务和责任的履行。[②] 该定义清楚地阐明了其中存在的三要素,即私人利益、公共职责以及冲突。其中冲突大体有两种倾向类:第一种是主动谋私型,其包括收受贿赂,主动为亲属谋取利益等。在这种类型中,如果该公职人员已经有一些私利存在,那么其更可能借用内部信息及职权谋取不正当利益。第二种是被动护私型,是指该公职人员在履职或者制定政策时会影响自己的私人利益的情形。比如,当一位决策者本身或者近亲拥有很多房产,那么在制定和推行房地产税方面就可能出现抵触或者消极的心理,从而使得公职履行背离公共利

[①] "Conflict of Interest", Wikipedia, retrieved on March 14, 2019, at https://en.wikipedia.org/wiki/Conflict_of_interest.

[②] OECD, Managing Conflict of Interest in the Public Service: OECD Guidelines and Country Experiences, Paris, OECD, 2003, p. 53.

益。主动谋私型相对更难处理，因为其隐蔽性、主观性更强；被动护私型则相对较为容易识别和处理，并应成为防止利益冲突制度着力的重点。世界银行对利益冲突的定义则是："因为与公共利益相对的私人利益的存在而可能破坏公职人员公正性的情形。"① 虽然表述有所差异，但是所指大体相同。

相应地，利益冲突可以是现实的、潜在的和表面的。现实的利益冲突是指已经存在的利益冲突，虽然这种情形还未导致事实上的行为和结果，但比如负责招投标的公职人员 A 收到来自其亲属 B 的竞标申请。利益冲突也可以是潜在的，即当前没有冲突但是在未来某个时刻可能发生利益冲突的情形，比如某机构的公职人员 A 是该机构的审计人员，而其亲戚 B 也在该机构任职，虽然他们当前并不存在工作上的关系，但是不排除将来 A 存在对 B 进行审计的情况，这样 A 就存在潜在的利益冲突。利益冲突也可能是表面的，就是外界看起来存在合理的有嫌疑的情形，但是事实还有待查证或者并非如此。比较常见的就是利益冲突的情形已经报告给组织并得到内部的合理处置，但是并没有向社会公开，从而可能引发外界的合理怀疑和关切。这种表面的利益冲突与实在的利益冲突的危害同样巨大，因为其将会削弱公众对于公职人员和机构所代表的公权力的信任，亦即会对公职人员及机构的声誉产生负面影响。比如，一个公职人员为老百姓做了一些实事，这本就是其分内的事，但是老百姓

---

① Rossi, Ivana M., Laura Pop, and Tammar Berger, 2017, Getting the Full Picture on Public Officials: A How-To Guide for Effective Financial Disclosure, Stolen Asset Recovery (StAR) Series, Washington, DC: World Bank. doi: 10.1596/978-1-4648-0953-8. P. xix.

为了表示感谢就给该公职人员送了些当地的特产,该公职人员并没有私自占有这些礼物,而是上交了组织。这事实上是不存在利益冲突的,但是给外人的印象是有可能存在利益冲突,所以也应该被禁止。

在检测是否存在利益冲突方面,OECD 设计了一个简单的问卷:

• 问题1:公职人员 X 负责哪些官方职能或职责?(参考职能职责声明,职位描述,法律或雇佣合同等,或其所属组织职能声明等)

答案:公职人员 X 负责部门 B 的1、2、3 职能等。

• 问题2:公职人员 X 是否存在相关私人利益?(相关私人利益是指可能受到官员履行职责或职能影响的私人利益,包括质和量两方面,即在种类和数量方面让人有理由相信其私人利益可能会不当影响其履行公共职责)

答案:是的,公职人员 X 存在或貌似存在与工作相关的私人利益。(相关事实清楚或不确凿)

结论:公职人员 X 存在利益冲突或表面利益冲突。[①]

所有的公职人员都应该熟练使用上述定义和检测公式,并经常对照检查;同时,负责管理利益冲突的官员也应该熟练使用上述定义和公式以识别具体情境中的利益冲突。

值得指出的是,在国外语境中,利益冲突被普遍认为并不包含行为的面向,也就是说,利益冲突的情形如果已经导致行为结果,那么不当行为、滥用职权或者腐败就已经发生了,而不是纯粹的

---

① OECD, Managing Conflict of Interest in the Public Sector: A Toolkit, Paris: OECD, 2005, 23.

"利益冲突"了。利益冲突可以看作后面行为的一个重要的源泉，但是并不等同于后者。这看起来是比国内廉政学界的定义要严谨一些。正是这样，防止利益冲突从根本上说是对廉政风险的一种防控。在当今社会上公职人员不可避免地存在私人利益，而且这些利益还可能错综复杂，其中有的是潜在的，比如接受金钱甚至性贿赂等，有的则是比较明显一些的，比如有亲朋好友在其职权范围内存在相关利益等，所以防止利益冲突制度的根本宗旨就是对利益冲突进行界定、识别和管理，以防止其演变为假公济私的行为。后者从广义上讲就是一种腐败。

(二) 历史沿革

防止利益冲突的理念与实践在国外由来已久，比如，像罗马时期凯撒大帝之妻卡尔普尼亚的箴言——"大帝之妻必须无可挑剔"所表明的那样，位高权重的人必须高标准地严格要求自己。但是作为一种系统性的防止利益冲突的制度理念和实践则是最近几十年的事情。我们可以将国外防止利益冲突制度的发展分为三个阶段。第一阶段，从近代到20世纪50年代为滥觞时期。第二阶段，从20世纪60年代到80年代为开创和发展期。第三阶段，从20世纪90年代到现在，为大发展及走向国际层面的时期。

第一阶段是现代防止利益冲突制度的滥觞时期，大致从近代到20世纪50年代。有学者以1766年瑞典制定的世界上第一部信息公开法规为标志，认为该法规定瑞典公民可以查阅官员乃至首相的家庭财产与纳税情况①，这是不准确的。正如后面的章节将介绍的，当时瑞典颁布的《出版自由法》虽然更多的标志性意义是信息公开方面的，但是和官员财产申报乃至防止利益冲突还有不小的距离。客观地说，防止利益冲突的观念在所有社会都很早就有了，但是，现代意义上的"防止利益冲突制度"，在很多学者看来是随着现代社会和现代行政的出现而逐渐产生的。"利益"和"冲突"两词连用也最早出现在19世纪后半叶的美国，当时"利益冲突"是指利益相关人员参与决策或作出决定。比如，美国于1853年2月26日颁布的一项法律就禁止国会议员和联邦雇员帮助私人向政府索赔而获取好处。② 英国作为世界上最早制定专门的反腐败法律的国家，其1883年颁布的《净化选举，防止腐败法》建立起世界上最早的官员财产申报制度；1889年颁布的《公共机构腐败行为法》（1906年被修改为《防止腐败法》）作为世界上第一部反腐败法，则对公职人员利益冲突的情形进行了规定。1946年法国颁布的《公务员总章程》则是对公职人员离职去私企工作，或者有偿服务设置了五年的过渡期。

从20世纪60年代到80年代的第二阶段，是国外防止利益冲突

---

① 聂资鲁等：《域外防止公职人员利益冲突理论与实践研究》，世界图书出版公司2017年版，第11页。

② Olivia B. Waxman, "Questions of Profit in Politics Raised by Trump Administration Are Older Than You May Think", *Time*, March 10, 2017, retrieved on April 1, 2019 at http://time.com/4669729/conflict-of-interest-history/. 该法颁布的一个重要背景是当《瓜达卢佩·伊达尔戈条约》在1848年结束墨西哥—美国战争并包括一项补偿那些财产受到战争破坏的人的条款时，俄亥俄州的参议员托马斯·科文——后来成为财政部部长——在墨西哥战争委员会面前有偿担任代表向政府欺诈性索赔一方的律师。

制度开创和初步发展的时期。其中，加拿大是首创反腐败"利益冲突"概念和立法的国家。1964年，当时的总理就致函各部长，指出部长及下属不能存在与其工作职责相冲突的利益，并建议推出一套官员行为准则。随后加拿大出台了《政府官员行为准则》，联邦议会于1973年颁布了《利益冲突章程》，1976年制定了《公职人员离职后行为指导原则》，1985年出台《公职人员利益冲突与离职后行为准则》。同一时期，美国则于1962年推出《联邦利益冲突和贿赂法》，1978年通过《政府伦理法》，后者于1989年被修改为《政府伦理改革法》，将适用范围扩展到行政、立法和司法领域的工作人员。同年又颁布《美国政府官员及雇员的行政伦理行为准则》，1992年则发布内容更为详细、操作性更强的《行政部门工作人员伦理行为准则》。英国在同一时期关于防止利益冲突的立法则散见于不同的法律法规中。比如1962年的《北爱尔兰选举法》、1964年的《许可证法》、1972年的《北爱尔兰地方政府法》、1988年的《犯罪审判法》、1989年的《地方政府和住房法》等。此外，一些特殊行业也有专门的行为规范准则，比如《检察官准则》等。20世纪70年代，英国还针对高级官员制定了"利益申报"制度，要求官员在参与公共决策前申报相关私人利益。

第三阶段是从20世纪90年代到现在，为防止利益冲突制度大发展及走向国际的时期。该制度被许多国外发达国家及国际组织视为有效预防腐败的前瞻性举措，并成为国外反腐倡廉的共识和普遍做法。这一时期，不仅较早开始推行该制度的国家对其进行了进一步的深化和完善，比如加拿大政府就于1994年对《公职人员利益冲突与离职后行为准则》进行了修订，在此基础上制定了《利益冲突法》（2006），并成立了专门的联邦风纪专员办公室以管理和监督利益冲突制度的执行；美国也于1992年颁布了《行政部门工作人员伦理行为准则》；英国则于1999年颁布《公务员行为准则》，2001年颁布《大臣行为准则》，2003年在1999年签署经合组织《关于公共官员受贿的协议》的基础上发布《防止腐败法》。同时，越来越多的国家开始建立并运行防止利益冲突制度，比如法国、德国、日本、韩国、新加坡、墨西哥、巴西、乌拉圭、南非、埃及等。①

这一时期，另一比较显著的特征是防止利益冲突制度开始进入国际组织的视野并得以在全世界推广。比如，联合国就于1990年在古巴召开的第八届联合国预防腐败及罪犯处理大会上要求各国设立利益冲突罪，并于1996年召开的第51届联合国大会上通过了《公职人员国际行为准则》，该准则在第二、三、四章中对防止利益冲突做了专门的规定。2003年通过的《联合国反腐败公约》则四次明确使用"利益冲突"概念。此外，欧洲理事会1999年制定的《反腐败刑法公约》，欧洲委员会2000年发布的《公职人员标准行为规范》，美洲国家组织1996年推出的《美洲反腐败公约》等国际法律文件中的预防和惩治腐败措施也不同程度地涉及防止利益冲突。其他国际组织中OECD也发布了不少关于利益冲突的研究报告及指导原则。

---

① 聂资鲁等：《域外防止公职人员利益冲突理论与实践研究》，世界图书出版公司2017年版，第18—26页。

（三）制度设计

1. 核心原则

在进行防止利益冲突制度设计之前，首先要确立的是其指导或者核心原则。在这方面，OECD 取得了比较深入的研究成果。早在 20 世纪 90 年代它就开始重视政府的伦理建设并倡议各成员国推行相关改革。它关于政府伦理建设及防止利益冲突的研究报告至今仍是该领域的标杆性成果。比如，其《公共服务伦理：现实问题与实践》（1996）、《信任政府：OECD 成员国的伦理举措》（2000）、《公共服务中的利益冲突管理：OECD 的指导原则与评述》（2003）等一起构成了一套完整的指导管理利益冲突的体系。鉴于防止利益冲突制度的实质是政府伦理建设的一部分，这里先回顾其指导政府伦理建设的核心原则。后者集中体现于 1998 年 OECD 理事会通过的《OECD 关于改善行政伦理行为建议书》中，其建议包括十二条：公共伦理标准应该清晰；伦理标准应该在法律中有所体现；公职人员应该能够获取伦理指导；公职人员在举报不端行为时应该知晓其权利和义务；对伦理的政治承诺应该强化公职人员的伦理行为；决策过程应该公开透明以接受监督；公共部门和私营部门交往应该有清晰的指导原则；管理人员应该展示并倡导伦理行为；管理政策、程序和做法应该促进伦理行为；公共服务条件和人事管理应该促进伦理行为；公共服务中应该有充分的问责机制；用适当的程序和制裁应对不端行为。[1]

---

[1] OECD, Trust in Government: Ethics Measures in OECD Countries, 2000, pp. 75-76.

这十二项原则侧重于诚信管理系统的四项主要职能，即对廉洁的定义、引导、监控和执行。

对利益冲突的管理是行政伦理建设的重要组成部分，但是在具体的实践中又有其特殊的要求，所以 OECD 为此提出了四大核心原则：

第一，服务于公共利益。这包括公职人员应根据相关法规政策及具体情况作出决定或建议，而不考虑个人利益。公职人员的廉洁，特别是在具体适用政策的过程中，不应受宗教、职业、政党、政治、种族、家庭或其他个人偏好及站队的影响；公职人员应剥离、限制可能影响其廉洁履职的私人利益，如果措施无效，则应选择回避；公职人员应避免通过"内幕消息"获利；公职人员不应寻求或接受任何形式的不正当利益，以期影响公务或职能的履行或不履行；公职人员不得利用前公职或内部信息获取不正当利益，特别是离职或退休后的再就业安排。

第二，支持透明和公众监督。公职人员和机构应该受到最细致的监督，而这并非指不违反法律法规条文就行，而是指他们还需要遵从更广泛的公共服务价值观，如无私、公正和廉洁等；公职人员的私人利益和从属关系在可能损害其公正履职时应该进行恰当的申报，以便进行适当管控；公共组织和官员在处理利益冲突时应确保一致性和适当程度的开放性；公职人员和公共组织应加强对其利益冲突管理的审查和监督。

第三，倡导个人责任和以身作则。公职人员应时时高标准地要求自己，成为其他公职人员和公众的廉洁榜样；公职人员应承担合理安排其私人事务以防止利益冲突的责任；公职人员应承担识别和处理利益冲突的情形；公职人员和公共组织应该通过应用有效的利益冲突政策和实践来展示对廉洁和专业的承诺。

第四，培育一种不容忍利益冲突的组织文化。公共组织应制定并执行充分的管理政策、流程和做法，以鼓励对利益冲突实行有效的控制和管理；公共组织应鼓励公职人员披露和讨论利益冲突事宜，并提供合理的措施来保护相关利益申报不被他人滥用；公共组织应创造和维持一种事关廉洁的开放式沟通和对话的文化；公共组织应提供指导和培训，以促进对相关规则、实践和应用的理解及动态演变。

2. 制度框架

一个全面的防止利益冲突的制度框架应该包括八个要素：一是对潜在的能威胁组织和个人廉洁的利益冲突情况一般特征的界定（definition）；二是对不可接受的利益冲突情况进行识别（identification）；三是对执行利益冲突政策的领导和承诺（leadership and commitment）；四是有助于合规的认知（awareness），以及对风险领域的预判（anticipation）；五是对相关信息的恰当披露（appropriate disclosure）和冲突的有效管理（effective management）；六是与其他利益相关者，包括承包商、客户、赞助商和社区等的合作关系（partnership）；七是根据经验对利益冲突政策的评估（evaluation）；八是根据需要对政策和程序进行重新开发和调整，以适应不断变化的情况。

此外，鉴于利益冲突管理的重要性，其制度通常包含在一个国家的法律框架中。除两个欧洲国家外，其余都是通过基本立法

(primary legislation)来对利益冲突进行管理的。一般而言，利益冲突的核心原则和基本规则都可以在公共服务和公共行政法律中找到。在一些国家，甚至宪法对之也有相关的规定，特别是那些影响公民权利方面的原则，比如要求公职人员一心为公共利益服务的排他性原则。越来越多的国家开始采用特定的法律来覆盖敏感区域或特定群体，如监管董事会成员的公司法等。一种新兴趋势表明，越来越多的经合组织国家开始制定关于利益冲突的专门法或行为准则来发现、预防和管理潜在的利益冲突情形。图2-1显示了经合组织国家利益冲突制度的法律来源分类。其中爱尔兰、新西兰、波兰和美国制度框架的来源包括图2-1中的所有渠道。该制度来源的多样性和范围也表明OECD国家遵循以规则为基础或以原则为基础的两大路径。一个重要的考虑因素是如何使刚性的规则标准更多样、灵活和实用，并可与对某些群体的特殊情况进行调整的原则性工具相结合。此外，使用简单语言的简明、实用的工具可以更有效地向公众和公职人员传达政策标准和期望。

如图2-1所示，一是数据覆盖的OECD国家中防止利益冲突制度来自基本法的最为普遍，这包括法律、法典等，位阶上大体相当于中国的基本法、普通法等。比如波兰1997年颁布的《限制公职人员从事商业行为法》及1998年颁布的《公共服务法》，土耳其1990年颁布的《利益申报及反腐败法》，奥地利的《公共服务法及刑法》，冰岛1993年颁布的《公共行政法》及1996年颁布的《政府雇员法》，希腊的《公务员法典》。二是二级立法，包括指令、规则和条例等，比如德国联邦政府1998年颁布的《关于联邦行政预

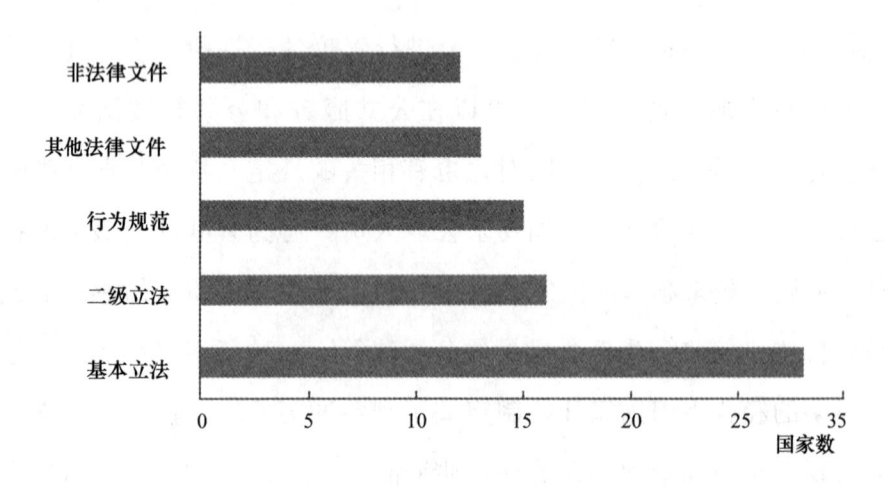

图 2-1 防止利益冲突政策来源

资料来源：OECD, 2003, Managing Conflict of Interest in the Public Service：OECD Guidelines and Country Experiences, p. 46.

防腐败的指令》，美国 1990 年发布的第 12731 号关于《政府人员伦理行为原则》，日本的《国家人事院规程》等。三是行为准则，比如爱尔兰政府 1998 年批准的《内阁手册》，加拿大 1994 年颁布的《公职人员利益冲突与离职后行为准则》，英国 1995 年颁布的《公务员管理守则》，美国 1992 年颁布的《行政部门工作人员伦理行为准则》等。四是其他法律文件，包括命令、通知和集体协议等，比如《加拿大众议院的议事规定》《瑞典公共部门特别协议》，爱尔兰财政部发布的通函或澳大利亚公共服务委员会的通函，《丹麦监察员年度报告》等。五是非法律文件，包括指导指南、准则和意见等，比如新西兰国务委员会 1999 年发布的《董事会任命和入职指南》，加拿大伦理顾问向部长及其工作人员的建议，美国政府伦理署提供的《非正式的咨询信和备忘录，以及正式意见》，丹麦 1998

年5月发布的关于《部长与公务员关系指引》的第1354号白皮书等。①

3. 具体内容

(1) 防范对象和内容

广义上的防止利益冲突制度的防范对象既包括公共部门也包括私营部门。后者涉及私营部门的廉政建设问题,特别是保护股东及公共利益问题。不过,这里主要考察的是公共部门的相关制度建设。下面笔者将重点梳理公共部门防止利益冲突制度的防范对象。

虽然为某些对象类别制定特定政策的原因各不相同,但发达国家的趋势是重点防范公共和私营结合地带的高级别官员和高危领域的可能利益冲突。一般来说,职位越高,相关的政策越严格,要求的透明度也越高。比如,这些高级别官员需要经常申报的金融资产、经济利益和个人资产的信息通常是公开的。图2-2展示出发达国家防范对象从高到低分别是部长、高级官员、海关官员、合同管理人员、检察官、税务官、法官、采购员、部长内阁成员、审计官等。②

在防范内容方面,防止利益冲突的制度主要针对的是那些具体而且可识别的利益冲突风险。OECD的研究报告将其分成九大类:①兼职工作;②内部信息,特别是一定级别官员在履职过程中所掌握的信息,比如商业敏感信息、税务信息、个人敏感信息、执法和

---

① OECD, 2003, Managing Conflict of Interest in the Public Service: OECD Guidelines and Country Experiences, pp. 45-47.

② OECD, 2003, Managing Conflict of Interest in the Public Service: OECD Guidelines and Country Experiences, p. 42.

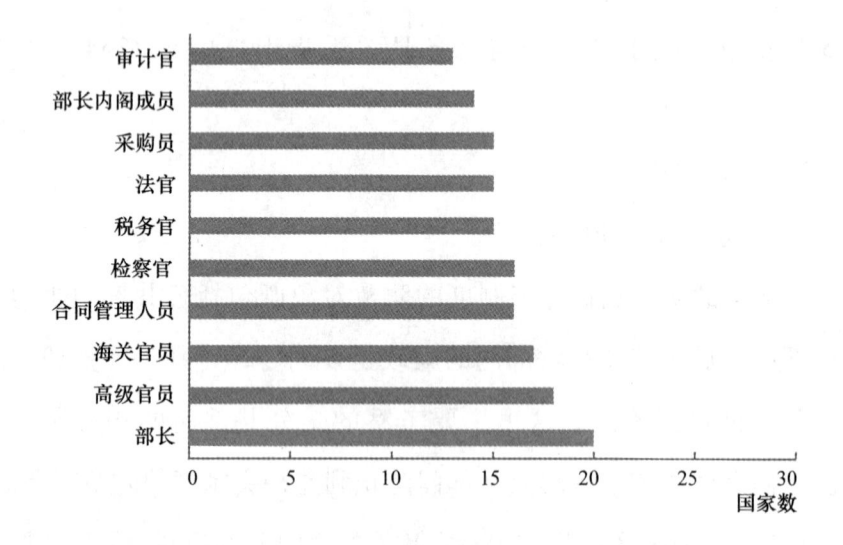

图 2-2　OECD 防止利益冲突制度覆盖官员主体

资料来源：OECD, 2003, Managing Conflict of Interest in the Public Service: OECD Guidelines and Country Experiences, p. 42.

监察信息，以及政府经济政策与财务管理信息等；③合同授予；④公共决策；⑤政策咨询；⑥礼物及其他形式的好处；⑦个人、家庭或者社区的期望及机会；⑧同时的其他任命；⑨离职后的商业或者非政府组织活动。[①] 对于其中收受礼物一项，OECD 的工具箱手册还设立了四个指标作为自测的标准：一是真诚性，即该礼物或好处并非公职人员主动索取或者暗示所致；二是独立性，即一位通情达理的旁观者认为受惠官员之后是否还能独立履职而不受其影响；三是负担性，即受者是否有心理负担来报答施惠者；四是透明性，

---

① OECD, Managing Conflict of Interest in the Public Sector: A Toolkit, 2005, pp. 28-31.

即受惠者是否可以透明地向机构、同事、客户、媒体和公众公开所受礼物及来源。①

（2）防范举措

国外防止利益冲突制度的防范举措主要包括禁止及申报。禁止的意思很明显，主要是通过法律法规对一些不准公职人员参与的行为进行明确的刚性规定。而申报的举措则更加复杂一些。这也和本研究中专题考察的官员财产申报制度有所重合，只是重点加入了利益内容的申报，所以这里不再赘述。

（四）制度执行

1. 受理及审查

国外的实践显示通常有专门的伦理部门来负责此项工作。其中既包括主动检查完整性、一致性、联网比对相关申报信息等，也包括被动地跟进调查信访举报、进行经济责任审计、分析案情、反馈述职述廉信息等。按照OECD研究报告的总结，基本可以分为三重核查：第一重，即初步或者基本审核，其主要内容为确保申报是否完整或是否存在明显错误（如数值是否填写，地址是否有效等）。第二重是进一步复核，即确保申报信息逻辑的一致性，比如算术检查，与往年信息比对，变更信息的比对，收入与财产是否相符等。这一步可以发现潜在或者实在的利益冲突，从而引入第三重专业审计。作为审核程序的最后也是最高一个步骤，该阶段不仅可以交叉

---

① OECD, Managing Conflict of Interest in the Public Sector: A Toolkit, 2005, p. 43.

比对过去的信息，也可以跟外部信息库进行联网核查。审计人员还可以更加准确地评估所申报资产的有无及价值，并考察公职人员的生活方式，在必要时可以向公共机构及社会征集证据和证词。①

2. 跟进与处理

在跟进与处理利益冲突过程中应该根据具体情况选择不同的选项，比如回避、剥离、信托，或者离职等。在处理持续性的利益冲突情形中，通常考虑将潜在的冲突利益进行剥离或者清除，包括将冲突的利益交由真正的"保密信托"管理等。② 如果特定冲突不会经常发生，那么可以考虑保留相关公职人员现有职位，并选择让其回避受影响事项的决策，请独立第三方负责，或放弃最终投票权，退出讨论相关提案和计划程序，或限制接触相关文件和信息等。如果上述选项都不能妥善处理相关的利益冲突的话，那么公职人员应被要求调离相关岗位或者辞去相关职务。③ 如果公职人员拒不申报相关利益或者拒绝接受相关的管理措施，那么可以根据具体情节轻重而采取纪律措施或者转交相应司法程序处理。

3. 宣介与激励

防止利益冲突制度的宣介与激励也是该制度执行非常重要的一环。毕竟该制度与公职人员的伦理修养紧密相连，在多数情况

---

① OECD (2017), "Cultivating a Culture of Integrity: Instilling Integrity Values and Managing Conflict-of-interest", in *OECD Integrity Review of Mexico: Taking a Stronger Stance Against Corruption*, OECD Publishing, Paris, 66.

② OECD, Managing Conflict of Interest in the Public Service: OECD Guidelines and Country Experiences, Paris, OECD, 2003, p. 30.

③ OECD, OECD Guidelines for Managing Conflict of Interest in the Public Service, 2003, p. 9.

下利益冲突的潜在情形非常隐蔽,所以能转化为公职人员内在的自主行为则显得非常关键和重要。在这方面,发达国家的做法是高度重视在公职人员的入职培训中强调相关伦理要求和期望,为他们提供指导或者案例手册,在日常工作中经常进行防止利益冲突的提醒,提供方便的咨询机制,加大对全社会的宣传等。事实上,沟通策略也非常重要,因为良好的对外宣传不仅可以向体制内外发出强烈信号,而且有利于提升全社会对于预防腐败的信心和预期。① 此外,发达国家在防止利益冲突制度方面也非常重视借鉴行为科学研究领域的洞见,比如抓早抓小,经常提醒,改进办公环境,应用最新的测谎技术等。② 本书另一章节专门考察的吹哨人保护制度也应得到大力发展和完善,这里不再赘述。当然,一些学者指出,防止利益冲突制度的宣介与激励和整个国家社会发展与治理好坏也有紧密关系,包括真正任人唯贤的用人机制,相对平衡的收入差距和分配机制,比较无私的领导集体,有效的非政府组织监督、立法监督及媒体监督,公民知情权的实现,以及对吹哨人的保护及鼓励机制等。③

---

① OECD (2017), "Cultivating a Culture of Integrity: Instilling Integrity Values and Managing Conflict-of-interest", in *OECD Integrity Review of Mexico: Taking a Stronger Stance Against Corruption*, OECD Publishing, Paris, p. 80.

② OECD (2017), "Cultivating a Culture of Integrity: Instilling Integrity Values and Managing Conflict-of-interest", in *OECD Integrity Review of Mexico: Taking a Stronger Stance Against Corruption*, OECD Publishing, Paris, pp. 83 - 84.

③ Tim Lankester, "Conflict of Interest: A Historical and Comparative Perspective", in ADB/OECD, Managing Conflict of Interest-Framework, Tools, and Instruments, 2007, p. 15.

（五）制度评估

对一项制度绩效进行定期评估也是国外实践显示出的非常重要的一个方面。鉴于利益冲突是腐败发生的必要条件，那么一个思路是通过腐败发生率来考察防止利益冲突制度的成效。另外，也可以考虑公职人员，特别是机构负责人的内部评估或者聘请第三方进行问卷、抽样等的外部评估。防止利益冲突制度应该有一些灵活的指导原则，并时时更新，以应对新形势和新挑战。

此外，OECD的防止利益冲突工具箱里也有廉洁测试的举措，具有一定的新颖性，这里有必要介绍一下。通过这种工具，公职人员可以在他们不知情的情况下被故意置于存在廉洁风险的情景下进行测试，以便他们的行为可以由其雇主或调查机构进行审查和评估。例如，在现实情况下，测试人员可以假扮公众向公职人员行贿，如果被测试者接受了"贿赂"，那么至少在那个场合，有理由断定他们是腐败的。不过需要指出的是，测试只是在那种环境下是合理的，特别是"贿赂"的价值，否则后续的纪律或起诉可能会被推翻，理由是这种廉洁测试相当于陷阱。更复杂的廉洁测试还可能涉及跟踪、监听目标官员及与他们走得比较近的人，电话信息、金融交易和其他可能的腐败活动指标都可能被纳入仔细监视范畴，这些测试实际上是组织对其员工进行的秘密行动。虽然廉洁测试可以是一个强有力的专业腐败检测工具，但在使用时需要格外谨慎。这是因为它不仅需要特殊的授权，而且可能需要经过特殊培训才能有效地使用该技术，同时也可能需要特别立法才能允许在起诉中使用其获得的证据。另外,这种"钓鱼式"的廉洁测试也可能会在其他并不存在腐败却因为疏忽而不能通过测试的公职人员中产生恐惧和焦虑。①

◇◇ 二 国内防止利益冲突制度

(一)概念辨析

"利益冲突"并非中国固有的廉政概念,其进入官方话语也是比较晚近的事情。事实上,在中国改革开放初期,"利益"一词很少见诸中央文件。直到 2000 年十五届中纪委第四次全会工作报告中首次明确使用"利益冲突"的内涵表述,要求"省(部)、地(厅)级领导干部的配偶、子女,不准在该领导干部管辖的业务范围内从事可能与公共利益发生冲突的经商办企业活动"。"利益冲突"二词连用则是 2002 年中纪委在《关于对铁道部纪委〈关于国有企业领导人退休后能否接受香港股份制企业聘任的请示〉的答复》中首次出现。2009 年党的十七届四中全会通过的《中共中央关于加强和改进新形势下党的建设若干重大问题的决定》则首次在中央文件中明确提出了"建立健全防止利益冲突制度"的任务。2010年 1 月,十七届中纪委第五次全会也进一步强调"建立健全防止利益冲突制度,形成有效预防腐败的长效机制"。2013 年召开的党的

---

① OECD, Managing Conflict of Interest in the Public Sector: A Toolkit, Paris: OECD, 2005, p. 68.

十八届三中全会通过的《中共中央关于全面深化改革若干重大问题的决定》也提及"防止利益冲突"问题，2019年中共中央办公厅印发的《中国共产党纪律检查机关监督执纪工作规则》则提及了"监督执纪人员辞职、退休3年内，不得从事与纪检监察和司法工作相关联、可能发生利益冲突的职业"。2022年6月中共中央办公厅印发的《领导干部配偶、子女及其配偶经商办企业管理规定》则对领导干部配偶、子女及其配偶经商办企业管理的适用对象和情形、工作措施、纪律要求等作出明确规定。

由上不难看出，"利益冲突"作为一个专有名词虽然已经进入中国官方话语，但是并未成为一个核心概念，相应地，国内思想界在将这一"舶来品"引介到国内时主要采取其狭义的理解。所以国内最早对防止利益冲突制度进行系统研究的庄德水认为，在中文语境中，"利益冲突"作为一个廉政概念与日常所说的"利益冲突"有着显著差别。后者多用于同类主体之间，比如人与人之间、群体与群体之间、阶级与阶级及国家与国家之间的利益矛盾和冲突。而廉政学意义上的"利益冲突"特指公职人员私人利益不当影响其公共职责所代表的公共利益的冲突。所以这并不包括公职人员在履行公共职责之外发生的私人利益与公共利益的冲突，比如其在公共场合大声喧哗等。因此，庄德水指出，作为廉政概念的"利益冲突"是"以社会公众与公职人员之间的委托代理关系为前提，与公职人员所具有的特定的公共角色相联系"[1]。相应地，国内廉政学界普遍

---

[1] 庄德水：《防止利益冲突与廉政建设研究》，西苑出版社2010年版，第21页。

将"利益冲突"定义为"国家公职人员的私人利益,与其行使公共权力、履行公共职责时所代表的公共利益相冲突、相违背、相矛盾的情景、状态和行为"[①]。从这个视角来看,"利益冲突"存在两种可能的性质。第一种性质属于一种情景或者状态(situation)。正如麦可尔—戴维斯所指出的:"在这种境况下,某人P(不管是个体还是法人主体)有利益冲突……当且仅当(1)P与另一个人处于要求P代表他做出判断的关系中,且(2)P具有某种(特殊)利益,这种利益具有干扰他在这个关系中做出正确判断的倾向。"[②] 这种情景或者状态也可以理解为一种利益分布格局(configuration),其中存在公职人员私人利益负面影响其所代表的公共利益的风险。第二种性质属于一种行为,即一种动态的描述,但是这里的"行为"并不等同于腐败的行为,至多只是描述一个公职人员内心不同角色间的斗争而已,这种"心战"行为的结果可能导致实际的腐败行为,即腐败的既成事实。

虽然"利益冲突"不是中国廉政领域的核心概念,但是其旨意其实和"预防腐败"及"廉政风险防控"较为接近。正如前文所述,如果说打击腐败的重点在于调查和惩处业已发生的腐败行为及其主体,目的在于"惩前毖后,治病救人",以此震慑犯罪、警示

[①] 浙江省杭州市纪委、监察局:《反腐败:防止利益冲突的理论与实践专题研讨会暨第四届西湖—廉政论坛综述》,《反腐败:防止利益冲突的理论与实践》,中国方正出版社2012年版,第576页。

[②] Michael Davis, "Conflict of Interest", *Encyclopedia of Applied Ethics* (Volume 1), San Diego: Academic Press, 1998, p. 590. 转引自庄德水《防止利益冲突与廉政建设研究》,西苑出版社2010年版,第26页。

他人，那么预防腐败的目的则是通过严密的制度设计、严格执法和加强监督等途径，降低腐败发生的可能性和成功率，从而防患于未然。鉴于对腐败本质的普遍理解就是"假公济私"，那么防止公私"利益冲突"无疑就是"预防腐败"和"廉政风险防控"的题中应有之义。不过，根据程文浩的"预防腐败"理论，腐败发生需要三个条件，即公共权力（资源）、腐败动机、腐败机会。相应地，"预防腐败"旨在从这三方面发力寻求减少腐败产生的机会，所以其内涵和外延都较"防止利益冲突"更广一些。后者更接近于国内一些学者所提出的"廉政风险防控"概念。比如，张增田认为，"廉政风险防控"就在于"预防和控制各种危险因素的聚合并导致危险事件（各种腐败行为）的发生"，而且借助于风险排查、风险评估、风险控制、监测和预警，以及处置等环节的层层防控。张增田认为其较之于作为舶来品的"防止利益冲突"具有如下几点优势：第一，它可以综合伦理、法律和制度等常规手段和方式；第二，它内嵌于具体岗位职权运行和日常管理过程中，更具操作性和针对性；第三，它已经积累了坚实的理论基础、实践经验及信息科技的运用，有助于提升预防腐败的科学化水平。[①] 张增田的观点可能有一些根据，但是也有值得商榷的地方，而最为关键的其实是不管哪一套制度都需要织牢织密，然而，到目前为止我们在这方面还有很大的发展空间。

[①] 张增田：《风险管理视角下公职人员的利益冲突及其防控》，《反腐败：防止利益冲突的理论与实践》，中国方正出版社2012年版，第91页。

(二) 历史沿革

在中国历史上，防止利益冲突的理念与实践由来已久，只不过用的不是"防止利益冲突"的术语，而更多的是围绕"公"与"私"这一对中国思想史上非常重要的概念和范畴展开。中国传统的公私观涉及社会公共生活秩序的建构、政治统治的合理与正当性以及伦理道德和利益调节等诸生活领域的问题。正如研究中国思想史的著名学者刘泽华所指出的："公私问题是中国历史过程全局性的问题之一，它关系着社会关系和结构的整合，关系着国家、君主、社会、个人之间的价值取向和行为准则，关系着社会意识形态的规范和社会伦理与价值体系的核心等重大问题。"① 下面就依此将中国历史分为三个大的时期予以梳理和回顾。

第一阶段为新中国成立之前的漫长历史阶段。这一阶段，"尚公抑私"的理念应该是很清晰的。传统上对官德或为官者的政治道德要求就包括"尚公抑私""公正无私""至公无私""大公无私""公而忘私"等。这在很多典籍中都有体现，如"以公灭私，民其允怀"（《尚书·周官》）；"公私之分明，则小人不嫉贤，而不肖者不妒功"（《商君书·修权》）；"能去私曲就公法，民安而国治"（《韩非子·有度》）；"政在去私，私不去则公道亡"（傅玄《傅子·问政篇》）；"尽公者，政之本也；树私者，乱之源也"（《晋书》卷四十六《刘颂传》）；"当官而行，不求利己"（《韩昌黎先

---

① 刘泽华：《先秦士人与社会》，天津人民出版社2004年版，第208页。

生集》卷三十八《为裴相公让官表》）；"将天下正大底道理去处置事，便公；以自家私意去处之，便私"（《朱子语类》卷十三）；"'公私'两字，是宇宙的人鬼关。若自朝堂以至闾里，只把持得'公'字定，便自天清地宁，政清讼息；只一个'私'字，扰攘得不成世界"（吕坤《呻吟语·治道》）；等等。虽然在很多人看来是"理想很丰满，现实很骨感"，因为在这漫长的历史时期里，这一理想似乎更多的是被皇权"家天下"所遮掩，但是，其实这背后恰恰体现的是中华文明"天以其私行其大公"的超绝智慧。正所谓千里之行始于足下，要想切实推动"大公"，皇权就是一个极好的抓手，如今则体现在执政者的使命担当上。假如没有这种智慧，对"大公"的追求和憧憬就只能是"无源之水、无本之木"，最后就如昙花一现，枯萎殆尽。后者恰是当今西方的写照。反观孔子，其策略在于顺势而为，将对"大道之行""大公"的追求放在以亲情为中心的等差秩序之后就是这一智慧的体现。近代西方一步跳到历史之终结处，确也打造出非常精致的安排，取得十分耀眼的成绩，并迷惑了不少人，但那毕竟是无本之木，所以免不了走向穷途末路。

第二阶段为新中国成立到改革开放时期。这一时期恰逢新中国推翻三座大山，重新站立了起来，再加上毛泽东等领袖以身作则，中国政治公私分明或可以说是这一时期的主要特征之一。这里或许没有必要对此多加赘述，只需举毛泽东的例子就可见一斑。比如有学者就基于他的书信考察、展示了毛泽东处理"公"与"私"关系的智慧：他忙于公务但不忘为人父的责任，关心子女的成长教育，为他们树立榜样，塑造良好家风；他尊重长辈、关爱亲人、坚守原则，妥善处理亲戚关系，不以私人关系干扰公共事务；他尊敬师长、友爱同窗、关心同事，为人处世情理通达又恪守纪律，不徇私情、不碍公务。①

第三阶段为改革开放以来。这一阶段，随着中国改革开放的深入，物质财富得到大幅增长，而与此同时利益冲突的情形也越趋纷繁复杂。对这一阶段中国防止利益冲突的举措已经有不少学者进行了梳理和分析，笔者大致将其分为三个时期加以简要介绍。

第一，利益结构嬗变与概念化起步时期（1978—1991）。随着经济体制改革的启动，中国开始从公有制为基础的计划经济向市场经济转型，私营经济得到迅猛发展。与此相伴随的则是很多领导干部开始经商兼职等，这从根本上触动了原有的经济基础、利益结构和分配方式，导致很多公职人员开始追求经济利益，从而出现公私利益分化和冲突。这一时期，虽然官方并未使用"利益冲突"的概念，但是对于经商、办企业、兼职等以权谋私现象有着清醒的认识，并开始从纯粹的纠风和清理运动逐渐转向采取系列防止利益冲突的举措。这包括以整党整风方式应对以权谋私等不正之风，发布严禁经商、办企业的规定，下达限制兼职及其他政府外部活动的通知，印发禁止公职人员收受礼品及馈赠的规定等。

第二，利益矛盾凸显与规范化发展时期（1992—2012）。从1992年党的十四大报告正式提出要建立社会主义市场经济体制以来，经济政策上自由化、分权化、非公有化程度逐步加深，促进了

---

① 文茂群：《毛泽东处理"公"与"私"关系的智慧——基于毛泽东书信的考察》，《中共山西省委党校学报》2019年第42卷第5期。

经济市场上各地区、各阶层的资源相互流动。政府职能边界随之不断扩大,加上对效率优先的政策偏好,导致通过公共权力在金融、土地、外贸等经济热点领域寻租的利益冲突现象频发,呈现出利益源泉多元化和利益矛盾凸显化。对此,国家逐渐意识到必须有效预防和管理公职人员的利益冲突问题,尤其是2000年中纪委首次提出"利益冲突"的内涵之后,防止利益冲突开始作为核心的廉政制度建设频繁出现在政策法规文件中,通过出台系列先行先试的"试行"或"暂行"规定,逐步促进了防止利益冲突制度的规范化发展。这包括出台要求公职人员进行财产申报的规定,印发规范公职人员离职后从事商业活动行为的规定,出台公职人员任职回避暂行规定,成立公职人员利益冲突防治管理机构等。2009年党的十七届四中全会通过《中共中央关于加强和改进新形势下党的建设若干重大问题的决定》,首次在中央文件中明确提出了"建立健全防止利益冲突制度"的任务。[1]

第三,利益格局复杂与制度化加速推进时期(2013年至今)。党的十八大以来,中央反腐倡廉的推进与成绩有目共睹,而且其核心特征可以用"一体推进不敢腐、不能腐、不想腐体制机制"("三不")来形容。有学者对之就进行了很好的总结:

> 党的十八大以来,以习近平同志为核心的党中央把全面从严治党纳入"四个全面"战略布局,以顽强意志品质正风肃纪

---

[1] 蔡小慎、张存达:《中国防止利益冲突制度演变及其效应分析》,《理论探索》2015年第5期(总第215期)。

反腐，很多工作都体现着"三不"一体理念。比如，以零容忍态度惩治腐败，有腐必反、有贪必肃，就是强化"不敢"；开展以案促改，扎牢制度笼子，完善监管措施，就是强化"不能"；印发案例通报和违纪违法干部忏悔录，推进党性教育、法治教育和道德教育，就是促进"不想"。比如，落实中央八项规定精神，对顶风违纪者严肃查处、通报曝光，就是强化"不敢"；织密群众监督网、健全改进作风常态化制度，就是强化"不能"；引导党员、干部增强党性修养，严明公私界限，就是促进"不想"。再比如，开展巡视巡察工作，精准发现问题、持续高悬利剑，就是强化"不敢"；抓好巡视整改和成果运用，推动改革、完善制度，就是强化"不能"；通过整改落实严肃党内政治生活，净化党内政治生态，就是促进"不想"。正是运用一体推进"三不"思路推动全面从严治党，才使我们党实现从里到外的深度重塑，自我净化、自我完善、自我革新、自我提高能力不断增强。[①]

从防止利益冲突的角度来说，中央的"三不"策略正是针对当前中国反腐倡廉形势最全面最彻底最有效的一剂良方。

(三) 制度设计

1. 核心原则

鉴于在国家层面中国并未将防止利益冲突作为一项专门制度进

[①] 苗庆旺：《构建一体推进不敢腐、不能腐、不想腐体制机制》，《求是》2019年第24期。

行确立和完善，因此中国防止利益冲突的举措是散见于不同的制度之中的。要提炼其核心原则也相对困难。与之比较接近的是《建立健全惩治和预防腐败体系 2013—2017 年工作规划》中的阐述，即"标本兼治、综合治理、惩防并举、注重预防，以改革精神加强反腐败体制机制创新和制度保障，坚定不移转变作风，坚定不移反对腐败，建设廉洁政治，努力实现干部清正、政府清廉、政治清明"①。具体的内容包括：（1）坚持党组织从严抓党风，大力弘扬党的优良传统和作风；（2）持之以恒深入落实中央八项规定精神，进一步改进工作作风；（3）扎实开展党的群众路线教育实践活动，建立健全作风建设长效机制；（4）严明党的纪律，为党的作风建设提供保证；（5）深化改革和转变政府职能，不断消除滋生腐败的体制弊端。

2. 制度框架

在具体的法律法规方面，中国的法律和党内规章建立了较为完善的防止利益冲突制度，主要包括回避制度、个人有关事项报告制度、从业限制制度、特定行为限制制度、利益冲突资产处置制度等，并且带有不少中国特色。

（1）回避制度

在国家法律方面，《中华人民共和国公务员法》对该制度作了系统性规定。关于任职回避，该法第七十四条规定，公务员之间有夫妻关系、直系血亲关系、三代以内旁系血亲关系以及近姻亲关系

---

① 《建立健全惩治和预防腐败体系 2013—2017 年工作规划》，人民出版社 2013 年版，第 3 页。

的，不得在同一机关双方直接隶属于同一领导人员的职位或者有直接上下级领导关系的职位工作，也不得在其中一方担任领导职务的机关从事组织、人事、纪检、监察、审计和财务工作；公务员不得在其配偶、子女及其配偶经营的企业、营利性组织的行业监管或者主管部门担任领导成员。其中"公务员不得在其配偶、子女及其配偶经营的企业、营利性组织的行业监管或者主管部门担任领导成员"为2018年修订所增加。关于地域回避，该法第七十五条规定，公务员担任乡级机关、县级机关、设区的市级机关及其有关部门主要领导职务的，原则上应当实行地域回避。关于公务回避，该法规定，存在涉及本人或亲属利害关系，以及其他可能影响公正执行公务的情形的，应当回避。公务员有应当回避情形的，本人应当申请回避；利害关系人有权申请公务员回避。其他人员可以向机关提供公务员需要回避的情况。机关根据公务员本人或者利害关系人的申请，经审查后作出是否回避的决定，也可以不经申请而直接作出回避决定。另外，《中华人民共和国刑事诉讼法》《中华人民共和国民事诉讼法》《中华人民共和国行政诉讼法》《中华人民共和国仲裁法》《行政处罚法》等法律法规也规定了回避制度。《中华人民共和国法官法》《中华人民共和国审计法》《中华人民共和国行政监察法》《中华人民共和国证券法》《国有企业领导人员廉洁从业若干规定》等，也针对不同行业从业人员正确行使职权、主动回避利益冲突问题分别作出了具体规定。

在党内法规方面，根据《党政领导干部选拔任用工作条例》，存在近亲属关系的党政领导干部应实行任职回避。同时，领导干部还不得在本人成长地担任县（市）党委和政府以及纪检、组织等部门的正职领导成员。《中国共产党纪律检查机关监督执纪工作规则》第六十五条也规定要严格执行回避制度。审查调查审理人员是被审查调查人或者检举人近亲属、本案证人、利害关系人，或者存在其他可能影响公正审查调查审理情形的，不得参与相关审查调查审理工作，应当主动申请回避，被审查调查人、检举人以及其他有关人员也有权要求其回避。选用借调人员、看护人员、审查场所，应当严格执行回避制度。

（2）从业限制制度

在国家法律方面，《中华人民共和国公务员法》对公务人员从事营利性活动或兼职作出限制。根据该法，公务员不得从事或者参与营利性活动，也不得在企业或者其他营利性组织中兼任职务。公务员辞去公职或者退休的，在一定期限内不得到与原工作业务直接相关的企业或者其他营利性组织任职，也不得从事与原工作业务直接相关的营利性活动。该法还规定，公务员因工作需要在机关外兼职，应当经有关机关批准，并不得领取兼职报酬。

在党内法规方面，《中国共产党党内监督条例》规定，中央政治局委员应当严格要求配偶、子女及其配偶不得违规经商办企业，不得违规任职、兼职取酬。《中国共产党纪律处分条例》规定，党员违反规定从事营利性活动或兼职的，要给予党纪处分；党员领导干部的配偶、子女及其配偶违反从业限制规定的，可以给予党纪处分。2010年修订并颁布的《中国共产党党员领导干部廉洁从政若干准则》，提出了规范领导干部廉洁从政的52个"不准"，其中18项是防止利益冲突的禁止性条款，比较全面地规范了领导干部的从业行为。例如，严禁领导干部违反规定私自从事营利性活动，包括经商、办企业、买卖股票、投资入股、兼职取酬、从事有偿中介活动等；严禁领导干部利用职权和职务上的影响谋取不正当利益，包括接受可能影响公正执行公务的礼品、宴请以及旅游、健身、娱乐等活动安排，在公务活动中接受礼金、有价证券、支付凭证，利用知悉或者掌握的内幕信息谋取利益等。该准则对领导干部利用职权和职务上的影响为配偶、子女及其他特定关系人在就业、投资入股、经商办企业等方面谋取不正当利益的情况也作出了明确的禁止性规定。虽然该准则自2016年1月1日起被新的《中国共产党廉洁自律准则》所取代，但是这些防止利益冲突的规定基本上已全部纳入2018年颁布的《中国共产党纪律处分条例》之中继续发挥规范和威慑功能。

（3）特定行为限制制度

在国家法律方面，特定行为限制制度对可能造成公务人员产生利益冲突的一些特定行为进行限制。例如，《中华人民共和国证券法》规定，参与审核和核准股票发行申请的人员，不得存在与发行申请人有利害关系、直接或者间接接受发行申请人的馈赠等情形；证券交易所、证券公司和证券登记结算机构从业人员、证券监督管理机构工作人员以及法律、行政法规禁止参与股票交易的其他人员在一定期限内不得进行直接或者以化名、借他人名义持有、买卖股票等行为。对于公务员和领导干部离职后的行为限制，《中华人民共和国公务员法》规定，公务员辞去公职或者退休的，原系领导成员的公务员在离职三年内,其他公务员在离职两年内,不得到与原工作业务直接相关的企业或者其他营利性组织任职,不得从事与原工作业务直接相关的营利性活动。对违反相关规定的,《中国共产党纪律处分条例》第九十六条列出了相应的处罚措施。除上述制度外,为避免公务人员在同一地方或部门工作时间过长而产生利益团体,《国家公务员职位轮换(轮岗)暂行办法》《党政领导干部选拔任用工作条例》等法规还规定了交流、轮岗等制度。

(4)有关事项报告制度

2010年制定的《关于领导干部报告个人有关事项的规定》,要求领导干部如实报告本人收入情况、持有因私出国(境)证件和因私出国(境)情况,本人及配偶、共同生活的子女房产、投资情况,本人及子女婚姻情况,配偶、共同生活的子女从业、移居国(境)外及被司法机关追究刑事责任情况等14项个人必须报告的事项。根据规定,对于领导干部无正当理由不按时报告、不如实报告、隐瞒不报个人有关事项的,将予以批评教育、调整工作岗位乃至免职等处理。此外,2010年通过的《关于对配偶子女均已移居国(境)外的国家工作人员加强管理的暂行规定》,进一步加强对配偶子女均已移居国(境)外公职人员的管理。

(5)利益冲突资产处置制度

利益冲突资产处置制度规定了对涉嫌利益冲突的个人资产依法进行处理的有关要求。例如,根据《中华人民共和国证券法》,任何人在成为证券交易所、证券公司和证券登记结算机构的从业人员、证券监督管理机构的工作人员以及法律、行政法规禁止参与股票交易的其他人员时,其原已持有的股票必须依法转让。《关于党政机关工作人员个人证券投资行为若干规定》也规定了利益冲突资产处置制度。

(6)有中国特色的内容

中国独具的特色制度安排包括如下一些方面。第一,新修订的《中国共产党廉洁自律准则》中第三条"坚持尚俭戒奢,艰苦朴素,勤俭节约"和第四条"坚持吃苦在前,享受在后,甘于奉献"内容。这种要求应该说在国外的公职人员规范或者政党行为准则中很少见到。党的十八大以来推出的"八项规定"和"反四风"都有和这方面相关的内容。

第二,对修身齐家的重视。这在《中国共产党廉洁自律准则》中提出的针对党员领导干部廉洁自律规范的第七条"廉洁修身,自觉提升思想道德境界"和第八条"廉洁齐家,自觉带头树立良好家风"中就有很好的体现。对这方面要求中央也是三令五申,并且在2016年颁布的《关于新形势下党内政治生活的若干准则》中也有体现。

第三,一些更加防微杜渐的方面。比如2018年新修订施行的《中国共产党纪律处分条例》第四条指导原则中第一项就要求"把纪律挺在前面,注重抓早抓小、防微杜渐",接下来第五条对监督执纪"四种形态"的规定则更是防微杜渐的一个明证,该规定要求"经常开展批评和自我批评、约谈函询,让'红红脸、出出汗'成为常态;党纪轻处分、组织调整成为违纪处理的大多数"。《关于新形势下党内政治生活的若干准则》规定的"党内不准搞拉拉扯扯、吹吹拍拍、阿谀奉承。对领导人的宣传要实事求是，禁止吹捧，禁止给领导人祝寿、送礼、发致敬函电，禁止在领导干部国内考察工作时组织迎送、张贴标语、敲锣打鼓、铺红地毯、举行宴会等"也可以看作防微杜渐的具体举措。

（四）制度执行

中国的防止利益冲突制度因为国情的不同，其重点是放在党内法规中予以确立的，这包括《中国共产党廉洁自律准则》《关于新形势下党内政治生活的若干准则》《领导干部报告个人有关事项规定》《中国共产党纪律处分条例》等。按照中央的统一部署，党风廉政建设由党委负主体责任，纪委负监督责任。相应地，中央亦于2020年3月发布《党委（党组）落实全面从严治党主体责任规定》对之进行明确和制度化，包括地方党委和按照《中国共产党党组工作条例》设立的党委（党组）、党的纪律检查机关、党的工作机关、党委直属事业单位在本单位落实全面从严治党主体责任，党的基层组织落实全面从严治党主体责任，参照本规定执行。

相应地，该规定第三章责任落实就是这里将要梳理的制度执行的内容。根据该规定，责任主体每半年应当至少召开一次常委会会议，专题研究全面从严治党工作，分析研判形势，研究解决瓶颈和短板，提出加强和改进的措施。责任主体可以根据该规定，结合实际制定责任清单，具体明确所承担的全面从严治党责任。责任主体每年年初应当根据党中央决策部署以及上级党组织决定，结合本地区本单位全面从严治党形势和任务，坚持问题导向，突出工作重点，制定本地区本单位落实全面从严治党责任主体的年度任务安排，明确责任分工和完成时限。与此同时，责任主体的第一责任人应当加强对全面从严治党的调查研究，了解工作推进情况，发现和解决实践中的突出问题，其中，应当注重听取党的代表大会代表、党员、干部、基层党组织和群众关于全面从严治党的意见和建议。按规定，责任主体应当开展经常性的全面从严治党宣传教育，特别是党章党规和党性党风党纪教育，注重发挥正反典型的示范警示作用，在本地区本单位营造全面从严治党良好氛围。党委（党组）及其领导班子成员应当将落实全面从严治党责任情况作为年度民主生活会对照检查内容，深入查摆存在的问题，开展严肃认真的批评和自我批评，提出务实管用的整改措施。当本地区本单位发生重大违纪违法案件、严重的"四风"问题时，党委（党组）应当及时召开专题民主生活会，认真对照检查，深刻剖析反思，明确整改责任。党委（党组）书记对领导班子其他成员、下一级党委（党组）书记，领导班子其他成员对分管部门和单位党组织书记，发现存在政治、思想、工作、生活、作风、纪律等方面苗头性、倾向性问题的，应当及时进行提醒谈话；发现落实全面从严治党责任不到位、管党治党问题较多、党员群众来信来访反映问题较多的，应当及时进行约谈，严肃批评教育，督促落实责任。党委（党组）应当通过会议、文件等形式通报本地区本单位落实全面从严治党主体责任情况，及时通报因责任落实不力而被问责的典型问题，采取组织调整或者组织处理、纪律处分方式问责的，应当以适当方式公开。党委（党组）应当开展有针对性的教育培训，强化政治教育和政治训练，增强本地区本单位党组织和党员领导干部落实全面从严治党责任的意识，提高落实全面从严治党责任的能力和水平。

（五）制度评估

这主要体现在《党委（党组）落实全面从严治党主体责任规定》第四章关于监督追责方面的规定中。按要求，地方党委每年年初应当向上一级党委书面报告上一年度落实全面从严治党主体责任情况。地方党委常委会应当将落实全面从严治党主体责任情况作为向全会报告工作的一项重要内容。党委（党组）每年年初应当向批准其设立的党组织书面报告上一年度落实全面从严治党主体责任情况。上级党组织应当加强对党委（党组）落实全面从严治党主体责任情况的监督检查和巡视巡察，着力发现和解决责任不明确、不全面、不落实等问题。在监督检查和巡视巡察中，应当注重发挥党员、干部、基层党组织和群众、新闻媒体等的作用，推动形成监督合力。统筹党风廉政建设、意识形态工作、基层党建工作等方面考核工作，结合领导班子和领导干部考核，建立健全落实全面从严治党主体责任考核制度，在年度考核和相关考核工作中突出了解全面从严治党责任落实情况。考核结果在本地区本单位一定范围内公布。考核结果作为对领导班子总体评价和领导干部选拔任用、实绩评价、激励约束的重要依据。党委（党组）及其领导班子成员落实全面从严治党责任，有相应情形的，比如贯彻部署和决定不认真不得力的，第一责任人职责、重要领导责任不担当、不作为的，本地区本单位政治意识淡化、党的领导弱化、党建工作虚化、责任落实软化，管党治党宽松软的，在管党治党方面出现重大问题或者造成严重后果的，将依规依纪追究责任。

◇ 三　比较及完善建议

(一) 中外防止利益冲突制度比较

1. 国内外存在明显的"防止利益冲突"的概念鸿沟

首先，"防止利益冲突"进入中国官方话语是晚近的事情，而且尚未成为主流。其次，国外的"利益冲突"概念属于中观层面的概念，其较之于国内语境中所讲的"预防腐败"概念范畴要小，与"廉政风险防控"概念接近，但是理论和制度都更加定型。正因如此，"利益冲突"中的私人利益并不应该局限于经济利益，也包括政治、文化、宗教、社会、法律、情感及意识形态方面的利益（影响），但是在实践中则主要局限于物质经济利益方面的考量，因为这样更加容易识别和管理。顺着这个思路，我们可以更好地了解中外预防腐败更为宏观、系统和基础性的差别。

2. 中国防止利益制度有其独有特征

中国古人讲的"私志不入公道，嗜欲不枉正术"就是预防腐败的关键，而"私志"和"嗜欲"的范畴明显超越了物质功利的范畴。这正应了《菜根谭》里的描述："心是一颗明珠，以物欲障蔽之，犹明珠而混以泥沙，其洗涤犹易；以情识衬贴之，犹明珠而饰以银黄，其洗涤最难。故学者不患垢病，而患洁病之难治；不畏事障，而畏理障之难除。"由此观之，西方腐败的最大问题其实是"理障之难除"。这在西方政治指导意识形态——自由主义——上就有很好的体现。自由主义传统否认国家可以凭借高于个人价值判断的共同体的"善"或者共同的"追求目标"来要求或引导每一个社会成员；相反，它主张社会成员的不同价值取向和利益目标并不存在对与错的问题，而这就为整个社会被各种利益勾连和歪理邪说惑乱奠定了基础。诺贝尔经济学奖得主布坎南提出的宪政经济学就是对此的一个辩护。这也可以让人联想起古希腊哲学家亚里士多德关于不同政体对应不同政治权力分配标准的问题，即王道和贵族政治依赖于美德，寡头政治依赖于财富，自由民主政体依赖于人人平等享有的自由。鉴于人不是仅仅为了生存，而是有目的地生活得好，所以第一种美德政治才是最正当的，后面两种都属于不正义的类型，也即传统意义上的"腐败"政体。所以西方"防止利益冲突"制度对于治疗上述《菜根谭》所言的"垢病"有效，而对于"洁病"则无能为力，结果只能是中国古人讲的"夫释大道而任小数，无以异于使蟹捕鼠，蟾蜍捕蚤，不足以禁奸塞邪，乱乃逾滋"（《淮南子·原道训》）。

3. 国外防止利益冲突制度的精细化、法制化和国际化水平都较高

中国预防腐败制度已由原来的比较务虚逐渐转向务实，但是就具体体制机制完善方面与国外还有一定的距离。"尚公抑私"的观念在中国由来已久，但因为其大而全，所以其精细化、制度化都很薄弱，更不用说国际化了。随着改革开放以后中国社会财富的爆炸

性增长和利益的急遽分化,古人比较务虚的预防腐败观已经不足以应付最新的现实情形,所以党的十八大后中央开展了史无前例的反腐败斗争,目前则在大力一体推进"不敢腐、不能腐、不想腐"的工作。在中国"大写意"已经了然于胸的背景下,我们应该大力借鉴国外体制机制在"工笔画"方面的成果。国外在防止利益冲突制度方面积累了非常丰富的理论与实践经验,毕竟,自由主义的主旨就是防止公权力被滥用并寻求维护公民的公平正义,尽管这些概念都是戴着"自由主义"有色眼镜所看到的图景。

(二)中国防止利益冲突制度的完善建议

第一,在指导原则方面,中国应积极借鉴国外做法,加大加快行政伦理立法的力度和进度。在公职人员接受伦理指导方面,国内应该说还没有形成相应的咨询惯例和文化;在公共服务条件和人事管理应该促进伦理行为方面,让办公环境更加赏心悦目从而减少利益冲突发生的概率的方法值得研究和推广;在机构如何改进管理以促进伦理方面也有不小的提升空间;支持透明和公众监督有待加强,培育一种不容忍利益冲突的组织文化则应引起高度重视和大力推进,特别是公共组织应创造和维持一种聚焦廉洁的开放式沟通和对话的文化,改进提供指导和培训的方式等。

第二,在制度框架方面,中国应尽快推进防止利益冲突专门立法,组建专门的负责机构,着重提高公职人员的认知,鼓励其他利益攸关方的合作参与。作为后来者,防范对象可以将私营部门防止利益冲突也纳入考量,推出相应的制度规范,公职人员中腐败风险较高的职业和职位应得到更大的关注和重点预防。在防范内容上，应该加大对内幕信息、公共决策和政策咨询方面的利益冲突的识别和管理。

第三，在系统观念指导下高度重视相关制度的执行和评估。中国在对政策与制度的执行效果进行科学、客观、系统的定期评估方面还比较欠缺，需要花大力气进行弥补和完善。此外，在"治标为治本赢得时间"的大策略下，党的十八大以来开展的史无前例的反腐败斗争取得了压倒性胜利，从而达至一体推进"三不"的阶段，但这一阶段离国际上比较清廉的国家重在预防的阶段还有距离。这需要进一步改进政治生态，并逐渐将国家中心工作由"先富带后富"的经济建设为中心逐渐向"先觉觉后觉"的文化建设为中心转变，从而缩小与中国古代圣贤孟子所谏言的"王何必曰利，亦有仁义而已"的理想差距。

第四，尽快制定"国家公职人员伦理行为规范"，并以此为契机号召全体公职人员向以习近平同志为核心的党中央的伦理道德境界看齐。《中华人民共和国监察法》施行后，国家监察对象已由行政人员扩大到全体公职人员，后者已经成为一个重要的群体和范畴，并已匹配相应的《中华人民共和国政务处分法》。与此同时，国家公务员局已并入中央组织部，而2002年由人事部颁发的《国家公务员行为规范》时间已经比较久远并且不符合党的十八大以后全面推进反腐倡廉的新形势新要求。鉴于此，建议充分汲取优秀传统文化养分，积极借鉴国外有效做法，尽快制定"国家公职人员伦理行为规范"，并号召全体公职人员自觉积极向以习近平同志为核心的党中央的伦理道德境界看齐,并以此为契机统一谋划发起一场旨在针对全体公职人员激浊扬清的伟大战役。鉴于此项建议难度较小,而且具有重要意义,下面将进一步详细阐述相关思考。

(三) 关于尽快制定"国家公职人员伦理行为规范"的思考

1. "伦理行为规范"称谓的考量

首先,在我们日常用语中,"伦理"概念和"道德"概念经常通用,都用来辨析好坏是非,但也有细微差别。道德更多地与个人日常生活的价值规范有关,所以在西方带有较强的宗教和文化色彩,而伦理则是指导个人行为且比较固定的准则,并常常与具体的职业或领域相关,比如商业伦理、医学伦理等。因此在用来指涉公职人员操守时国际上通用的也基本上是"伦理"概念。[①] 其次,"伦理"和"行为"并用是因为"伦理"更多地指涉价值观层面,而"行为"只是前者的具现。为避免阳奉阴违、表里不一等"形式主义"问题,价值观和行为两个层面都应该得到重点规范和引导。

2. "规范"的内容建议

与《中国共产党廉洁自律准则》类似,"规范"可以被定位为坚持正面倡导、面向全体公职人员的一部看得见、够得着的高标准伦理行为规范。其内容宜简不宜繁,并且在积极借鉴优秀传统文化和国外丰富理论和实践基础之上,应涵盖至少如下五方面的内容,即忠诚、为民、公正、廉洁、卓越。忠诚指对党、国家和人民的忠

[①] 从这一点来看,伦理与中国语境下的"职业道德"比较接近,但是后者范畴更窄,用得不广,所以倾向于选择前者的概念。

诚，即要求广大公职人员增强"四个意识"、坚定"四个自信"、做到"两个维护"，坚定理想信念，时刻同中央保持高度一致。为民指全心全意为人民服务，即要求广大公职人员时刻心怀爱民、忧民、惠民之心，密切联系群众，维护群众利益，力戒"四风"，自觉做人民的公仆。公正即公平正直，即要求广大公职人员在履职过程中主持公道，秉公办事，无所偏私。廉洁指的是清廉高洁，即要求广大公职人员崇廉拒腐，怀德自重，慎独慎微，稳得住心神、管得住行为、守得住清白。卓越既指在修身养性方面应该较普通群众更加严于要求自己，也指在业务方面应该专业出众，秉持匠心精神，注重效率，锐意进取。在具体拟定"规范"的过程中，可以广泛征求各级公职人员及全社会的意见和建议，最好引发相关深入讨论，力争使"规范"的内容符合实际需要并被广泛认同，从而为内化于心、外化于行创造有利条件。各机构也可以在"规范"总原则的指导下制定更加贴近实际和机构特点的更具针对性的细则。

3. 伦理之治作为贯通德治和法治的桥梁

坚持依法治国与以德治国相结合一直是中国治国理政的基本方略，而加强行政伦理建设无疑是贯通德治和法治的绝佳桥梁。"伦理"是中华文化最具标识性的核心观念之一，它既不能与"道德"循环互释，也不能与西方的"ethics"直接画等号。从词源上说，"伦"既是形声字也是会意字。《说文解字》曰："仑（侖），思也，从亼从册。"按著名社会学家潘光旦先生的文字考古解，"册"指条理之分，"亼"指条理之合。也就是说，对秩序与区分的思考和认同构成了"伦"的哲学要义。现代汉语中"伦"也就兼有了"辈、类""人与人关系""条理、次序"的三重意思。与"道"不同，"伦"是既世俗又具有超越意义的终极实体和终极关怀，所以，如果说"道"和西方的"逻各斯"都处于彼岸世界的话，那么"伦"不论是天伦还是人伦都处于此岸的日常生活世界里。这样，中华文化所强调的"安伦尽分"与"安分守己"的伦理规范也就不难理解。也正因如此，"伦"和中国传统文化中另外一个非常重要的概念"礼"就似乎是同工而异称了。正如《礼记·礼运篇》云："人藏其心，不可测度也；美恶皆在其心，不见其色也，欲一以穷之，舍礼何以哉？"所以古人将"礼"上升到宪法的高度："夫礼，先王以承天之道，以治人之情，故失之者死，得之者生"；"故圣人所以治人七情，修十义，讲信修睦，尚辞让，去争夺，舍礼何以治之"？"礼治"或曰"伦理之治"较之于法治有更强的渗透和内化性，但却同样拥有规范的功能。中国古人同样十分强调的"乐教"更接近于德治；而礼乐之治则是我们的老祖先给我们留下来的独特的治国理政智慧。伦理之治与今天中央强调的各级公职人员要"守土有责""有责必问"等有着殊途同归、异曲同工之处。

4. 在全社会大兴廉洁教育，助推全民精神觉醒

首先，从系统观念上看，党风政风民风都是息息相通的，反腐倡廉事业很明显"一隅不可以举之"，所以必须深化完善系统性的解决方案。在这场以执政党自我革命引领社会革命的伟大战役中，公职人员应该起到表率的作用。在全社会大兴廉洁教育也能从腐败的供给侧和需求侧同时发力寻求突破，形成两侧相互促进向好的局面。习近平总书记多次强调指出腐蚀和围猎的危害性，而一些地方

某些职位出现"上一个倒一个"的怪象，或正应了古人所言"万人操弓，共射一招，招无不中"（《吕氏春秋·本生》）的警告。其次，系统观念下的腐败有着更为广阔的含义，反腐倡廉与马克思主义寻求解决人的异化问题和实现人的解放也就异名同实。这为在全社会大兴廉洁教育提供了更为充分的理据。事实上，鉴于向党看齐就是向大公无私看齐，针对党员的党性和针对普通大众而言的善性等的教育和修养都可以贯通起来。这也是传统文化中修身齐家治国平天下各个环节同理性和贯通性的体现。这样，全社会的廉洁教育与业已非常重视的公民道德教育、青少年思想政治教育、执政党的党性教育，以及弘扬优秀传统文化等工作就可以切实打通，并促成系统性的效应。这也有助于我们深刻领悟和执行习近平总书记要求我们弘扬"跨越时空、超越国度、富有永恒魅力、具有当代价值的文化精神"[1]的要求。不管是传统文化中儒家所言"自天子以至于庶人，壹是皆以修身为本""急慢忘身，祸灾乃作"，道家所说的"道之真以治身，其绪余以为国家，其土苴以治天下"，佛家寻求"应如是住，如是降伏其心"的妙法，还是西哲如叔本华等对人生幸福来源于内在精神富足之精彩有力详尽阐述，无不印证着"万教归一"的智慧并呼应着习近平总书记相应的要求。

5. 管理好对"规范"的预期

当然，移风易俗并非一朝一夕之功，所以对于"规范"中短期的功效与局限应该有清醒的认识，忌"无用论"与"灵丹妙药"的

---

[1]《习近平谈治国理政》，外文出版社2014年版，第161页。

两极认知。在其功效方面，颁布该"规范"本身就代表着中央对公职人员伦理建设的重视，再加上在制定和沟通方面采取适当的策略，积极调动全体公职人员与全社会的参与，在宣传方面辅以习近平同志为核心的党中央以身作则的典范，这些对于增进共识，提高认知，促成改变都有着重要的意义。在其局限方面，"规范"只是软法，缺少正式立法的刚性；其作为伦理行为规范，需要被内化为公职人员的价值观才能发挥其最大的作用，而这种内化的过程和效果都很难观察、把握和评估。再者，作为反腐倡廉治本之策，其功效在很大程度上还依赖于其他相关制度及整个政治经济社会发展大环境的协同推进，比如国家的收入分配制度改革，民生领域服务如教育、医疗、住房等的改善，公民整体道德素质的提升，以及国家是否迫于国际竞争及国内发展的压力而将做大蛋糕当成第一要务。

第三章

政府公开透明制度[*]

党的十八大以来,中央高度重视政府信息的公开透明工作,为此作出一系列重大部署。党的十八届三中全会颁发《关于全面深化改革若干重大问题的决定》,提出要"完善党务、政务和各领域办事公开制度,推进决策公开、管理公开、服务公开、结果公开"的目标,2016年中央相继印发《关于全面推进政务公开工作的意见》及《〈关于全面推进政务公开工作的意见〉实施细则》,2017年制定《中国共产党党务公开条例(试行)》,并推出基层政务公开标准化规范化试点,2018年最高法发布《关于进一步深化司法公开的意见》,2019年国务院修改《政府信息公开条例》,2020年初出台《关于全面推进基层政务公开标准化规范化工作的指导意见》,从中都可见中央正不遗余力地推进相关的工作。不过,正如2020年初新冠疫情所招致的国内外各界的批评就包括信

---

[*] 单从字面上看,"政府公开透明"似乎比"政府信息公开""政府政务公开"的内涵和外延要广,而且广义上的"政府"也可以包括执政党在内的一切公权力,所以"政府公开透明"可以涵盖"党务公开"等范畴,所以这里选择其做标题。

息公开透明不足。其中,虽然不排除偏见及故意诋毁,但是中国信息公开制度还有改进的空间或是不争的事实。所以,虽然在此次全球疫情大考下中国交出的答卷和展现的担当有目共睹,而且国人对中国特色社会主义的"四个自信"空前提高,但是这些或更有利于我们虚怀若谷,积极借鉴学习国外经验。这也是党的十九届四中全会为国家治理体系和治理能力现代化描绘出宏伟蓝图之后转向精雕细琢"工笔画"的应有之义。而在信息公开方面境外有非常丰富的理论和实践经验,有必要对其进行系统梳理和总结,并从中得出一些有益的启示。

学界对此也开展了非常多的探讨。在学术论文方面,2013 年以来中国知网核心期刊上以"政府信息公开""政务公开"或"党务公开"为主题的文章合计为 1837 篇,但大多数集中于图书情报档案学类别(429 篇)、行政学(625 篇)、法学(514 篇),属于政治学的只有 68 篇。① 其中也有一些是介绍和考察国外相关经验的,但是多数集中于某一具体方面,比如民间组织在其中发挥的作用②、责任政府的构建③、公开信息质量保障④、高校校园安全的信息公开⑤、

---

① 中国知网核心期刊,2020 年 3 月 21 日登录。
② 夏义堃:《民间组织促进政府信息公开与共享的国际经验借鉴》,《图书情报工作》2013 年第 2 期。
③ 王灿平、薛忠义:《信息公开下中国责任政府的建构——借鉴英国、美国、新加坡、日本等国经验》,《江西社会科学》2016 年第 2 期。
④ 唐琼、陈思任:《美国联邦政府信息质量保障政策体系及其借鉴》,《情报理论与实践》2018 年第 4 期。
⑤ 宗婷婷、王敬波:《美国高校校园安全信息公开:制度、经验与借鉴》,《国家教育行政学院学报》2018 年第 12 期。

财务信息的公开①、国外信息公开制度的变化②、相关研究的知识图谱比较等③；或者某一环节，比如申请人资格④、收费⑤、公开范围⑥、信息公开的例外事项等⑦。在学术著作方面，有几部专著对国外信息公开制度进行了介绍，但是它们要么集中于国别的简单介绍⑧，要么只是从法学视角展开的流于条文的梳理和细节讨论⑨，尚缺乏政治学视角的深入思考和宏观分析。鉴于提高政府透明度对于治国理政的极端重要性，完全有必要跳出具体法条、执行细节而对其作出宏观把握和思考，因此本章将从国外信息公开的概念及意义、历史沿革、制度设计、制度执行、制度评估等几个重要方面对政府公开透明制度进行系统梳理和介绍，并探讨其启示。

---

① 牛美丽：《政府预算信息公开的国际经验》，《中国行政管理》2014年第7期；王聪、邓淑莲：《预算文件公开的国际比较》，《中国财政》2017年第1期。

② 肖卫兵：《从国际信息公开领域新变化审视中国信息公开制度》，《情报理论与实践》2014年第1期。

③ 朱晓峰、崔露方、陆敬筠：《国内外政府信息公开研究的脉络、流派与趋势——基于WOS与CNKI期刊论文的计量与可视化》，《现代情报》2016年第10期。

④ 费丽芳：《政府信息公开申请理由再观照——基于境外立法例和本土经验视角》，《浙江社会科学》2013年第9期。

⑤ 陈勇：《国外政府信息公开收费制度的特色与启示》，《兰台世界》2014年第17期。

⑥ 蒋卫荣：《中外政府信息公开范围制度设计差异及其启示——兼谈〈中华人民共和国档案法〉第一条的修改》，《档案学研究》2015年第5期。

⑦ 王敬波：《什么不能公开？——信息公开例外事项的国际比较》，《行政法学研究》2016年第3期。

⑧ 王敬波：《五十国信息公开制度概览》，法律出版社2016年版。

⑨ 吕艳滨：《透明政府：理念、方法与路径》，社会科学文献出版社2015年版；后向东：《信息公开的世界经验》，中国法制出版社2016年版。

◇ 一 国外信息公开制度

(一) 概念及意义

"政府信息公开"这一称谓主要是国内的表述,在国外对应的概念通常是信息自由(freedom of information)、信息权(right to information)、知情权(right to know)。这些称谓比较明显地体现出国外政治传统侧重个体权利的特点。与此相关的概念则包括开放数据(open data)、透明政府(transparent government)、开放政府(open government)、开放国家(open state)和开放治理(open governance)等,尽管后面这些概念的内涵和外延都更大。比如"开放政府"概念就包括三个核心要素,即透明、参与和问责。政府信息公开仅仅是其中增加透明度的一个重要方法和手段,有助于鼓励和促进参与和问责。[1] 值得指出的是,在国外语境中,政府(government)通常指的是行政部门,所以开放国家和开放治理的概念范畴要更广一些,可以包括议会、法院及企业等。

对于政府信息公开的意义,可以从规范和实用两个层面进行阐述。从规范层面来说,国外基本上是将政府信息公开视为参与民主的必要条件及一项基本人权。政府信息公开制度是伴随着参与民主

---

[1] The World Bank Public Sector and Governance Group, "Freedom of Information Systems (Right to Information/Access to Information): A Background Primer", World Bank. Retrieved on Oct. 29, 2019 at , p. 1.

和人权的兴起而发展起来的，因为在早期的代议制民主制度中，并不存在需要向公众开放信息的内在需求。恰恰是随着代议民主和公共行政出现危机之后，信息公开作为参与民主及实现个人权利的重要手段才被纳入控制行政机关的视野。[①] 因此，有学者指出，虽然中国宪法并未明文规定知情权和政府信息公开，但是中国信息公开制度也有其宪法基础，即相关的参与民主条款。比如中国现行宪法第二条就规定，"人民依照法律规定，通过各种途径和形式，管理国家事务，管理经济和文化事业，管理社会事务"，而确保信息公开是人民行使管理国家和社会事务权力的重要前提，是宪法规定的具体化。[②] 对于参与民主，透明、参与和问责被视为三项核心要素和原则，并构成一个相辅相成的闭环（见图3-1）。在透明方面，信息供给是提高政府透明度的一个直接例子。如果人们不知道信息存在或者不知道如何获取信息，或者获取需要付出的时间和金钱成本太高，又或者信息并不是"客户端友好型的"，那么单是信息供给就没有太大意义。同样，穷人和其他弱势群体的信息需求以及获取（相关性和适当性机制）对于使透明变得有意义至关重要。面对面沟通有可能就是一个可以有效提高透明的较好例子。在参与方面，为了让信息供给发挥其赋权功能，必须重点关注和提高受众分析和理解信息并根据信息采取行动的能力。相应地，听证会、公共会议、参与式计划、委员会、论坛和圆桌会议、焦点小组和公民咨询小组、调查、游说、谈判和调解都是分析和理解信息并传达其观

[①] 杨伟东：《政府信息公开：主要问题研究》，法律出版社2013年版，第45页。
[②] 彭錞：《中国政府信息公开制度的宪法逻辑》，《法学》2019年第2期。

点的可能机制。① 在问责方面，这意味着倾听和承认公众的观点和诉求，承担起相关政策和行动的责任，并在政策制定和执行过程中加以确认。如今电子政务的开展可以在加强政府回应能力和问责方面发挥重要作用。②

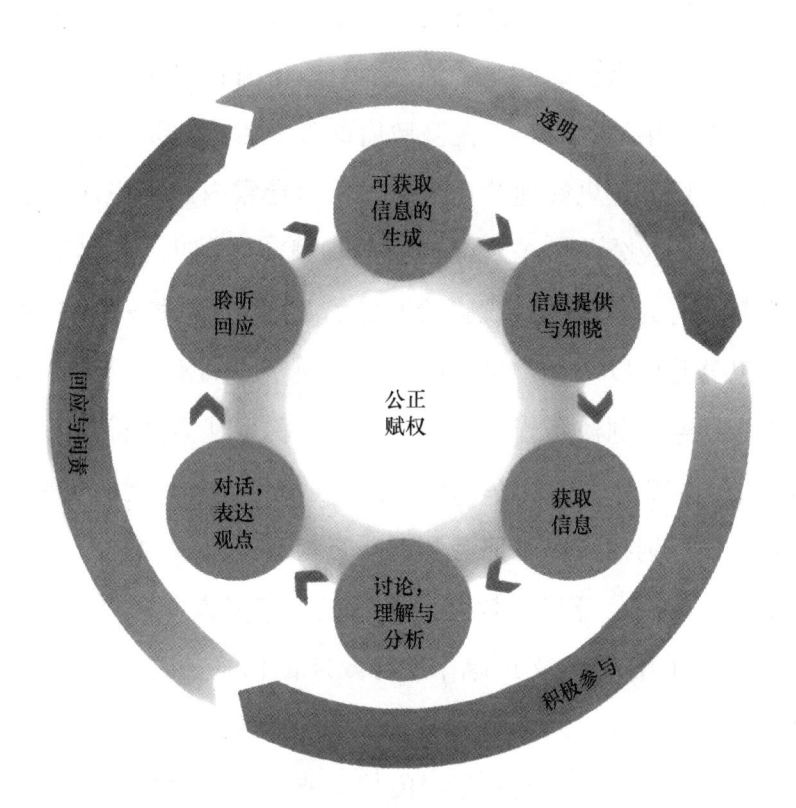

图 3-1 信息传播闭环

资料来源：UNDP，"Access to Information：Practice Note"，2003，p. 5.

---

① 其中一些概念可能不是很容易被国人所理解，比如参与式计划（participatory planning）、焦点小组（focus groups）和公民咨询小组（citizen advisory group）等，但这些概念都是国外的专有概念，这里限于篇幅不做展开，感兴趣的可以进一步研究。

② UNDP，"Access to Information：Practice Note"，2003，pp. 5-6.

除了规范层面外，从实用层面上，可以总结出如下几大方面关于政府信息公开制度的意义。第一，有利于个人作出理性决定。政府作为国家和社会最核心、最权威的信息收集、整理和发布者，其信息能便捷地提供给公众无疑将使得个人在作出相关决定时更加理性和全面。第二，有利于经济发展和节省成本。这是因为政府的不少数据不仅具有重要的商业价值，而且能节省信息保密工作所带来的高昂成本。第三，有利于提高政府的效率。这主要是因为信息的主动公开可以促进更好地管理信息，从而导致内部更好地基于事实作出决策，以及公共机构之间更有效沟通。[①] 第四，有利于反腐倡廉，提高政府的公信力并改善政府形象。"阳光是最好的杀菌剂"，政府信息公开可以减少公职人员"暗箱操作"的机会。正如诺贝尔奖获得者斯蒂格利茨所指出的，信息不对称可能会助长官员假公济私行为。[②] 事实上，这也是很多国家建立信息公开制度的主要目的。特别是一些好刨根问底的记者和以监督为看家本领的非政府组织更是严重依赖信息公开以发挥其监督功能。如果没有政府信息公开，公众就无法了解政府及其运作，对政府的信任也将受到削弱。第五，可以减少对吹哨制度的依赖。根据学界的观点，吹哨是指将所发现的违法违规、不端或不正确的信息或者行为向组织内或外进行

[①] Helen Darbishire. "A Guide for Journalists on How to Access Government Information", retrieved on Jan. 23, 2020 at https://web.archive.org/web/20161021010615/http://www.legalleaks.info/wp-content/uploads/2016/04/Legal_ Leaks_ English_ International_ Version. pdf.

[②] Mendel, Toby, *Freedom of Information: A Comparative Legal Survey*, UNESCO: Paris, 2008, p. 4.

披露从而拉响警报的行为。① 这是因为虽然吹哨也有公开信息的部分效果，但是其信息公开毕竟只能起到"查漏补缺"的辅助作用，不仅信息公开范围十分有限，而且会受到多重因素的制约，比如需要具有公共精神的个人勇于站出来披露相关信息等。②

（二）历史沿革

学界常常将国外政府信息公开的源头追溯到1766年瑞典颁布的《出版自由法》，这并非没有道理。③ 事实上，有学者指出，信息公开才是该《出版自由法》最独特之处及其最主要的目的，因为该法全部15个段落中有7个段落与此相关（第5—11节）。即使从今天来看，当时的条款都是很"先进"的：相关条款规定了公众对法院、行政当局及议会所有文件和记录的获取权，包括与外国的谈判文件等；豁免则限于需要保密的记录（尤其是在外交事务中），以及仍在进行审议中的工作文件等；而且1766年瑞典就已经确立了"公开是常态，保密是例外"的原则；所有公民都被允许以成本价获取和复制正式文档，并且无须说明理由。④

---

① 彭成义：《国外吹哨人保护制度及启示》，《政治学研究》2019年第4期。
② 杨伟东：《政府信息公开：主要问题研究》，法律出版社2013年版，第52—57页。
③ 参见周汉华主编《政府信息公开条例专家建议稿：草案、说明、理由、立法例》，中国法制出版社2003年版；王万华主编：《知情权与政府信息公开制度研究》，中国政法大学出版社2013年版，第41页。
④ Jonas Nordin, "The Swedish Freedom of Print Act of 1776-Background and Significance", *The Journal of International Media & Entertainment Law*, Vol. 7, No. 2, 2017 - 2018, p. 138.

不过，瑞典1766年《出版自由法》的实施并非一帆风顺，1774年通过政变上台刚两年的古斯塔夫三世国王就对其进行修改，对新闻自由和信息公开作出严格限制；1792年古斯塔夫三世国王被暗杀之后推出的新的《新闻自由法》则完全缺乏处罚框架，使得其形同虚设，而且获取公共信息的原则也被彻底删除；直到1810年通过的《新闻自由法》才重新详细规定了类似于1766年的新闻自由原则，并恢复了信息公开的条款。瑞典今天适用的《新闻自由法》是1949年颁布的，其中信息公开的条款则延续了之前的规定，其新特色主要体现在对信息源和吹哨人的保护条款上。[1]

除瑞典之外，芬兰于1951年颁布了《官方文件公开法》，美国则是在1966年颁布了《信息自由法》。随后相关法律在20世纪70年代和80年代经历了少量但持续增加，1989年苏联解体和东欧剧变之后关于信息公开的立法大幅增长，这主要得益于这些区域国家民主化转型以及日渐活跃的市民社会的影响。这期间可以说信息权——一般理解为对公共机构所持有信息的获取权——经历了一场名副其实的革命。事实上，关于信息公开的定义和范围都在这个时期得到大大扩展。比如"信息自由"或者叫"知情权"作为一项基本人权就是在这时确立的，在那之前信息权问题主要被看作一项行政管理改革[2]，

---

[1] "20 Milestones of Swedish Press Freedom", retrieved on March 18, 2020 at https://sweden.se/society/20-milestones-of-swedish-press-freedom/.

[2] Toby Mendel, *Freedom of Information: A Comparative Legal Survey*, 2nd edition, Paris: United Nations Educational Scientific and Cultural Organization, 2008, p. 3.

其中1992年匈牙利宪法法院对此的裁定是具有标志性的事件。[①] 1990年对信息获取权进行立法的国家仅有14个，截至2020年，已经高达128个国家或地区（见图3-2）。[②] 世界上不少国家甚至将其写进宪法，不管是在表达自由权的框架内还是单独列出，比如全世界至少有50个国家（包括29个欧安组织国家）制定了包括此类规定的宪法。[③]

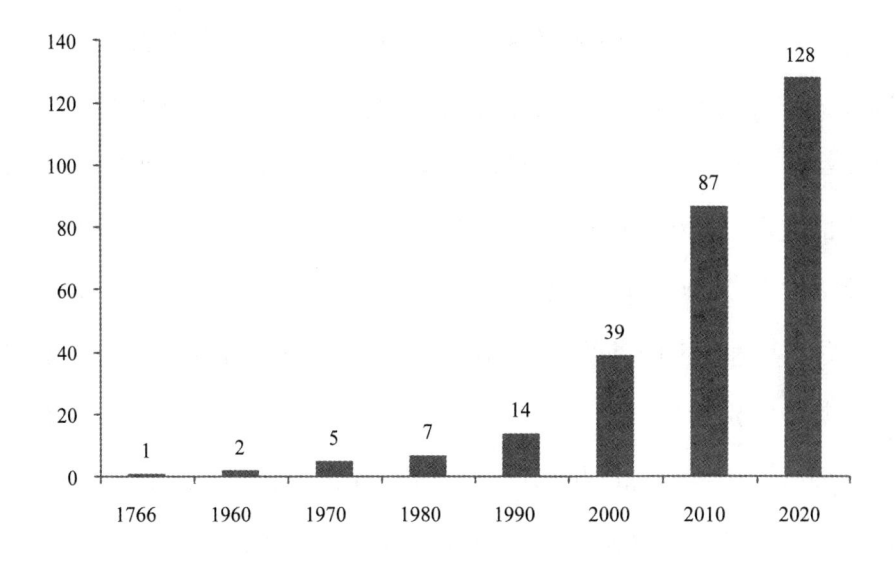

图3-2 世界信息公开制度立法国家数量一览

[①] Helen Darbishire, "Ten Challenges for the Right to Information in the Era of Mega-Leaks", in Tarlach McGonagle and Yvonne Donders eds., *The United Nations and Freedom of Expression and Information: Critical Perspectives*, June 2015.

[②] Global Right to Information Rating, Retrieved on Feb. 14th, 2020 at, http://www.rti-rating.org/country-data.

[③] Helen Darbishire, "A Guide for Journalists on How to Access Government Information", retrieved on Jan. 23, 2020 at https://web.archive.org/web/20161021010615/http://www.legalleaks.info/wp-content/uploads/2016/04/Legal_Leaks_English_International_Version.pdf.

此外，越来越多的国际组织或公约也开始将知情权确立为一项基本人权并加以司法保护。比如《世界人权宣言》第十九条、《公民权利和政治权利国际公约》第十九条以及《美洲人权公约》第十三条都规定，获得公共信息的权利是一项基本权利，是表达自由权的组成部分。在区域层面，所有三个主要的区域人权体系，即美洲、欧洲和非洲人权体系，都已将信息自由视为一项普遍人权。2011年7月，联合国人权事务委员会确认《公民权利和政治权利国际公约》第十九条所载的言论自由权包括获取公共信息的权利。在欧盟一级，《欧洲基本权利宪章》第四十二条规定了获得欧盟机构文件的权利，《欧盟职能条约》（《里斯本条约》）第十五条也承认了这一权利。2009年，欧洲人权法院根据《欧洲人权公约》第十条（即关于表达自由的条款），承认公民有获取公共机构信息的基本权利。其中特别指出，在"信息垄断"的情况下，即在该公共机构是唯一拥有所申请信息的机构时，以及在媒体或民间社会组织需要该信息以供公众监督问责时，信息权尤其受到保护。欧洲法院的裁决包含了美洲人权法院于2006年作出的一项裁决，该裁决支持《美洲人权公约》第十三条，其规定个人有权向公共当局索取信息，而公共当局负有提供信息的积极义务。[①]

其他相关的发展还包括国际信息公开日的确立，国际组织的信

[①] Helen Darbishire, "A Guide for Journalists on How to Access Government Information", retrieved on Jan. 23, 2020 at https：//web. archive. org/web/20161021010615/http：//www. legalleaks. info/wp-content/uploads/2016/04/Legal_ Leaks_ English_ International_ Version. pdf.

息公开,及相关的专门倡议和组织的建立等。比如,2019年9月28日举行的第74届联合国大会就将每年9月28日确立为国际信息公开日(International Day for Universal Access to Information)。事实上自2002年以来这一天就被一些组织确立为国际知情权日,并且2012年后国际民间组织就一直向国际社会倡导,联合国教科文组织大会也于2015年11月接受这一倡议,并于2016年9月28日首次举行庆祝活动。在国际组织的信息公开方面,有许多的决策会影响我们的生活,但它们并不受国家层面法律的规制,也没有签署国际人权公约等。不过,在一些活动和组织,比如"全球透明度倡议"的推动下,许多重要的政府间组织已经制定信息公开的内部规则,不管是叫作"披露政策"还是"获取信息政策"等。此外,一些行业也发起了信息公开的协议或者倡议,比如《采掘业透明倡议》(Extractive Industries Transparency Initiative)。它是采掘业如石油、天然气和矿产资源等领域良好治理的全球标准,要求采掘业全价值链的信息披露,包括从采掘到相关税收以及对经济的贡献等各环节。该倡议目前已在全球52个国家或地区实施,后者被要求发布年度报告,披露合同和许可、生产、税收征收、收入分配以及社会和经济支出等方面的信息。为了监督各国的履约情况,签约国家至少每三年要通过一个被称为"验证"(Validation)的质量保证机制。[1]此外,《开放政府合作伙伴》(Open Government Partnership)也是国

---

[1] "Extractive Industries Transparency Initiative", Wikipedia, retrieved at https://en.wikipedia.org/wiki/Extractive_Industries_Transparency_Initiative#Member_countries on Feb. 12, 2020.

际上信息公开发展的一个重要标志。它是一项多边倡议，旨在确保国家和地方政府作出具体承诺，以促进开放政府，赋予公民权利，打击腐败并利用新技术加强治理。它于2011年9月20日在联合国大会举行期间正式启动，8个创始政府（巴西、印度尼西亚、墨西哥、挪威、菲律宾、南非、英国和美国）通过了《公开政府宣言》，并宣布了它们各自的国家行动计划。自创建以来，该多边宣言已有79个参与国作出了2500项承诺，覆盖了世界三分之一的人口。①

（三）制度设计

1. 核心原则

在信息公开的制度设计之前，首先需要确定一些核心原则，这可以总结为如下七条。

第一，最大限度公开原则。这是对知情权作为基本人权进行保障的题中应有之义。国际上的信息公开立法也基本上采纳了此一原则。最大限度公开意味着信息公开的范畴必须尽可能广泛，这既包括信息公开的内容、公开的机构，又包括申请人等。这也隐含着"公开是常态，不公开是例外"的逻辑推定，所以除了一些范围狭小的特殊情况外，应该有一种对于所有公共机构信息公民皆可获得的默认假设。信息公开的内容不限于公共机构所掌握的具体的记录、文档等，还应包括它们掌握和提炼的信息，以及公共机构不涉

---

① "Open Government Partnership", Wikipedia, retrieved at https://en.wikipedia.org/wiki/Extractive_ Industries_ Transparency_ Initiative#Member_ countries on Feb. 12, 2020.

密的会议情况等。在公开机构方面，应该包括所有公共机构、行使公共职能的私人机构等。在申请人方面应该不限国籍。鉴于这是最为核心的一个原则，有必要详细阐述一下。

对于信息公开的内容，联合国准则的表述是："'信息'包括公共机构掌控的全部记录，且不限于任何保存方式。"其他的定义同样广泛，涵盖了"书面、视觉图像、声音、电子或任何其他物质形式的全部信息"[1]。这里有必要指出信息获取权与文件或记录获取权的重要区别。虽然多数国家并未要求公共机构承担制作信息的义务，但是有些国家确实赋予了公众获取公共机构掌握的信息的权利，即使在提出获取信息申请时公共机构并不真正持有该信息。尽管明确要求公共机构为提取信息作出努力，但是关于公共机构从其掌控的记录中提炼信息（例如使用电子信息技术或在各种记录中搜索要求获取的信息）应当达到何种程度并没有法律定论。另一个问题是要求获取的信息究竟应确认为实际的文件或其他记录，还是只要是希望索取的信息即可。鉴于多数个人并不具有确认实际文件能力的，这项权利被一些人理解为泛指信息。然而，在一些极端的情况下，由于信息获取权和文件获取权的差异，获取信息的一些要求遭到拒绝，包括正在准备中的文件等。

对于信息公开机构方面，国外的定义通常也比较宽泛，认为公共机构除了包括全国、地方和其他级别的政府外，还应包括所有履行公共职能或行使行政权力的自然人或法人。不过，有的国家因为

---

[1] Toby Mendel, *Freedom of Information: A Comparative Legal Survey*, 2nd edition, Paris: United Nations Educational Scientific and Cultural Organization, 2008, p. 33.

三权分立的基本组织原则而没有将司法和立法部门列入公共机构的范畴，但同样认为后者有保障公众知情权的义务，虽然在具体安排上可能有别于行政部门。

第二，主动公开义务原则。因为对很多人来说，信息的有效获取需要依靠相关机构在没有收到任何请求的情况下能够主动发布和散播关键类别的信息，例如关于公共机构如何履行其职能的运作信息，以及会影响公众的任何决定或政策等。当然，在某种程度上，此义务的规模取决于资源的丰富程度，但是义务所涵盖的信息总量应当随着时间的推移而不断增加，特别是在新技术的采用会使发布和传播信息更加便捷的情况下。这也是为什么美国在奥巴马当政时期曾推出试点，要求只要有一例信息公开申请而且属于可公开的范围，那么就应该将其纳入主动公开范畴。这个从理论上讲没有问题，需要考虑的是行政资源能否应付增加的工作量问题。

第三，促进公开文化原则。由于长期的实践和态度取向的影响，很多国家都存在着根深蒂固的保密文化，这促使它们本能地对政府内部信息进行封锁。事实上，即使最进步的立法也不可能强制公务员采取开放的态度，所以从根本上讲，知情权的实现取决于能否改变这种文化。这一方面要端正认知，让他们认识到信息公开不是一项麻烦的义务，而是一项基本人权，是政府保持高效和正当性的必要举措。另一方面也需要采取一系列促进措施来解决保密文化的问题。这些措施可以包括广泛提升公众的知情权意识，提供必需的资源给予关注和支持，对官员进行培训，指派重要职能部门，如信息专员、巡察官员或人权委员会负责实施和监督，对以各种方式有意阻止信息获取的人进行严厉惩罚,提升公共机构信息化管理水平等。

第四,有限例外原则。这意味着例外必须是"有限的""狭窄界定的"和"例外的",而且必须通过"危害"和"公众利益"的严格检验。诚然,评估信息获取权的例外规则本身是复杂的,因为一方面过于宽泛的例外规则会严重破坏知情权的实现,另一方面充分照顾所有合法的、必须以保密的方式保护的利益同样也是重要的。这些例外通常关乎国家安全、个人隐私、法律执行、商业机密等。联合国发布的准则也明确指出,拒绝信息公开不得出于保护政府免遭尴尬或掩盖其不良行为的目的,并应该列出例外清单且进行精细界定。有的采用三要素检测法:(1)信息必须与法律中列出的某个合法目的相关;(2)公布信息有可能对该目的造成实质性的损害;(3)给该目的带来的危害必定大于发布该信息所带来的公共利益。此外,有些国家还有例外中的例外安排,比如,当例外信息已经被公众获取,会产生的危害已经产生,或者被影响的第三方同意披露信息;例外信息的披露总会带来更大的公众利益,如披露军队腐败的信息;档案中仅有一部分是机密,那么在可能的情况下档案的其他部分仍应被公开;再或者曾经是限制信息依据的某种危害风险随着时间的推移而消失或大为减弱,等等。这也要求有必要修订保密法,以更加符合知情权的需求。

第五,申请的便利性原则。要建立开放、方便的内部机制保证公众获得信息的权利,特别是需要对处理信息获取申请的时间进行严格的限制,而且如果公众机构拒绝某一信息获取申请则须作出回复,包括以书面形式详细列出拒绝的原因并承担举证责任。在信息形式方面,应尽量以申请人喜好的方式为其提供信息,或准其查阅档案，或向其提供复印件和电子文档等。在费用方面，国家可以对信息供给收取一定的费用，但是资费不应超过合理的数额，特别是不能对潜在的信息申请构成阻碍等。

第六，信息公开的可诉性原则。不管是属于机构主动公开还是被申请公开的信息，个人对于结果不满意应该有权要求上级或者独立的机构进行审查，这可以包括上级机关和独立的专门监督机构，如信息权委员会、巡查官或人权委员会、司法机构等。

第七，吹哨人保护原则。如果雇员依照信息公开法律披露了不应公开的信息，而根据保密法他们将遭到制裁，那么他们就可能产生宁可因保密而犯错的倾向。如果信息公开法律能为他们提供保护，那么这对于扭转政府内部的保密文化和建立开放的氛围就会非常有益。通常来说，即使法律含有公共利益优先的规定，但是雇员在面临披露有关坏信息是否合法的问题时往往处于很为难的境地，不能指望个人在复杂的情况下能够平衡可能涉及的不同利益冲突。

2. 法律框架

首先需要指出不同机构主导的信息公开立法侧重点会有所不同。比如律师设计的立法框架通常比较关注合法性、先例，以及越来越受到重视的问责和透明等。行政部门官员的立法框架可能更关心维持行政管控以及实现政策目标。政客们通常采取更为短期的观点，想获得好消息和安静祥和的氛围。这些观点均未必会促进有效实施和维护信息公开系统的设计和资源配置。[①] 尽管如此，纵观国

---

① Margot Priest, Designing Freedom of Information Systems: An Overview from Legislation to Implementation, June 2018, Retrieved on Feb. 13, 2020 at https://www.oipc.ab.ca/media/939018/independent_ research_ foi_ systems_ jun2018.pdf, p. 7.

际上120多个国家的信息公开立法，我们可以发现一些共同的制度要素，主要包括六个方面的内容，即披露范围，获取信息的程序，豁免披露要求，执行机制，对违规行为的制裁，及主动披露等。

第一个要素是信息披露范围。专家通常认为应向公众提供尽可能多的信息，并且例外应该是有限且正当的。较旧的法律通常规定了对记录、文件和档案的访问条件，而较新的法律通常规定了通过不同介质访问所有信息的权利。

第二个要素是获取信息的程序。相关法律框架应该清晰规定信息公开的内部程序，信息申请的处理方式以及保持和获得记录的政策，包括明确的时间期限等。保持一致性和高效是有效的信息公开制度的要求。

第三个要素是信息公开的豁免披露要求。几乎在所有法律中都有保护国家安全、个人和商业隐私以及执法和公共秩序等的豁免公开安排。但是近些年来出现的一个趋势是明确禁止豁免某些信息，比如侵犯人权、违法和腐败行为的信息等。

第四个要素是执行机制。其目的是监督信息公开并且对违反相关规定进行处罚。其执法手段包括行政复议、法院复审以及独立实体（例如独立信息委员会）的监督调查等。这些机构的功能是确保公开的信息是相关的、可靠的、及时的、完整的和公平的。其中很关键的是这些监督机构必须能够发布具有法律约束力的命令，以有效阻止虚假信息和不诚实的披露。

第五个要素是对违反信息公开规定的处罚。这对于削弱保密文化起着不可或缺的作用。这种处罚可以针对组织，也可以针对个人。

第六个要素是主动披露。这可以最大限度地减少信息申请的数量，因为与公众相关的重要信息本不需要申请就应该出现在公共视野中。

（四）制度执行

信息公开制度是否有效，执行是关键。全世界有超过120个国家在信息公开实践方面已经积累了丰富的经验。其结果可以说是好坏参半。在执行层面的失败是信息公开系统存在的许多问题的根源，包括延迟公开，公开申请的遗失，对可能公开内容的解释过于狭窄，以及对敏感信息公开的政治化等。认真起草和制定信息公开法律仅仅是开始，执行通常才是政府信息公开系统成败的关键所在。现在关于执行方面的文献不断增加，从中可以识别出一些重要因素，比如资源、机构实力和文化等，而有效执行的重要因素则包括如下一些方面。[1]

1. 非政府组织的压力

一个政府通过信息公开立法可能出自多方面的原因，不管是为了显得更民主透明还是出于现实的考量，比如从国际组织或捐助机构获得资金，或者只是让执政当局更容易融入国际社会。这样的话政府信息公开立法可能只是象征性的，其中重要的指针就是信息公

---

[1] Margot Priest, "Designing Freedom of Information Systems: An Overview from Legislation to Implementation", June 2018, Retrieved on Feb. 13, 2020 at https://www.oipc.ab.ca/media/939018/independent_ research_ foi_ systems_ jun2018.pdf.

开制度的权力薄弱而且有广泛的豁免。而一个有效的信息公开制度的关键是要有民间社会或其他利益相关者持续的压力和监督。这不仅有助于保持人们的热情，还将引起人们对执行工作的更多关注。如果没有利益相关者的持续压力，即使立法的初衷是善意的，也可能以失败告终。与此同时，公众关注可以为信息公开提供充足的资源保障，也可以构成就提高透明度和体系完善进行持续对话的基础，民间组织还可以协助政府确定信息公开的范围等。

2. 互补系统的完善

信息公开制度存在于一个复杂而相互交织的环境中，其中一个领域的力量可以转化为其他领域的力量，反之亦然。这包括记录和档案管理、网络安全、新技术应用等。如没有适当的记录管理，就几乎不可能成功实施政府信息公开。因此，《非洲信息公开示范法》要求在非洲国家全面实施政府信息公开之前必须建立或改进记录管理、推进数字化及其他系统的确立和完善等。如果这些职能分布在不同的机构中，那么协调的交易成本将会增加，但这也可能带来其他好处，比如专业性的提升等。

3. 到位的监督和申诉机制

一套信息公开制度到底是达成目标还是进入休眠状态，严格的监督和申诉机制很关键。事实上，如果一位官员想对某些信息保密，他们通常能找到方法，所以只有通过实施强有力的监督流程，信息公开系统才可能取得成功。从某种意义上说，政府信息公开是政府内部的自我监管，而现在广泛的自我监管经验表明，监督和制裁对于保持自我监管的效力很重要。其关键是如果建立了完善的内部规则体系，机构为了确保系统正常运行就应该对失误承担一定的后果。

4. 足够的重视和资源支持

对一个新项目的重视程度和所分配的资源会影响其成功，这是不言而喻的。资源分配多少也能表明其重要性，而资源匮乏通常是监管的"象征性用途"的标志。事实上确已发现许多影响执行信息公开职责能力的资源短缺情况。此外，如果将信息公开官员从部委调任到更集中的或更统一的组织，则会降低该部委信息公开整体的存在感，因为这样一个信息公开的请求就变成了外部需求，例如提供有关预算请求或人力资源行动的文档。除非跨政府部门发出有关透明度的强烈信息，否则政府信息公开的更广泛目标将会受到削弱，它还可能会降低信息公开官员和任务的地位。

(五) 制度评估

制度评估需要对实施过程（包括规则、能力和绩效）做基于事实的评估。生产率是绩效的一个子集，是对分配了特定实施职责的组织和个人的效率的测量。此类数据有助于确定资源供给以及资源与系统设计或其性能目标之间的关系。生产率指标的类别为支出、程序效率、响应能力、申诉和人员配置效率。即时影响指标可捕获改革行动针对的行为、政策和总体绩效的变化。这些是特定的可以衡量并以某种可证明的方式与改革工作联系起来的中间结果。直接影响指标的类别包括运营效率、行政开放性、政府承诺和公众参与。实施指标可以为政策制定者和从业人员提供多种目的，包括实施路线图、监测和评估的依据,以及推动改革讨论的动力。实际上,最终目的是让政府在实施和评估自己的系统时利用这些指标。

为此,国外也很重视对信息公开制度执行指标体系的建设。比如世界银行的一项研究就列出了其中的几类大项(见表3-1),各项下面又分设若干具体指标及相应的任务和样本目标等。

表3-1　　　　　　　　信息公开执行指标体系

1.0 行政职能	2.0 公开职能	3.0 直接影响
1.1 设施	2.1 公共知晓度	3.1 公众参与
1.2 数据/记录	2.2 回应度	3.2 政府承诺
1.3 人力资源	2.3 申诉度	3.3 主动公开
1.4 预算	2.4 主动公开度	
1.5 政策		

资料来源:The World Bank Public Sector and Governance Group, 2013, p.6.

◇ 二　国内信息公开制度

(一) 概念及意义

1. 信息公开与政务公开、党务公开、村务公开、厂务公开

如上所述,国外普遍从个人主义出发使用"信息自由""信息权"和"知情权"等概念,中国的相关制度倾向从国家出发使用"××公开"的概念,比如"信息公开""政务公开""党务公开"等。其中"信息公开"因为《中华人民共和国政府信息公开

条例》的颁布而被赋予了法律责任，要求拥有独立行政主体资格的机构依照《政府信息公开条例》公开其在履行行政管理职能过程中制作和获取的信息。

与"信息公开"近义且存异的"政务公开"是中国特有的概念，尽管在2007年《政府信息公开条例》出台后，"信息公开"成为最常用的概念，但"政务公开"这一概念并未被取代，而且最近因为中央的大力倡导而有重新发扬光大的趋势。"政务公开"的历史也相对比较悠久，早在20世纪80年代后期，中国一些地方和部门就开始探索公开办事程序、公开办事结果等。政务公开工作与信息公开工作在部署结构和外在效应上存在一定的差异。就两者的主管部门而言，政务公开这一概念最初于2000年在《关于在全国乡镇政权机关全面推行政务公开制度的通知》（下称《推行通知》）中被正式提出，相关工作由中纪委主导，直到2016年底，国务院办公厅印发的《〈关于全面推进政务公开工作的意见〉实施细则的通知》决定调整政务公开领导小组，并于2017年2月发出了《国务院办公厅关于调整全国政务公开领导小组的通知》，正式将主管部门调整为国务院办公厅。对于信息公开工作而言，主管部门从2007年《政府信息公开条例》出台伊始便是国务院办公厅。从公开的内容上看，政务公开不仅要求行政机关落实《政府信息公开条例》中明确的信息公开要求，还应做好有关行政机关内部事务公开等更高要求的公开工作，例如行政机关内部领导干部廉洁自律的情况、干部交流考核的奖惩情况等均需在政务公开栏目中进行公示。依据《政府信息公开条例》第二条以及第十六条，信息公开的内容仅限于履行行政管理职能时所制作和获取的信息,而有关内部事务的信息则可不予公开。在公开主体方面,政务公开主体和信息公开主体均为具有行政主体资格的机构[①],这类机构不仅包括行政机关也包括经授权的企事业单位[②]。《政府信息公开条例》中的第六章即明确了除行政机关外其他适用该条例的机构及组织,在政务公开的工作要点通知中也提及了公共企事业单位的公开义务。虽然两者的法定主体是一致的,但是不具备行政主体资格的机构或个人也可以实施信息公开行为[③],却无法实施政务公开行为,尽管这类信息公开行为是非法定的,即不受法律救济程序保障[④],例如私营企业也可以成为信息公开的主体,但其无法进行政务公开。

"党务公开"也是中国特有的概念,其公开的价值目标是保障党员的民主权利,更好地落实党务工作,加强对各级党组织权力运行的制约,而信息公开和政务公开从严格意义上讲,并非旨在制约各级党组织的权力,而是为了提高行政机构工作的透明度。[⑤] 因此,党务公开的主体不同于前二者,不再是行政机构,而是党的中央组织、地方组织、基层组织,党的纪律检查机关、工作机关以及其他党的组织。公开要求也与《政府信息公开条例》中的要求无关,而

---

① 行政主体资格有三项条件:第一,该主体能以自己的名义实施行政活动;第二,该主体享有并行使行政职权;第三,该主体能够独立承担行政责任。
② 具备行政主体资格的机构一般可分为三类:中央机关与机构,地方机关与机构以及经授权的企事业单位、社会团体等非政府组织。
③ 余凌云:《行政法讲义》,清华大学出版社 2014 年版,第 347 页。
④ 后向东:《信息公开法基础理论》,中国法制出版社 2017 年版,第 225—231 页。
⑤ "第一章第一条的'理解与适用'",《中华人民共和国政府信息公开条例(实用版)》,中国法制出版社 2019 年版,第 1 页。

是要求党的组织将其实施党的领导活动、加强党的建设工作的有关事务，按规定在党内或者向党外公开。①

在中国语境中还有较早的"厂务公开"的提法，其目的类似于信息公开，均是以民主参与和透明监督为导向的。两者的不同主要有四点：在公开时间规范上，厂务公开的时间可以根据实际情况而定，可以不定期公开，可分阶段公开，也可以按照年度公开。相比较而言，信息公开在时间规范上相对严格，属于主动公开范围的信息，依规定应于变更之日起 20 个工作日内予以公开。在公开主体上，《私营企业、外商投资企业和港澳台商投资企业职工代表大会或职工大会的职权》第三款②规定，这几类企业均需实行厂务公开，由此可见，厂务公开的主体不限于公共企业，还包括私营企业，外商投资企业和港澳台商投资企业。信息公开的主体则为具有行政主体资格的机构，其中包括了公共企业，但信息公开条例并不适用于除公共企业以外的其他企业类型。就各自主管部门而言，厂务公开的工作领导小组为企业党组织，而信息公开的全国性主管部门为国务院办公厅，行政区域性主管部门为各县级以上地方人民政府办公厅（室）或由政府确定的其他主管部门。在公开的内容上，厂务公开仅规定了四类内容的公开：重大决策类，费用开支类，涉及职工切身利益类，党风廉政建设类。而信息公开则规定除《政府信息公开条例》第十四、十五、十六条规定的政府信息外，其他政府信息均应当公开。

---

① 参见《中国共产党党务公开条例（试行）》第三条及第二章内容。
② 《公司法律适用全书》（第三版），中国法制出版社 2019 年版，第 920 页。

2. 信息公开与数据开放

随着大数据的形成及其在社会生活各层面不同程度的渗透，智慧城市的概念应运而生。如果说现代城市是工业化的结果，那么智慧城市则是信息化的成果。与大数据相结合的智慧城市在行政建设中，遵循"以信息为决策依据，以价值为决策导向，以民众为施政本位"的建设理念，较过去的主观性规划更为客观和专业化。[①]

在现代城市中，信息公开制度对政府的透明运作起着基础性的支撑作用，是制度反腐中的重要一环，其中网络反腐成为制度反腐的有力补充，而网络反腐与数据开放密切相连。后者可为前者提供必要的技术支撑和数据信息，网民也可以运用网络技术和获取的数据信息对行政人员的腐败行为进行及时举报，通过社会舆论效应有效限制行政权力的滥用。[②] 由此可见，数据开放在反腐上具有重要性。除此之外，就大数据获取的本质而言，开放大数据亦有其必要性。"大数据"主要是指采集、管理和分析超出典型结构化数据范围的数据，国家行政机关在采集数据时所耗费的财力来自公共财政，因此这些数据属于公共产品，本质上是属于人民的，应当在保障国家安全、个人隐私和企业商业秘密的前提下，将这些数据面向公众进行开发。中国也于 2015 年颁布《促进大数据发展行动纲

[①] ［美］安东尼·汤森:《智慧城市:大数据、互联网时代的城市未来》，赛迪研究院专家译，中信出版社 2015 年版，第 284 页。

[②] 新玉言、李克编:《大数据:政府治理新时代》，台海出版社 2016 年版，第 139 页。

要》，目标是在2020年底前，逐步实现信用、交通、医疗、卫生等民生保障服务相关领域的政府数据集开放。截至2019年上半年，中国已有82个省级、副省级和地级政府上线了数据开放平台，与2018年同期相比，新增了36个地方平台。[①]需要指出的是，信息公开与数据开放两者是存在本质差异的，信息和数据虽同为法律客体，均为人类社会提供正向价值，即增加数据开放程度以及信息公开程度均可以减少政府与公众之间的信息不对称，促进透明政府建设，但两者在基本内涵和物理形态上均存在本质差异。因此有学者主张数据开放不能被视为互联网时代下信息公开的高阶版，而是与信息公开并列的存在。[②]

（二）历史沿革

中国政府公开透明制度的探索主要是伴随着改革开放进行的。在此之前，保密制度和文化既有深厚的历史传统渊源，也有近代以来救亡图存以及中华人民共和国成立后面临的一些敌对势力对我国进行"和平演变"的现实压力。相应地，政府的公开透明和保密工作呈现出一种此消彼长的关系。因为改革开放首先从经济领域开始，包括价格听证、公开统计资料、开放国家档案等，然后是政务的逐渐公开，最后扩展到党务等各领域的公开。其中的推动力包括改革开放的需要，加入国际组织和条约的要求，以及执政党和政府

[①] 复旦大学数字与移动实验室：《中国开放数林指数2019（上半年）》，复旦智库报告，2019年，第4页。

[②] 后向东：《信息公开法基础理论》，中国法制出版社2017年版，第160—163页。

为了反腐倡廉而进行的自我约束等。[①]

在具体制度方面，在推出《政府信息公开条例》之前，中国一些地方从20世纪80年代已经开始探索"政务公开""村务公开"和"厂务公开"等工作，但是在全国推广基本上是20世纪末21世纪之交的事情。1998年4月，中办、国办联合下发在农村普遍实行村务公开和民主管理制度的通知。1999年，中央纪委监察部等部门提出，用三年左右时间在国有、集体及其控股企业普遍推行"厂务公开"制度。2000年中央开始部署在全国范围内的乡镇政权机关推行政务公开。这些被看作是加强基层民主建设、发展社会主义民主政治的基础性举措。

然后就是进入21世纪之后颁布的《政府信息公开条例》，它被广泛认为是中国政府公开透明制度的里程碑。2003年，国务院信息化工作办公室首次将《政府信息公开条例》的制定纳入国务院立法工作计划范围，并为其定性，即规范政府行为需要制定的行政法规。2004年及2005年，有关起草《政府信息公开条例》的任务被纳入了"需要抓紧研究、条件成熟时适时提请审议的法律、行政法规"之中。国务院发布的《依法行政实施纲要》以及中办、国办联合印发的《关于进一步推行政务公开意见》也涉及了同样的起草任务。2006年，起草工作进入收尾阶段，2007年1月《信息公开条例》经国务院审议通过，并于同年4月5日颁布，自2008年5月1日起正式实施。

[①] 赵雅丹：《信息分享结构与透明政府建设》，上海社会科学院出版社2012年版，第157—159页。

再后来则是党的十八大以后中央对相关工作的重视和不断推出的举措。党的十八届三中全会《关于全面深化改革若干重大问题的决定》提出"完善党务、政务和各领域办事公开制度，推进决策公开、管理公开、服务公开、结果公开"的目标，然后，2016年中央相继印发《关于全面推进政务公开工作的意见》及《〈关于全面推进政务公开工作的意见〉实施细则》，2017年制定《中国共产党党务公开条例（试行）》并推出基层政务公开标准化规范化试点工作，2018年最高法发布《关于进一步深化司法公开的意见》，2019年国务院修改《政府信息公开条例》，到2020年初出台《关于全面推进基层政务公开标准化规范化工作的指导意见》，等等。

（三）制度设计

1. 基本原则

在立法表述上，2007年国务院公布的《政府信息公开条例》在总则第五条中规定行政机关公开政府信息，应当遵循公正、公开、便民的原则。2017年6月，国务院法制办公布了该条例的征求意见稿，多项研究报告针对"基本原则"提出建议，强调加入"公开为常态，不公开为例外"的重要性。① 事实上，这条原则已于2014年党的十八届四中全会上提出的《中共中央关于全面推进依法治国若

---

① 参见卢鸿福《让办理公开走向常态》，《法治与社会》2016年第5期；姜明安《中国政府信息公开制度的发展趋势》，《比较法研究》2017年第2期；姚坚《政府信息公开原则与公开限制》，《广东社会科学》2017年第6期；王建鹏《论过程性信息公开》，《法制与社会》2017年第31期；后向东《信息公开法基础理论》，中国法制出版社2017年版，第56页。

干重大问题的决定》中有所提及，不过，该决定针对的是政务公开而非信息公开。结合各项研究成果及专家学者的建议，在2019年5月实施的最新版《政府信息公开条例》中，其第五条内容增加了"应当坚持以公开为常态，不公开为例外"以及"合法原则"的表述。如此，有关信息公开基本原则的法律表述已从原来的三条增加为现在的五条，即"以公开为常态，不公开为例外"原则、公正原则、公平原则、合法原则、便民原则。

不过，从理论上说，基本原则应当有将该法律与其他法律区别开来的功能，而类似于"公正原则"和"公平原则"这类标准不仅适用于信息公开法，也适用于其他法律。鉴于此，后向东提出了"平衡原则、平等原则、渐进原则"三项基本原则。[①]

平衡原则是指在信息公开过程中应将信息公开可能涉及的各方利益纳入考虑中，统筹兼顾各方利益并根据利益牵涉面大小以及后果的严重程度权衡各方利益，作出优先排序，并将其作为公开决定的判断依据。平衡原则的重点在于"利益兼顾"，在对利益进行兼顾方面，《政府信息公开条例》明确了法定的涉密信息，不管是国家秘密，还是商业秘密，抑或是个人隐私，及其他公开危害"三安全一稳定"的信息都前置于知情权而得到优先考虑。"三安全一稳定"是指国家安全、公共安全、经济安全以及社会稳定。根据《中华人民共和国国家安全法》第二条的规定，国家安全是指国家政权、主权统一和领土完整、人民福祉、经济社会可持续发展和国家

[①] 后向东：《信息公开法基础理论》，中国法制出版社2017年版。

其他重大利益相对处于没有危险和不受内外威胁的状态，以及保障持续安全状态的能力；而信息公开是否会影响公共安全或社会稳定，则由行政机构依据具体情况作出预测与估计；信息公开是否会影响经济安全，则主要由承担财政、金融、货币等宏观经济金融货币管理职责的行政机关作出相应的专业判断。

平等原则是指信息公开作为一项普惠式公共服务，对所有公众是平等的。主要体现在依申请公开时，任何人均有申请资格。依据新版《政府信息公开条例》第二十七条的规定，只要具备"公民、法人或者其他组织"的法律主体身份，便可以提交申请，没有其他的附带条件。即便不具备这类法律主体身份的外国人及外国组织，也可以提交申请，并按照"对等原则"处理其申请。[①] 平等原则也体现在主动公开时任何人均可以获得相关信息方面。依据对该条例的解释，信息将通过政府公报、政府网络或者其他互联网政府媒体、新闻发布会等途径公开，这些公开渠道和平台是面向每个人的，包括外国人和外国组织也可以通过中国政府主动公开信息的渠道来获取政府信息。

渐进原则是指信息公开的方式、手段及程度应与客观实际条件相匹配，不得对信息公开提出不切合实际的过高要求或是落后于客观实际的过低要求，信息公开的发展应该结合实际情况循序渐进地进行。从中国初建信息公开制度以来，行政机关从原来的不适应已逐步过渡到了基本适应，渐进原则中的"进"得以体现。正如新版《政府信息公开条例》中新增的第七条所言：各级人民政府应该积

[①] 第四章第二十七条的"理解与适用"，《中华人民共和国政府信息公开条例（实用版）》，中国法制出版社2019年版，第35页。

极推进政府信息公开工作,逐步增加政府信息公开的内容。之所以要"渐",则是考虑到了信息本身的广泛性以及信息公开工作的高成本性,若贸然对信息公开提出不切实际的高要求,不仅会因技术不达标而难以达到要求,所耗费的人力财力也不可小觑,而收效却甚微。"渐进"在中国的实践可以从旧版与新版《政府信息公开条例》的对比中体会到。在信息公开的程度上,新版《政府信息公开条例》要求行政机关主动公开的信息条目较旧版增加了五条。新版第四十四条亦为新增条款,依据第四十四条,行政机关可结合实际申请公开的情况和申请人的反馈意见在实际操作中不断扩充主动公开的范围。除此之外,信息公开的高成本性也被纳入考虑中,或许因此导致新版《政府信息公开条例》新增第十六条内容,规定有关行政机关的内部事务信息以及过程性信息可以不予公开。这类信息内容繁杂且不会直接对相对人权利义务产生任何影响。就中国目前发展阶段而言,从成本收益的角度考虑,若这类收益甚低的信息亦做到条条公开,恐怕会造成公共资源的浪费。在公开手段上,随着互联网科技的普及,信息公开的手段也渐进式地获得发展,新版《政府信息公开条例》新增了第八条,规定:加强信息化手段的运用,强调加强互联网政府信息公开平台建设以及提高在线业务办理的水平。在公开方式上,依旧是以"主动公开"和"依申请公开"为主要公开方式,但不难发现,有关这两种公开方式的实践操作已在新版中有了更多细节上的规范。

2. 法律框架

信息公开制度的有机组成部分主要包括信息公开的主体、客体、程序、监督与救济。简单地说,在信息公开制度的框架设计中,我们需要明确信息公开的"主体"是通过何种"程序"参与"客体"的公开,又是通过何种"监督与救济"以保障信息公开制度的执行。本章将依据这四部分做具体阐述。

(1) 信息公开的主体

信息公开的主体是指受信息公开制度所规范的社会关系所涉及的各参与方。法律可对社会关系进行有效调整,社会关系的多样性决定了法律数量的繁多,而在信息公开法所规范的社会关系中,相关参与方主要包括权利主体、义务主体、关联主体。权利主体为申请人,依据《政府信息公开条例》第二十七条,"公民、法人或者其他组织"均为合格的申请人,即只要具备以上法律资格者,无须经过申请人资格条件审查环节,便可直接进入申请的实质性审查。

义务主体为具有行政主体资格的机构,政府机关一般包括三类:行政机关、立法机关和司法机关。但并非所有的政府机关都是信息公开的义务主体。国外信息公开法的发展历史也表明,信息公开相关的条款最初通常归于《行政程序法》之下[1],其立法目的主要是实现行政的公开透明,因此在该法的发展过程中,相关条例的确定和细化均是围绕行政机关展开的。在中国也不例外,甚至中国的信息公开制度的行政主导性更强烈和明显。所以在当前的制度下,立法机关和司法机关并未被纳入信息公开的义务主体中。

---

[1] 后向东:《信息公开的世界经验》,中国法制出版社2016年版。

除此之外，后向东等学者曾提出信息公开的义务主体应当具有外部性，这主要是考虑到了信息公开的高成本性，根据成本—效益评估，一些负责内务的机构便不再具有公开义务。[1] 但是，在实践中，不乏一些内设机构经授权对外以自己的名义履行行政管理职能，因此这类机构虽不具备外部性，属于内设机构，但依旧有机会对相对人的权利或义务产生直接的影响。据此，新版《政府信息公开条例》补充完善了第十条，认为这类内设机构也应当承担信息公开的义务。后向东等学者提出的另一项义务主体的判断标准便是"独立性"[2]，这主要是出于救济程序参与资格的考虑。不能否认任何具有行政主体资格的行政机构均可以实施信息公开行为，但当信息公开过程中产生行政争议时，仅那些具备独立行政主体资格的机构才可以参加救济程序。因此多数学者从"无救济无权利"的角度出发认为信息公开的义务主体应当具有独立性。然而，随着中国信息公开制度的完善与发展，专门性救济得以完善，即便是不具备独立性的行政机关，例如一些派出机构，公共企事业单位，在实施信息公开行为时，若出现行政纠纷，权利主体亦可以通过专门性救济渠道来维护自身知情权。新版《政府信息公开条例》增加了第五十五条，设立了专门性救济主体，指出有关主管部门或者机构可接受公民、法人或者其他组织的申诉，并确立了相关的机制程序。专门性救济渠道的完善是极为必要的，因为除了那些具有独立行政主体

---

[1] 行政机关的外部性是指那些对外履行行政职责，其行政行为能够直接影响相对人利益或义务的行政机关所具备的性质。

[2] 行政机关的独立性是指那些可以独立地履行行政职责的行政机关所具备的性质。

资格的机构外，一些不具备独立性，但却有行政主体资格的机构，其履职行为与人民群众的利益亦密切相关，若将它们排除在义务主体之外，则信息公开制度的目的往往会流于具文。

第三方、主管部门以及救济主体为关联主体。第三方为信息公开程序的参与方，向义务主体提供信息，在法律上处于附属地位。第三方在信息公开过程中拥有程序权利和实体权利，即在信息公开时，若信息涉及第三方利益，则需要书面征求第三方意见，但由于第三方的法律附属地位，其意见不具有最终效力。应当由行政主体机构作出公开与否的最终判断。《政府信息公开条例》第三十二条对第三方参与信息公开的程序做了详细规范。若第三方未能参与征求意见的程序，或是第三方的实体权利，如个人隐私，因公开而受损，则可以诉诸救济程序。

主管部门在信息公开过程中起着推进、指导、协调、监督工作的作用，在中国，随着信息公开工作的日趋成熟，各级主管部门的划分也更为细致。在旧版《政府信息公开条例》中，仅确定国务院办公厅为全国信息公开工作的主管部门，在新版《政府信息公开条例》第三条中，以全国范围、各行政区域范围和具体的各系统范围分别划定的相关的主管部门负责信息公开工作。如此细分是有必要的，其可以使主管部门更好地发挥主观能动性以推进更高程度的信息公开。

救济主体的确立是信息公开法制化的关键，中国通用的救济方式有两种：其一，司法，其救济主体为司法机关，由司法机关提供救济；其二，行政复议，其救济主体为法定的行政机关，可通过提交重新审议的申请以获得救济。① 在中国之前的实践中，可能由于司法救济在对信息公开审查时并未发挥出太强的主观能动性，对利益平衡也难以做到合理审查，导致在一些实践者看来审查结果往往趋于保守，所以新版《政府信息公开条例》将监察机关移除出了救济主体之列。② 其利弊还有待时间和实践的检验。

（2）信息公开的客体

信息公开的客体即为属于信息公开范畴的信息。并非所有的信息均需要公开，依照《政府信息公开条例》第二条，行政机关需要公开的信息为其在履行行政管理职能过程中制作或者获取的信息。但考虑到信息公开工作的高成本性，《政府信息公开条例》第十六条规定有关行政机关的内部事务信息和过程性信息可以不予公开。③ 同时遵循平衡原则，涉密信息，危及"三安全一稳定"的信息，法律、行政法规禁止公开的政府信息等可以不予公开。由于已有学者对有关信息的物理形态进行了详细归类与阐述，信息与数据的差异也已在上文概念辨析中阐明，此处不再赘述。

（3）信息公开的程序

信息公开制度是行政程序法的组成部分，是用以确保行政程序公开透明以规范行政权力的一套机制。④ 同时，信息公开行为本身

---

① 后向东：《信息公开法基础理论》，中国法制出版社2017年版，第226页。
② 后向东：《信息公开法基础理论》，中国法制出版社2017年版，第148—149、227—229页。
③ 立法上将人事管理、后勤管理、内部工作流程这三类信息划分为内部事务信息；过程性信息一般包括四类：讨论记录；过程稿；磋商信函；请示报告。
④ 应松年：《行政程序法》，法律出版社2009年版，第7页。

亦是行政程序的一部分，因此需要规范信息公开的程序，程序成为信息公开制度设计中的核心环节。

依据信息公开的两种方式，信息公开程序应当包含两套并行的程序：一套是主动公开的程序，另一套为申请公开的程序。主动公开的程序可依照《政府信息公开条例》第三章内容，明确各级行政机关公开政府信息可依据的途径。申请公开的程序主要包括六个重点环节：接收—审查—补正—办理—作出决定—送达。在程序进行过程中，需要外部行政程序和内部行政程序的配合，才可以保障这两套信息公开程序顺利进行。所谓外部行政程序，即处理行政机关与申请人、第三方、其他行政机关之间关系的程序，内部行政程序则是用以协调义务主体内部事项的程序。

3. 信息公开监督与救济

信息公开的良好实施需要监督及救济程序作为保障。监督相较于救济而言更具有主动性，若光依赖于救济程序来保障信息公开的落实，无疑是将权利主体置于一个被动的地位，因此中国设立了针对信息公开工作的专门性监督渠道，不再仅依赖救济渠道以保障信息公开，同时对监督工作的执行愈加严格要求。[①]

信息公开监督是由信息公开法授权的专门性监督而非行政组织间的一般性监督。[②] 这意味着信息公开监督是由专门设立的监督主体负责的，并有相应的监督方式和追责形式。这将于后文"制度执

[①] 《政府信息公开工作年度报告发布情况评估报告（2019）》，中国社会科学出版社2019年版，第31—33页。

[②] 胡建淼：《行政法学》，法律出版社2015年版，第768—770页。

行"一节中做具体阐述。

信息公开救济在方式上同监督一样，也分为通用救济和专门性救济两种。通用救济为外在救济，有关这一救济主体和程序已在上文做了阐述，此处不再赘述。专门性救济为内在救济，国际通行的两种方式为：其一，以信息主管部门为专门救济主体，当发生行政争议时，权利主体可向主管部门提出救济申请；其二，设立专门性的救济主体，并确立相关的程序。[①] 在实行专门性救济时，当前中国以第一种方式为主。

（四）制度执行

1. 接收与审查

公民、法人或者其他组织需依照条例第二十九条所规定的内容向政府信息公开工作机构提出申请，填写《政府信息公开申请表》。"公民、法人或者其他组织"并不包括外国人或外国组织，但他们也可以通过中国政府主动公开信息的渠道来获取政府信息或是通过申请来获取，在处理此类申请时，中国政府将遵循国际通行惯例，依照"对等原则"来处理；另一类特殊情况为残障人士的申请，按照全国人大常委会法制工作委员会对《政府信息公开条例》第二十七条的解释，若申请人不具备行为能力，其依旧具备申请人资格，但需要由其法定监护人代理实施相关法律行为。[②]

[①] 后向东：《信息公开法基础理论》，中国法制出版社2017年版，第225—231页。
[②] 第四章第二十七条的"理解与适用"，《中华人民共和国政府信息公开条例（实用版）》，中国法制出版社2019年版，第35页。

需要注意的是，在接收申请时，新版《政府信息公开条例》规定行政机构不再设置申请人资格条件审查，在之前的版本中对于申请公开有"根据自身生产、生活、科研等特殊需要"的前置条件，此前置条件广为各界所诟病。一方面，申请资格审查环节的设置意味着相应救济环节的匹配，然而，在此处设置救济环节是无法发挥实质性作用的，因为相关机构依旧可以在后续的实质性审查中给出"拒绝公开"的答复，所以没有必要设置资格条件审查；①另一方面，知情权是公民的一项基本权利，这意味着社会中的任何一员均有权利提出信息公开的申请，因此设置申请人资格条件的审查也是不可行的。

2. 办理与补办

信息公开制度在执行过程中的办理机制可以分为外部机制和内部机制，外部机制主要表现为办理期限的约束，而内部机制的关键在于内部工作机构的责任配置与协作程序。②就外部办理机制而言，《政府信息公开条例》第二十六条规定行政机构主动公开信息的期限为20个工作日，即属于主动公开范围的信息，应自该信息形成或变更之日起20个工作日内予以公开。《政府信息公开条例》第三十三条规定依申请公开的答复期限为20个工作日，延长期限不得超过20个工作日，这较旧版《政府信息公开条例》中所规定的15个工作日有所延长。按照相关解释，在实践中，行政机构若不能确定信息是否涉及国家秘密，可向保密行政管理部门或有关主管部门递交保密审查的

---

① 赵需要：《中国政府信息公开保密审查体系研究》，人民出版社2017年版，第57页。

② 后向东：《信息公开法基础理论》，中国法制出版社2017年版，第207—209页。

申请,依据《保守国家秘密法实施办法》第十一条规定,"接到申请的机关或者保密工作部门,应当在30日内作出批复",而保密审查并不能中止答复期限的计算,旧版规定的答复期限,连同延长期算在内也仅有30个工作日,若在实践中遇到涉及国家秘密的保密审查,显然难以在规定期限内给予申请者答复,所以新版《政府信息公开条例》将30个工作日延长至40个工作日是符合实际情况的。①

信息公开的内部办理机制可依据公开方式分为两类:一类是主动公开的办理机制,另一类为依申请公开的办理机制。在实际操作中,这两类机制均需行政机构内部的相关业务部门、信息公开部门以及行政机构负责人的参与,实行审查、审核、审批三级审查制,最终作出信息处理决定。②在主动公开办理机制中,业务部门起到了重要的作用,由于信息的制作与获取均由各个业务部门分工完成,因此它们对各自负责的信息背景把握更加到位,能够在拟稿环节便确定信息的公开属性,业务部门对信息进行审查后,可将该信息的公开属性以及公开处理意见一并附上并提交至信息公开部门进行审核,再由行政机构负责人审批通过后决定是否主动公开。

在依申请公开的办理机制中,首先需要确定负责各份申请的承办人,承办人应针对其所负责的申请提出初始意见,再交由各级部门进行三级审查并作出处理决定,包括依申请公开、部分公开、不

---

① 第二章第十四条"理解与适用",《中华人民共和国政府信息公开条例(实用版)》,中国法制出版社2019年版,第20页。

② 陈昌银:《如何进行政府信息公开审查》,http://www.chinalawlib.org.cn/LunwenShow.aspx?CID=20081224141625700185&AID=20090727102234857865&FID=20081224141208467131,2019年12月31日。

予公开。① 不予公开的原因有两类：属于不予公开范围或申请公开的信息不存在。除了这三类情况外，还有三种较为特殊的情况。第一种是当行政机构难以确定该信息是否可以公开时，依据《政府信息公开条例》第十六条，处理决定应为上报有关主管部门或者保密行政管理部门；第二种是若申请内容不明确且未按照《政府信息公开条例》第二十九条提交申请表时，则由接收机关出具《补正申请通知书》要求申请人依据条例第三十条内容进行补正；第三种是当申请公开的信息不在接收机构的掌握范围内时，需要出具《非本机关政府信息告知书》，在能够确定信息掌握机构的情况下，告知申请人信息掌握机构的联系方式。②

3. 监督与救济

信息公开的专门性监督是由《政府信息公开条例》授权的，依据《政府信息公开条例》第四十七条，信息公开的监督主体应为各级政府信息公开工作主管部门。这类主管部门可以上级行政机关身份履行一般性的监督权力，但这类监督权力与其以监督主体身份所履行的权力是存在本质差异的。

中国的监督方式主要有两种：一种是内部监督方式，即考核；一种为外部监督方式，即社会评议。③ 考核制度由各级人民政府负

---

① 赵需要：《中国政府信息公开保密审查体系研究》，人民出版社2017年版，第203—205页。
② "政府信息公开申请处理流程"，《中华人民共和国政府信息公开条例（实用版）》，中国法制出版社2019年版，第168页。
③ 参见《国务院办公厅关于施行〈中华人民共和国政府信息公开条例〉若干问题的意见》第六章第十五条、十六条；《中华人民共和国政府信息公开条例（2019）》第五章第四十六条。

责，针对各行政机关及其政府信息公开工作机构的人员定期进行考核。社会评议是指人民群众对信息公开工作的监督评议，是人民监督的具体体现。中国设有年度报告制度，该制度为信息公开工作的一种监督方式，随着制度的完善，其不仅适用于内部监督，也具备了接受社会监督的意味。[1] 依据《政府信息公开条例》第五十条，该年度报告的内容包含"工作考核、社会评议和责任追究结果情况"，即外部社会评议和内部考核机制所反馈的主要问题及被监督的行政机构针对各问题的改进情况均需在报告中得到体现。这类工作报告均设置了提交时限，行政机构的提交时限为每年1月31日前，各级地方政府则为每年3月31日前。

若只监督不追责，监督则无法起到效用，因此明确责任并确定追责形式是至关重要的。中国的责任追究对象主要有两类：一类是虚拟法人，即行政机关整体或某个部门；另一类为具体的工作人员。对于第一类追责对象，督促整改及通报批评为常用追责手段，在对负有责任的领导人员和直接责任人员追究责任时，主管部门可以对责任人提出处理建议，并由有权机关作出相应处理决定。[2] 在这个过程中，主管部门被赋予了责任人处理建议权，这项监督权是由中国近年新创设的，将主管部门的处理建议法定化，意味着该项建议具有更高的实践概率，只要不存在重大法律或事实错误，有权机关就应该尊重这一建议作出相应决定。

---

[1] 第五章第四十九条的"理解与适用"，《中华人民共和国政府信息公开条例（实用版）》，中国法制出版社2019年版，第59页。

[2] 参见《中华人民共和国信息公开条例（2019）》第五章第四十七条。

救济程序在执行中分为两类：通用救济程序和专门性救济程序。有关通用救济和专门性救济的介绍已在上文提及，此处将重点介绍两者的执行程序。依据《政府信息公开条例》第五十一条，公民、法人或者其他组织可以"自身合法权益在信息公开工作中受损"为由，自主选择进入哪类救济程序。若进入通用救济程序，则可选择行政复议或司法诉讼，且行政复议并非司法诉讼的前置程序。① 依据《中华人民共和国行政复议法》《中华人民共和国行政复议法实施条例》，行政复议由相关行政机构受理，对信息公开申请进行审查并最终作出决定。司法诉讼则由司法机关受理。若选择专门性救济，政府信息公开工作的主管部门应在收到投诉举报后，依照各自的职责及时处理，并依据三类情形——不依法履行政府信息公开职能；不及时更新公开的政府信息内容；违反《政府信息公开条例》规定的其他情形——追究相应的法定责任。②

（五）制度评估

中国社会科学院国家法治指数研究中心、中国社会科学院法学研究所法治指数创新工程项目组对信息公开制度的执行情况进行了评估，并形成不同年份的《政府信息公开工作年度报告发布情况评估报告》，该项评估研究持续了十多年，评估对象主要为各级行政

---

① 第五十一条"理解与适用"，《中华人民共和国政府信息公开条例（实用版）》，中国法制出版社2019年版，第62页。

② 第五十三条"理解与适用"，《中华人民共和国政府信息公开条例（实用版）》，中国法制出版社2019年版，第63页。

机关。2019年，除了将《国务院办公厅关于印发〈开展基层政务公开标准化规范化试点工作方案〉的通知》所确定的政务公开试点单位纳入评估范畴，还依据非试点地区的GDP排名抽取部分行政机关作为评估对象。评估内容为各行政机关编制和发布年度工作报告的情况，包括年度工作报告发布是否按时，报告格式是否规范，报告内容是否流于形式。考虑到年度工作报告可以较为全面地反映各机关该年度的信息公开成效，这类评估报告对中国信息公开制度执行现状的评估极具参考价值。

除了这份较为权威的评估报告外，相关联的还有上海财经大学公共政策研究中心发布的《中国财经透明度报告：省级财政信息公开状况评估》，以及中国社会科学院上述课题组发布的《中国义务教育政务公开发展报告》。多个省市亦推出了适用于本地的《政务公开考核评估实施方案》。以上海市为例，其2019年的评估实施方案规定：市网信办、市保密局、政府办公厅审改处、市档案局、市图书馆等均需参与公开工作的专项评估，并形成有关回应机制建设、保密审查机制与公文运转、公开专栏建设等各公开制度执行环节的评估报告。参考《政府信息公开工作年度报告发布情况评估报告》的内容以及新版《政府信息公开条例》的条款，结合信息公开制度在执行中所遇到的实践困境，下面就信息公开制度执行中的三大环节，即接收与审查、补正与办理、监督机制存在的问题进行梳理和介绍，并提出改进的建议。

1. 接收与审查

这方面的第一个问题是关于申请人资格的。前述已提及两类特殊情况，第一类为外国人及外国组织的申请，第二类为特殊人群（不具行为能力者）的申请。针对这两类特殊情况，中国分别采取了"对等原则"及"代理申请"的处理方式，但在实践中，这两种处理方式的可行性受到质疑。就对等原则而言，虽然这种处理方式是依据国际法规定的原则而设置的，是符合国际通行惯例的，但在实践中，中国信息公开主管部门并没有就各国对公民申请资格的处理方式作出总结罗列，而多数参与信息公开的行政机构亦没有能力对各国的处理方式进行一一调查，这给"对等原则"的实践带来了诸多障碍及不便。① 另外，"对等原则"执行的一个前提条件是外国人或组织所在国对申请资格有所规定。到目前为止，多数国家对申请资格不做任何限制，而且，截至 2008 年，有 20 多个国家依旧没有针对信息公开立法，在这种情况下，"对等原则"的实施便无据可循。②

就"代理申请"而言，申请者若为不具行为能力的法律主体，其虽然拥有同等的申请人资格，但是需要由其法定监护人代为其实施信息公开申请。其中"行为能力"为何并没有相应的法律依据对其作出明确界定。虽然民法上对"民事行为能力"作出了界定，但考虑到信息公开申请资格问题的特殊性，民法上对"民事行为能力"的规定并不能简单套用在信息公开法所提及的"行为能力"之上，因此，在实践中无法对"是否需要代理申请"作出明确判断。

---

① 后向东：《信息公开法基础理论》，中国法制出版社 2017 年版，第 120 页。
② ［加拿大］托比·曼德尔：《信息自由：多国法律比较》，龚文库等译，社会科学文献出版社 2011 年版，第 3 页。

除此之外，信息公开申请可以线上进行，申请者是否具备行为能力在未直接接触申请者的情况下难以作出正确判断。

第二个问题是有关义务主体范围的划定。立法上对信息公开的义务主体进行了一般性描述，在实践中逐步明确其范围是国际上较为常见的做法。① 但到目前为止，仅有美国、英国等少数国家在实践中以清单的方式明确了本国的信息公开义务主体，大部分国家对义务主体的明确程度较低，仍停留在简单地定义描述义务主体的层面。② 中国当前并没有关于信息公开义务主体的清单，这导致实践中很多行政机构因不明确自身的公开义务而无法贯彻落实《政府信息公开条例》中的相关要求。比如2018年国务院办公厅曾对全国10省的百家办事大厅进行暗访督查，发现对公开义务不明晰、办事流程不熟练等情况依旧存在。③ 因此，在实践中更大程度地明确信息公开义务主体是有必要的，中国这方面亦在不断探索进步中。

第三个问题是关于审查方面。信息公开的义务主体在收到信息公开申请后，需要对申请公开的信息进行审查，其中两个审查要点在实践中依旧存在改进空间：一是对该信息是否拥有公开权限的审查；二是对该信息是否属于保密范围的审查。在公开权限方面，《政府信息公开条例》第十条有详细的规定，简而言之，除了"谁制作谁公开"

---

① 张昊天：《论公共企业的信息公开主体资格》，《交大法学》2016年第2期。
② 后向东：《信息公开法基础理论》，中国法制出版社2017年版，第137页。
③ 《全国100个地方试点政务公开标准化规范化》（http：//www.gov.cn/xinwen/2018-07/06/content_ 5303940.htm），2019年12月30日。

外，只有信息的原始采集者才有该信息的公开权限。所谓"原始采集"即指：其一，从公民、法人和其他组织处直接获取信息；其二，从其他行政机构处获取信息且为最初获取者。这意味着，其他行政机构处并非为信息的最初获取者或原始制作者，则无权公开此类信息。《政府信息公开条例》强调"原始制作者和获取者"公开权限的目的在于两方面：其一，能更准确地预估信息公开后的影响，做好利益权衡；其二，防止重复公开的出现。① 不能否认这两方面的考虑是必要的，但在实践中，申请者往往会因此而遭受困扰。在实践中，以"非原始制作者或采集者"为由拒绝申请者的案例并不在少数，虽然《政府信息公开条例》第三十六条规定，在拒绝申请并说明缘由后，若能确定负责公开该信息的行政机构，应当告知申请人该机构的名称和联系方式，但这并非硬性规定，因此在申请中，往往会遇到被拒绝却又不知该向哪个机构递交申请的情况，导致申请率下降，信息公开的权利主体被置于一个被动的位置上。实际上，若通过行政机构之间的责任配置，信息持有者在对该信息公开的影响不确定时，可通过内部协商交涉，向信息制作方或最初获取方递交审查咨询，亦可以确保对信息公开的影响作出准确预估，如此信息持有者便可给申请者提供准确答复，有利于推动更大程度的信息公开。另外，给予信息持有者以公开权限并不会导致重复公开的大面积出现，行政机构向不同的申请者公开同样的信息不应被视为重复公开。只有当同一位申请者重复向多个行政机构申请同样的信息时

---

① 后向东：《信息公开法基础理论》，中国法制出版社2017年版，第169—171页。

才会出现重复公开这类损耗公共资源的情况,但这类申请一般是具有恶意性的,并不常见,因此不应当以个别滥用信息公开权利的案例为由而不给予信息持有者以公开的权限。

在保密审查方面,依据《政府信息公开条例》第十四条及第十五条,行政机构应对欲公开的信息进行保密审查,但是《中华人民共和国保守国家秘密法》并未对"国家秘密"产生过程中所涉及的职责权限、追责主体和定密程序作出具体规定,因此定密依赖主观判断,往往偏向于保守,遵循"以保密为原则,以公开为例外"的原则,其结果会导致非国家秘密的信息被划为保密范围而不予以公开。①

除了国家秘密和国家安全有相关法律条款对其进行明文规定外,对公共安全、经济安全目前尚无法律层面的概念界定,提及社会稳定的法律法规文件虽多达4386条,但仅对社会稳定作出了宣示性规定。② 因此这些法律概念的内涵和外延难以明确,要判断信息是否涉及它们,则需要一个相对统一的判断标准。然而,就目前而言,中国各级行政机构有关信息公开的保密审查规范并不统一,作为审查工作的指导性文件,其中关于保密审查的原则、范围、期限、程序等关键标准不同在实践中将导致审查结果不准确、复议申诉纠错率高等后果。③

---

① 白清礼:《政府信息公开与保密之间的冲突与制衡》,《河南图书馆学刊》2012年第4期。

② 李广宇:《政府信息公开诉讼:理念、方法与案例》,法律出版社2009年版,第138—139页。

③ 赵需要:《中国政府信息公开保密审查体系研究》,人民出版社2017年版,第57—64页。

2. 补正与办理

在补正方面，为在实践中规范相关程序，中国新版《政府信息公开条例》新增关于补正期限的规定，将行政机构补正期限（即行政机构可以在收到信息公开申请后多长时间以内启动补正程序）设置为7个工作日，并明确补正程序可中断答复期限的计算（即补正程序一旦开启，便以收到补正申请当日为起点重新计算答复期限）。由于补正程序可以中断答复期限的计算，且超过申请人补办时限后，可自动视之为放弃申请而终止程序，之前出现过行政机构通过滥用补正程序以拖延公开申请的情况。① 对此，中国新版《政府信息公开条例》对第二十九条进行了完善，其中对申请时需填写的"内容描述"给出了界定：申请公开的政府信息的名称、文号或便于行政机关查询的其他特征性描述。据此，行政机构无法再依据主观判断以一句简单的"内容描述不明确"为由开启补正程序，而是需要告知申请者缺漏了"内容描述"中的哪一个要点，明确补正程序开启的条件将在很大程度上防止滥用补正程序的现象再现。

新版《政府信息公开条例》第二十九条对申请内容的规范较旧版更为细致，其中亦增加了"身份证明"这一条，即申请者在申请时需要表明自我身份，若为外国人可递交护照，外国组织可递交法律证明文件，从而作出区别处理。这方面的考虑是必要的，从法律效力的角度来看，《政府信息公开条例》为国内法规，其效力仅限

---

① 后向东：《信息公开法基础理论》，中国法制出版社2017年版，第203页。

于中国境内，该法规并不适用于对外国人和外国组织的申请处理①，若只提供申请人姓名和联系方式，难以区分申请者身份，便无法确定对该申请的处理办法。然而，在实践中，对申请者身份信息的获取，在很大程度上降低了公众参与申请的主动性，尤其是当公众向与其自身利益密切相关的公共企事业单位递交申请时，会因不便透露个人身份而放弃申请，促生公众在信息获取上的被动局面。② 同时，在法律效力的理论层面，有区分外国人身份的必要性，但在实践中，这种区分往往流于形式，并无必要性。其一，正如前文"申请人资格"这一节所述，对等原则在实践中形同虚设，依据对等原则处理外国人的申请在当前阶段并不具有实际可行性；其二，若外国人不愿意被区分对待，其完全可以很低的成本请本国公民代为申请，从而达成同样的目的；其三，随着信息及通信技术的发展，在一般情况下，行政机构向申请者公开的信息，一旦公开后，该信息便已"无国界"。由此可见，在信息的公开实践中，区分申请者国籍并无必要，反而会降低公众参与信息公开的积极性。因此，"身份证明"不应被设置为一般情况下的法定申请内容，但可在特殊情况下要求申请者补正，例如申请内容涉及申请者自身利益时（与自身相关的医疗卫生、社会保障等信息），需要申请者补正身份证明以证明申请者即为本人。

在办理环节，行政机构中各具体部门根据职责分配的差异，各

---

① 张根大：《法律效力论》，法律出版社1999年版，第21页。
② 张新宝：《从隐私到个人信息：利益再衡量的理论与制度安排》，《中国法学》2015年第3期。

自负有相应的义务和责任，然而，中国并没有"向申请者提供办理跟踪记录"的要求，因此申请者并不能清楚地知道接受其申请的承办人姓名、申请的处理进度等相关办理信息，若日后对申请处理结果不满或认为自身合法权益在信息公开的办理过程中受到了侵犯而诉诸救济渠道时，便无法追责到具体负责人身上。"离开工作人员去空谈政府机关的责任，这是毫无意义的"，为此，有必要在此环节加以完善，确保内部办理机制具有一定程度的透明性。[1] 在国际上，也有不少国家为了能责任到人而选择向申请人提供办理跟踪记录，例如阿塞拜疆和吉尔吉斯斯坦均会向申请者提供承办人姓名、办理日期、信息申请的处理方式等信息。[2]

3. 监督机制

监督环节是保障信息公开工作依规落实的关键，中国设有年度报告制度。该制度在规范层面已日趋完善，然而，在实际操作层面，仍旧因为"时限要求"和"默认机制"的不完备而导致制度落实的困境。默认机制的设置可以避免程序的踏空，该机制提前预设了在不按规定行事、不配合等情况下，将自动转入何种处理程序。例如在前述的补正程序中，明确了申请人若无正当理由逾期不补正，则视为放弃申请。然而，到目前为止，在信息公开的监督程序中，仅对年度报告的提交设置了期限，却没有设置相应的默认机制，因此在实践中，逾期提交、拒不提交、报告内容不完整、格式

---

[1] 后向东：《信息公开法基础理论》，中国法制出版社2017年版，第223页。
[2] [加拿大]托比·曼德尔：《信息自由：多国法律比较》，龚文庠译，社会科学文献出版社2011年版，第163页。

不规范的情况依旧存在，且这类问题早已成为信息公开工作中的顽疾，一直存在却一直未能得到解决。①默认机制的缺失应对此负责，若设置默认处理程序，要求不按规范行事的行政机构及人员承担不力的法律责任，将在很大程度上提升他们对年度工作报告的重视程度。

依照《政府信息公开条例》第四十六条及第四十七条的规定，各级主管部门可启用法定监督权定期考核信息公开的工作情况，人民群众作为信息公开工作的服务对象，亦可在各级人民政府的组织下对公开工作进行评议。在监督评议的过程中，如发现工作中存在问题，同级主管部门应对此进行追责。当追责对象为具体人员时，如上文"办理"这一节中所述，由于"办理跟踪记录"的缺失，难以凭记录追责到具体承办人身上，亦难以明确办理流程中存在问题的环节。当追责对象为虚拟法人，如行政机构整体时，《政府信息公开条例》第四十七条规定，主管部门应对该行政机构予以督促整改或通报批评。"督促整改，通报批评"均为内部监督的常用工作手段，但"督促"没有时限规定，在发现工作中存在的问题后，并没有对相关机构整改此问题作出期限规定。因此在实践中，所谓的"督促整改"往往流于形式，而难以真正得到落实并加以最终改正。中国社会科学院法治指数创新研究项目组在对比评估对象 2018 年与其往年的年度报告后发现，报告中列出的"现存问题"及"改进思路"这两部分内容与往年所列内容的重复率较高，其中某些城市这

---

① 《政府信息公开工作年度报告发布情况评估报告（2019）》，中国社会科学出版社 2019 年版，第 34—35 页。

二者的内容重复率甚至达到了100％，某些城市的重复率超过99％。① 由此可见，"问题年年有，措施年年提，来年再报告，一切还照旧"的现象依旧存在。

三　比较及完善建议

（一）中外政府公开透明制度比较

在概念方面，中外公开透明制度的差异比较明显，并主要体现在如下几个面向上。第一，西方相应制度框架通常有一个提纲挈领的总概念，而中国概念框架相对比较分散。比如西方用"信息自由""信息权"或"知情权"等就涵盖了中国语境下的"政府信息公开""政务公开""党务公开""厂务公开""数据开放"等概念所指涉的内容。这主要是因为西方通常从相应制度所服务的对象，即个人的角度切入，而中国是从信息公开的主体机构去论述。第二，上述差异也体现出概念背后的政治基础架构和规范的差异。西方的相应制度内嵌于自由民主制度，而中国则内嵌于中国特色社会主义政治制度之下。第三，鉴于上述两者的差异，相应制度概念框架所折射的目标也有差异。西方对公权力"透明"的追求在程度上明显高于"××公开"的提法，当然"信息自由""信息权""知情权"等提法也容易走向"过犹不及"的歧路，并且是值得我们后

---

① 《政府信息公开工作年度报告发布情况评估报告（2019）》，中国社会科学出版社2019年版，第39页。

发国家警惕的。

在历史沿革方面，西方政府公开透明制度历史悠久，发展到今天，其精细度和国际化水平已很高。早在1766年瑞典颁布的《出版自由法》就已有现代政府公开透明的萌芽，包括"公开是常态，保密是例外"的指导原则等，虽然后来经历不少曲折，但是到20世纪90年代已经发展成深入人心的人权观念，相应的制度越发精细，并在国际层面日益达成共识并形成国际机制，得到诸多国际组织的认同和倡导。中国政府公开透明制度起步较晚，大体和改革开放同步，并且遵循一个循序渐进的过程。首先开放的是经济信息，然后是政务信息，现在正在走深走细，涵盖所有的公权力部门，并包括伴随着信息科技发展而兴起的数据开放等。但是，总的来说，发展历史还比较短，相应的制度还有待完善，与国际层面的要求还有一定的距离。这并不难理解，毕竟中国传统的保密文化比较发达和深厚，而且需要保密的客观环境和理据并没有完全消失。

在制度设计方面，中国的制度与国外制度在核心指导原则与法律框架方面的差距比较明显。在国际层面总结出的七项核心原则上，中国在促进公开文化、践行主动公开义务、有限例外原则、保护吹哨人方面相对比较薄弱。学者后向东提出的"平衡原则、平等原则、渐进原则"一方面并不能成为政府公开透明制度的特色性原则，另一方面也恰恰彰显出与国际层面相应指导原则的差距。公开透明作为民主和人权保障的必要条件和重要体现，其可预性应是毋庸讳言的。国际上相应的知情权也不是绝对的，但是，尽量向其靠近的目标很明确，这样或许就能达到"虽不中亦不远矣"的效果。

从这个角度来说，中国的目标设置偏低了一些。从具体的法律框架来说，中国相关制度的政府主导性非常强，这也凸显出与国际层面的差异和距离。

在制度的执行和评估方面，中国的理论和实践都在发展和深化中，但其主要还是政府主导，所以其发展步伐和程度离理想还有距离。国外实践经验显示，比较重要的因素包括非政府组织的持续压力、到位的监督和申诉机制以及足够的重视和资源支持等。对一项政策或制度进行定期科学评估也很有必要，并应长期坚持和完善下去。政府公开透明制度虽然带有全局性、系统性和基础性，但是其主要还属于治道而非政道层面的制度安排，这就为积极借鉴国外做法提供了可能。也就是说，信息公开属于推进国家治理体系和治理能力现代化的范畴，并有助于坚持和完善中国特色社会主义制度，后者属于政道层面的制度安排。

（二）对中国政府公开透明制度的完善建议

第一，应高度重视对信息公开制度"正名"的重要性和意义。一方面，在国外的信息公开制度中，通常一个名称，比如"信息自由"或"知情权"，就囊括了相关的概念范畴，但是中国对应的相关概念则包括"政府信息公开""政务公开"和"党务公开"等。因此有必要对这些概念进行整合，以避免使公众陷入概念混淆并增加转换成本。另一方面，在中国语境下，"公开"和"透明"通常并列或混用，但事实上这两者在价值理念、状态属性和方式原理三方面都有着显著的不同。在价值理念方面，"透明"比较彰显民主和自由的理念,而"公开"则更多地带有中立性的工具主义色彩;在状态属性方面,"透明"带有理想主义和宣言特点,而"公开"则是一种实践中的制度或行为模式;在方式原理方面,"透明"直接作用于公权力主体,以信息为载体,而"公开"则刚好相反,以信息为直接调整对象,以政府为载体。因此,中国语境中将两者等同的现象表面上是因为翻译的"误差",实际上则可能是"透明"诸多本质特征与中国传统政法文化间的冲突和张力,结果就是彰显权力主导性和更具传统意蕴的"公开"统摄了"透明",从而导致该制度并没有取得其应有的效果。[1] 对此,不管是"正名"还是将"透明"的理念注入"公开",都是完善中国信息公开制度迫切需要做的。

第二,要大幅提升"透明"在国家价值规范体系中的地位,将其上升到尊重"人权"及增加民主"氧气"的高度。正如前文所述,首先,从规范层面来讲,"透明"不仅是民主的必要条件,有利于参与和问责,也是"人权保障"的应有之义。它不是西方自由民主制度的专有特产,而是带有普遍性价值的政治制度,更是中国特色社会主义政治道路的题中应有之义。其次,从现实来讲,实现透明政府的目的不仅有利于个人作出理性决定,促进经济发展和节省成本,提升政府的效率,有利于反腐倡廉并提高政府的公信力及改善政府形象,而且减少了对吹哨的依赖。虽然"透明"并未写进社会主义核心价值观体系,但是这并不会阻碍国家大幅提升其在整

---

[1] 王娅:《政府信息公开视阈下的"透明"论析》,《华中科技大学学报》(社会科学版)2018年第32卷第4期。

个价值体系中的地位并倡导和弘扬一种"公开透明"的文化。

第三，在具体的制度设计和执行层面，应处理好公开与豁免公开的关系。在世界上所有的政府信息公开制度中，都有豁免公开的合理规定，但是这些豁免条款通常有具体的范畴和明确的界定。中国制度也有非常广泛的主动公开要求，而且2019年的《政府信息公开条例》修订还积极扩大了主动公开的范围和深度，增加"公开为常态，不公开为例外"的原则，但是对豁免公开的一些情形仍然规定得不够明确。[①] 对于信息公开需要协商或审查的，《政府信息公开条例》规定行政机关应当依照《中华人民共和国保守国家秘密法》以及其他法律、法规和国家有关规定获得批准或审查，而这里的一些"法规"和"国家有关规定"明显低于《政府信息公开条例》在中国法律体系中的位阶。修订后的《政府信息公开条例》保留了对公开后可能危及国家安全、公共安全、经济安全和社会稳定的政府信息不予公开的规定，但是却对这"三安全一稳定"缺乏明确的界定。此外，中国保密体系在定密范围和程序等方面相对宽松。这些在一些学者看来都对发挥中国信息公开制度的应有功能构成了挑战和阻碍。[②] 随着综合国力的不断跃升，中国日益走近世界舞台的中央，成为世人关注的焦

---

① 在主动公开的覆盖面方面，新修订《政府信息公开条例》明确了各级行政机关应当主动公开机关职能、行政许可办理结果、行政处罚决定、公务员招考录用结果等15类信息，同时规定应根据本地方具体情况主动公开与基层群众关系密切的市政建设、公共服务、社会救助等方面的政府信息，而且应当按照上级行政机关的部署不断增加主动公开的内容。

② Chen, Y., 2018, "Circumventing Transparency, Extra-Legal Exemptions from Freedom of Information and Judicial Review in China", Information and Judicial Review in China, *Journal of International Media & Entertainment Law*, Vol. 7, Issue 2, pp. 203-252.

点，国民四个自信显著增强，很明显，以前不得不采取以"保密"为主方针的现实条件和环境已经发生了巨大变化，可以而且应该作出相应调整。这也是提升中国在国际上软实力的重要举措。

第四，应拓宽健全中国信息公开制度的动力来源。国外的经验显示，有效的信息公开制度的关键在于执行，而其中非政府组织的压力、互补系统的完善、到位的监督和申诉机制，以及足够的重视和资源配给都是非常重要的因素。在这些方面，中国互补系统的完善，比如档案管理、信息化建设，以及为信息公开提供的资源供给都还不错，但是在引入非政府组织压力、外在监督和申诉等方面则有不小的发掘空间。中国的信息公开还是以行政部门自我监管为主，新修订的《政府信息公开条例》将"监察机关"作为投诉和举报渠道移除，更加彰显了这种特征。

第五，在没有改旗易帜的风险前提下，应该在提高政府透明度方面加大与国际接轨的力度。政府透明不仅是世界上多数国家的做法，也成为国际诸多公约和倡议的共识性内容。加速与国际的接轨，积极借鉴国外成熟经验不仅有助于完善中国相关体制机制，提升中国国际形象，而且对于增强中国在国际上的软实力，以及推进实现人类命运共同体的伟大愿景都将有所助益。

（三）国外地方政府开放治理的考察及启示

与政府信息公开紧密相关的一个概念是开放治理，后者是一个简单而强有力的理念，即如果政府透明、可参与和可问责，那么政府将更好地为人民服务。其立法源头通常可以追溯到1966年美国颁布《信息自由法》，到如今全世界已有100多个国家通过了政府信息公开立法。近年来，随着信息科技的迅猛发展，要求政府数据开放的运动也为开放治理提供了动力。2011年召开的联合国大会还发起了全球"开放治理伙伴关系"（Open Government Partnership）的多边倡议。该倡议现有79个国家会员、20个地方政府会员以及数以千计的非政府组织参与其中。在实践层面，从巴西阿雷格里港的参与式预算编制到法国巴黎的参与式预算编制，国外不少地方政府也一直在进行开放治理的尝试，并积累了不少宝贵的经验。正值中国即将全面建成小康社会并踏上新的征程之际，我们应该积极借鉴国外地方政府开放治理的创新做法，结合中国国情，将中国治理体系和治理能力提升到一个新的水平，并将中国特色社会主义民主政治推进到一个新的高度。

1. 开放治理的内涵和外延

"开放治理"经常跟"开放政府"通用，其概念可以从政府和居民[①]的角度出发，涵盖广泛的实践，形成新的治理方式。它可以促进善治，鼓励更好的决策，减少腐败并促进更有效的服务供给。其透明、参与和问责的核心三要素要求地方政府在行政及与居民互动方面进行创新。其中，透明要求政府通过信息公开、数据开放和记录管理等措施使居民更容易获取政府信息，了解政府的运作情况。它应该与居民更多地参与和问责相伴而行，包括参与公共决策、吹哨人保护、独立审计、公务员行为守则和人民代表的监督

---

① 不少地方也用公民的概念，但是使用居民概念应该更为准确，因为开放治理的主体通常不限定参与者的国籍。

等。"开放治理"策略可以广泛应用于政府活动的各个方面,包括预算编制、法规和政策制定、合同招投标和服务供给等。

2. 开放治理的要素与机制

开放治理各要素、机制及其对居民和政府的含义在表3-2中有比较直观的体现。

表3-2　　　　　　　　开放治理的要素与机制一览

要素	机制	对居民的含义	对政府的含义
透明	1. 信息公开 2. 数据开放 3. 记录管理	公众可以看到和理解政府的运作	在公共支出、政府合同、游说活动、政策制定和影响、公共服务绩效等方面开放数据和公开信息
参与	1. 公共空间 2. 居民参与 3. 吹哨人保护	公众可以影响政府的运作	支持强大而独立的市民社会,使居民和其他利益相关者参与决策,保护吹哨人等
问责	1. 审计 2. 伦理准则 3. 代表监督	公众可以对政府的行为进行问责	嵌入法律法规和机制,确保政府倾听、学习、回应并在必要时调整政策与行为

3. 在地方政府具体领域的应用

(1) 预算编制

在开放预算领域,地方政府的实践从增加透明度到提升参与度都有。其中较早的案例包括巴西阿雷格里港1988年发起的"参与式预算编制",其已成为该领域的一块招牌,引发不少关注和讨论。在这方面,国际上已经提出一些标准,比如"国际预算伙伴关系"倡议中的"地方公开预算调查问卷"就对衡量地方政府预算开放程度设立了一系列指标。"全球财务透明倡议"也提出十项公众参与财政政策的指导原则，即可及性、开放性、包容性、尊重自我表达、及时性、深度、比例性、可持续性、互补性和互惠性。

比较有影响的案例包括法国巴黎的参与式预算编制，被宣称为世界上最大的参与式预算尝试。2014年，巴黎开展了第一次参与式预算编制工作，金额为1770万欧元，用于市民投票从市政府提出的15个项目中选出9个项目。自那以后，参与式预算的金额逐步提高，从2015年的6770万欧元分配给188个项目，2016年的9440万欧元分配给219个项目，到2018年已经超出1亿欧元。从2015年开始，具体项目申报也开放给不限年龄和国籍的居民，因此2016年共收到3200个项目申报，其中624个项目被选中交予选民投票，而且政策有意向落后区域的项目倾斜。

针对开放预算，国外经验的核心建议包括：第一，及时定期公布关键预算文件；第二，使用信息图表或其他可视化、交互式媒体有效宣传居民预算；第三，让居民参与确定预算优先事项，包括举行预算咨询和/或为居民分配部分资金让他们参与预算编制等。

（2）合同外包

地方政府代表其居民委托和采购各种基础设施、商品和服务，其中，合同外包通常是将政策转化为人民和社区切实利益的途径。根据国际"开放合同伙伴关系"组织的报告，发布和使用有关公共合同的结构化和标准化信息可以帮助利益相关者：

- 为政府的资金提供更高的价值。
- 为企业创造更公平的竞争环境，尤其是小企业。
- 为市民提供更优质的商品、工程和服务。

- 防止欺诈和腐败。
- 促进更智能的分析和更好的公共问题解决方案。

这种开放式合同有助于增强民众对政府的信任并确保数以万亿计的公共资金能提供更好的服务、商品和基础设施项目。这方面的国际标准包括"开放式合同伙伴关系"组织发布的"开放合同全球原则"及"开放合同数据标准"等。

一个具有代表性的案例是乌克兰的"透明公共采购"项目。该项目旨在使政府机构能够以电子方式进行采购交易，同时也使得居民、记者和民间组织可以轻松地获取有关公共采购的信息。遵循"开放合同数据标准"，该项目通过政府的统一门户网站对合同所有环节的信息进行了存储和公开，采购部门也可以在该门户网站发布它们的招标公告和采购计划。它还包括分析投标人数据的工具，投标人的投诉机制和投诉结果，采购培训指南和相关法律法规，允许采购商和供应商对其经历进行评价反馈，以及为公众提供举报可疑交易的途径等。在经过小范围试点后，乌克兰议会通过了一项公共采购法，要求所有政府合同自2016年8月1日起使用该平台进行签署。

这方面的国外经验建议包括：第一，发布关键文件和数据如所签订的合同等；第二，采用"开放合同数据标准"切实对照执行并检查；第三，鼓励居民参与委托服务，特别是那些核心服务或基础建设相关的领域。

（3）规章制定

地方政府通常负责制定或实施法律、地方法和规章等，而"开放立法"是居民应该了解相关法律法规制定原因及过程并能对相关立法者问责的原则。在标准方面，有国际"开放议会"组织向其成员发布的"开放议会宣言"，其中包括围绕开放文化建设、议会信息透明、易于获得和电子化四个主题方面的标准。

一个代表性案例是西班牙的"决议马德里"尝试。"决议马德里"是马德里市议会基于网络的公众参与决策平台。该平台的一个主要功能是允许居民提出立法提案并由其他居民投票支持。获得支持的提案需要获得超过1%的人口投票支持，即进行有约束力的公众投票。在此之后，市议会将有一个月的时间来研究并发布关于该议案合法性、可行性和成本的技术性分析报告。居民提案第一次获得成功的例子发生在2017年2月，当时的马德里市民高票通过了市民提出的"马德里100%可持续发展"和"公共交通单程票"提案，两者分别获得94%（198905票）和89%（188665票）的支持。随后，市议会也相应地发布了这两份提案的技术性分析报告。除了提案和投票外，"决议马德里"平台也支持辩论和参与式预算。

国外经验对于开放规章制定的建议包括：其一，以易获取的格式发布关于决策过程、议程和会议纪要等的信息；其二，议会的大小会议应向市民、民间组织和媒体开放，特殊保密会议除外；其三，使居民能够就当地法律法规进行提议并投票。

（4）政策制定

地方政府的工作是由政策制定和执行推动的，这一过程可以将政治雄心转化成实际计划和服务。公众参与政策制定可以发生在任何一个环节。比如，在议程设置的环节，其方法包括居民倡议、协商论坛、未来搜索（一种旨在将能力转化为行动的计划会议）、参与式预算编制、愿景共享等；在政策形成环节，其方法包括居民小组、群众外包（一种特定的获取资源的模式）、协商论坛、焦点小组、意见收集等；在决策环节，其方法包括居民集会、居民陪审团、共识会议、公众咨询、居民投票等；在政策执行环节，其方法包括合作委托、合作生产、服务协同设计、用户端小组等；在监测和评估环节，其方法包括居民报告卡、投诉机制、神秘体验者（一种测度服务质量、合规情况或收集特定信息的方法）及问卷调查等。

在标准方面，"国际公共参与协会"的"公众参与核心价值"列举了七大原则：其一，坚持受决策影响的人有权利参与决策过程；其二，对公众贡献能影响决策的承诺；其三，通过承认和沟通所有参与者的正当利益诉求来促进可持续决策的制定；其四，寻求并促进可能受决策影响或者有兴趣的人士的参与；其五，在设计参与方式时应征询参与者的意见；其六，为参与者提供必要信息，以使其参与有意义；其七，向参与者反馈其意见如何影响了决策。

这方面的一个典型案例是意大利的"托斯卡纳地区参与政策"尝试。该尝试将参与和协商制度化为整个托斯卡纳地区行政和治理的常规内容。托斯卡纳于2007年对之进行立法，于2013年得到加强，其核心目标是"通过纳入参与民主的举措、程序和工具助力民主及其机构的复兴"，并以其"通过参与文化的传播，对所有形式的居民参与、知识和技能的重视"来塑造"更强的社会凝聚力"。该立法确定了地方政府对于设计引导公众参与的义务。这些义务基于这样一项原则，即"参与"是一项基本人权，而公共机构有责任为此提供机会，并确保以合适的工具促进有效的参与。该立法还设立了一个专门负责促进公众参与的独立机构。

在建议方面，其完善的做法包括三个方面：第一，为公众提供尽可能多的政策制定过程信息；第二，由政府提出高度优先的议题，让居民参与制定、审查和/或决定政策选项，其间必须反映出真诚期待公众参与的态度和行动；第三，将公众参与内嵌进政府工作流程和方式方法中，并做到有法可依和有法必依。

（5）服务供给

提供公共服务是地方政府的一项重要职能，其供给与质量直接关系着居民的福祉。根据"开放治理伙伴关系"报告，开放服务供给可以被应用于政策周期的各个环节，比如识别优先事项与议程设置，政策制定和服务设计，共同委托和共同供给，以及监督和问责等。在标准方面，"开放治理伙伴关系"提供了六步走的指导原则：其一，与市民和民间组织合作选择一个优先服务领域，界定需要解决的问题；其二，审视并把握将推动改革所处的背景和制度，包括可用的资源，国家和非国家利益相关者，权力关系，以及现有的参与和问责机制；其三，与居民、行业专家和社会责任专家共同设计改革动议；其四，让相关监督、审计和/或议会机构参与进来探索如何将改革动议纳入现有问责程序；其五，与媒体、民间组织及其他团体合作一起宣传改革动议并动员居民参与；其六，与学术界和多边合作伙伴合作评估改革动议的绩效。

一个典型案例是英国奥尔德姆叫作"MH：2K"的青少年心理

健康项目。英国有十分之一的青少年受到心理健康状况的影响,这在弱势群体中表现得更加严峻。"MH：2K"由一个名为"领袖开启和参与"的组织发起,旨在促使14—25岁的年轻人能够识别出他们认为最重要的心理健康问题,让他们的同伴参与讨论和探索这些主题,并与当地关键决策者合作提出改善建议。该项目的模型由五个阶段组成。一是招募阶段,旨在打造一支积极主动的年轻人团队作为"居民研究员",包括那些直接经历过心理健康问题的人和来自风险群体的人；二是设计阶段,即研究人员探索关于青少年心理健康的重要信息,并确定哪些心理健康问题对他们的区域比较重要,在此过程中他们会接受研究、设计、宣传等方面的培训；三是路演阶段,由居民研究员共同设计并举办研讨会,吸引更多年轻人参与,并通过这些非正式学习,收集他们对措施是否有效的分析和潜在的解决方案；四是结果阶段,由居民研究员共同分析路演数据,提取主要发现,并与当地决策者合作提出强有力的实用改善建议；五是大型展示阶段,由居民研究员在媒体友好活动中向当地主要利益相关方介绍他们的调查结果和建议,包括讨论进一步的行动等。该项目于2016年9月至2017年5月在英格兰西北部的奥尔德姆市进行试点,共招募了20名来自不同背景的年轻人成为第一批"MH：2K"居民研究员。他们选择的五个关键优先事项为自我伤害、耻辱感、专业实践、家庭和关系、环境和文化教育。

在开放服务供给方面,其建议包括:一是发布和宣传居民有权享有的公共服务信息,包括类别、质量等；二是定期收集居民对公共服务满意度的反馈；三是让居民参与公共服务的设计和供给。

4. 启示

第一，西方开放治理的运作机制并不依赖于其自由民主的基本政治制度，事实上其恰是为了弥补和拯救后者的不足和失灵而提出来的，这为我们借鉴其中有效做法提供了可能。这些参与民主的创新举措在解决西方政治所面临的问题方面虽然是缘木求鱼，但是却可能在中国的政治土壤上开花结果。①

第二，西方在开放治理方面有着非常丰富的实践和理论思考，基本上在每个环节和方面都有国际性的倡议和标准，这尤其值得我们认真学习和借鉴。在条件允许的情况下，中国应该积极加入这些国际倡议，统筹国内国际两种资源，通过更大程度的开放倒逼国内更大的改革。当然，这需要遵循从易到难、循序渐进的原则，并且结合中国的国情来推动国内相关改革。

第三，应高度重视地方政府开放治理的巨大意义，包括实现国家治理体系和治理能力现代化，化解中国新时代的主要矛盾，切实践行执政党的群众路线，兑现宪法所规定的公众参与管理国家和社会事务的民主本质要求，以及改善中国的国际形象和提升国际话语权等。

第四，应展开全面深入研究，做好顶层设计，特别是要做到统筹兼顾。中国古圣荀子有言："故由用谓之道，尽利矣；由欲谓之道，尽嗛矣；由法谓之道，尽数矣；由势谓之道，尽便矣；由辞谓

---

① 古希腊哲学家柏拉图在其《理想国》中将所有改进自由民主的尝试都比喻为如斩断传说中九头蛇的头一样，斩掉一个很快就有更多的冒出来，预示其不能从根本上解决问题。

之道，尽论矣；由天谓之道，尽因矣；此数具者，皆道之一隅也；夫道者体常而尽变，一隅不足以举之。"所以很重要的是以西方为镜鉴，准确把握中国现有治理体系和治理能力的短板，花大力气弥补之。

第五，开放治理理想和现实之间存在差距是不可避免的，因为理想的开放治理强调公共理性、平等参与、包容性，但是现实中却容易受到经济人自利性的侵害，弱势群体往往会受到排斥或者被动纳入，普遍参与的不现实性及情绪性等会对深思熟虑产生潜在影响。这就要求对两者有非常清醒的认识并做好民主与集中的辩证统一。

第四章

官员财产申报与公示制度

◇ 一 国外官员财产申报与公示制度

（一）概念及意义

官员财产申报与公示制度有时也简称官员财产申报制度、官员财产公示制度，也有的人将"官员"省去，或者将"官员"换成"公务员""公职人员"，将"公示"换成"公开""披露"等，"财产"之前还常常加入"收入"字样，如"收入与财产申报制度"（Income and Assets Declaration System）、"收入与财产披露制度"（Income and Assets Disclosure System），也有人将其与"财务公开制度"（Financial Disclosure System）、"利益申报制度"（Interests Declaration System）、"财富报告"（Wealth Reporting）等同起来。虽然这些名称各异，但其所指皆大体相同，皆指公职人员必须定期提交他们的收入、财产、债务和利益等信息。在某些国家中，官员财产申报制度也可能并不是单独设立的，而是融入别的制度框架之中，比如法国的政治生活透明制度、美国的政府伦理制度等。相对来说，后发国家中设立专门的官员财产申报制度更为常见。

官员财产申报制度被广泛认为是反腐倡廉利器并在全世界得到推广。这得益于完善的制度和良好的运行能提供如下多方面的好处。第一，它能提高政府的透明度和公民对其的信任。第二，它能监察官员的收入和财产变化，劝阻他们从事不端行为并保护他们免受不实的指控。第三，它能帮助领导层发现下属员工潜在的公私间利益冲突。第四，它有助于廉政文化建设，因为它能有效提醒官员廉洁自律，并为他们提供必要的指导和建议。第五，它对财产不明的情况还能直接进行调查从而打击腐败行为。第六，它还能帮助执政者发现、监督、问责"政界高风险人士"[1]，并促进对跨境洗钱犯罪的打击以及追逃追赃活动等。比如考虑以下的情形：当公职人员有足够的信心向全世界展示他或她的资产和利益是合法获得，并且没有利益冲突的风险时，该制度就促进了该机构廉洁文化的形成及公众对公共部门的信任；当申报表格成为向公职人员提供关于如何避免利益冲突的一种指导方式时，该制度就鼓励了公职人员的伦理行为；当公职人员知道申报内容会受到核查并且可能暴露腐败活动的话，那么该制度就可以威慑不当行为并增强预防腐败的效果；当媒体

---

[1] "政界高风险人士"是对国外廉政专有概念"politically exposed persons"的翻译，主要是指因其职务较高而导致腐败风险增加的高级公职人员及其家属和密切联系人等。尽管没有国际认可的统一定义，但国际金融行动特别工作组对其的描述提供了一个基本的参照标准。"政界高风险人士"是指已经或曾经被赋予重要公共职能的个人，例如国家元首或政府首脑，高级政客，高级行政、司法或军事官员，国有企业的高级管理人员，重要的政党官员等，及他们的家庭成员或密切联系人，与他们的关系可能牵涉廉洁的风险。在中国的语境中，这与习近平总书记经常讲的"关键少数"有些接近，但是前者还包括家庭成员及密切联系人等。

谴责公职人员的披露不准确时，该制度可以促进问责，而且可以成为相关监管机构调查的信息来源以及潜在的证据；当申报用于识别"政界高风险人士"或为其他罪行提供有价值的信息时，它可以支持反洗钱或追逃追赃工作，而这远远超出了财产申报制度的初衷。

当然，国外相关研究者也再三强调应该对该制度的意义有比较实事求是的预期。事实上，在设计和执行该制度时，管理对其的预期是一个必要且经常被低估的要素和指标。财产申报制度是一个功能强大的工具，但它也容易招致令人失望的结果和挫折，如果设定的任务目标过于雄心勃勃，并且没有足够的资源支持，或者没有足够的政治承诺和决心的话。很明显，该制度只是许多有助于预防腐败的工具之一，而且不能单独起作用，特别是在治理体系和能力总体还不成熟的情况下。虽然如此，精心设计和运营良好的财产申报制度无疑是反腐倡廉非常重要的一个体制机制，应设计好，并发挥出其应有的功能。[①]

（二）历史沿革

现代意义上的官员财产申报制度被广泛认为是在第二次世界大战之后才出现的，笔者将其发展分为三个时期。[②] 第一时期为第二次世界大战后至20世纪70年代，为该制度的发端期。第二时期为

[①] OECD (2011), Asset Declarations for Public Officials: A Tool to Prevent Corruption, OECD Publishing. http://dx.doi.org/10.1787/9789264095281-en, p.12.

[②] 这个分类并非绝对，事实上也有一些重合，主要是为便于梳理和把握而做的大致分类。

20世纪80年代,为官员财产申报制度的发展期。第三阶段为20世纪90年代至今的30年时间,为该制度的大繁荣和国际化时期。

1. 官员财产申报制度的英美发端期(第二次世界大战后至20世纪70年代)

中国学界一些人将最早的官员财产申报制度追溯到18世纪的瑞典,认为其早在1766年就允许公民查阅所有官员的财产和纳税状况。① 这是不准确的,正如本书关于信息公开制度的历史回顾所述,当时瑞典推出的法律名为《出版自由法》,其中虽有不少条款与信息公开有关,但是和官员财产公开则相距甚远。事实上,国外更多的是主张该制度出现于第二次世界大战之后,并以英美推出相关立法为发端。②

英国早在1889年就制定了《防止腐败法》,但是历史证据表明,议会通常不愿施加严格的公开规定,以致到1969年一个特别委员会仍然认为出于对议员荣誉和自制的信任而无须让其进行利益登记。不过,到1974年下议院则建立了"利益登记册"。即使在1974年以后,有关申报利益的内容仍然比较模糊并且议员有很大的主观选择性。直到1994年"现金问题"丑闻之后,英国的利益登记制度受到了审查和加强,这导致了诺兰调查,从而催生了《地方政府标准报告》。英

---

① 廖晓明、邱安民:《中国官员财产申报制度影响因素及实现路径探索》,社会科学文献出版社2014年版,第1页。

② OECD (2011), Asset Declarations for Public Officials: A Tool to Prevent Corruption, OECD Publishing. http://dx.doi.org/10.1787/9789264095281-en, p. 22; Rossi, Ivana M., Laura Pop, and Tammar Berger, 2017, Getting the Full Picture on Public Officials: A How-To Guide for Effective Financial Disclosure. Stolen Asset Recovery (StAR) Series, Washington, DC: World Bank. doi: 10.1596/978-1-4648-0953-2, p. 8.

国的所有公职人员均受该报告守则的约束。英国国会的利益登记在随后的几年中发展成为行为准则，并且截至2017年，已经演变为"议员的经济利益登记册""议员秘书和研究助理的利益登记册""新闻工作者利益登记册"和"全党议会团体登记册"①。

美国财产申报制度的缘起与英国类似，最开始也是规范政党选举的，并且首先从众议院议员候选人开始。比如，美国国会于1910年通过的《联邦腐败行为法》（Federal Corrupt Practice Act）要求各参加众议院选举的政党在公布正式选举结果后，应公开其竞选过程中的财务情况。1911年对该法的修订则将申报的主体扩展到参加参议院选举及党内初选的候选人。后来，为了制止一些企业的政治投机行为，美国国会出台法令规定候选人还须申报收到的捐款情况。1925年对《联邦腐败行为法》的修改就规定候选人对任何一笔超过100美元的捐款都必须申报。而美国事务官的财产申报则相对靠后一些，大致始于第二次世界大战之后。1951年，杜鲁门总统以信件的形式向国会提出了对联邦政府官员的伦理标准，其中包括要求国会议员、总统办公室工作人员及其他联邦官员向公众公开他们的个人财产状况。但这遭到了共和党国会议员的反对，致使这件事情最终不了了之。到1965年，约翰逊总统以行政令的方式提出了《行政官员伦理准则》，该准则的一大亮点是要求行政部门官员进行非公开财产申报。尽管如此，直到70年代"水门事件"导致的公众愤怒及对政府透

---

① "Registers of Interests", UK Parliament, May 3, 2017, retrieved on July 4, 2020 at https://www.parliament.uk/mps-lords-and-offices/standards-and-financial-interests/parliamentary-commissioner-for-standards/registers-of-interests/.

明与问责的关注才使反腐败立法取得了突破性的进展,并使官员财产申报与公示成为主流话语。为回应民众的诉求,美国国会相继颁布了《政府阳光法》(Government in the Sunshine Act, 1976)及《政府伦理法》(Ethics in Government Act, 1978)①,后者成为美国官员财产申报制度的法规基础。不过,在《政府伦理法》出台之前,美国的一些州早在50年代就已经有官员财产申报与公示的相关法律,而《政府伦理法》也借鉴了其中的一些内容。后来,美国政府对此进行了不断的发展与完善。1989年,美国颁布了《政府伦理改革法》(Ethics Reform Act),对1978年的《政府伦理法》进行了修订,并提出对立法、行政和司法三个系统中的官员实行统一的财产申报制度。此后,美国历届政府,特别是联邦政府伦理署又制定了一系列配套法规,最终形成一套比较完善的制度。美国现行的财产申报制度是历次修订的产物,其演变过程中的大事记如表4-1所示。

表4-1　　　　　　　　美国官员财产申报大事记

年份	大事记
1951	杜鲁门总统提出对官员财产申报与公示立法的建议
1958	《政府服务伦理准则》颁布
1965	约翰逊总统签署第11222号行政令,建立政府官员行为伦理标准及针对部门领导和部分白宫工作人员的非公开财产申报制度

---

① 国内常见将"ethics"翻译成"道德",但是翻译成"伦理"似乎更加准确。虽然"伦理"和"道德"在含义上基本相同,都与行为准则有关,但是"伦理"有更强调行为准则的社会性和客观性的意思,而"道德"则更多地指向个人修养及其结果。"伦理"更多关涉公德,而"道德"则涉入私德领域更深一些。

续表

年份	大事记
1978	《政府伦理法》颁布
1979	在"杜普兰蒂尔诉美国案"中上诉法院判定公众对官员问责及保持政府廉洁的利益高于司法官员财产隐私的利益
1988	《政府伦理署再授权法》将政府伦理署从人事管理署脱离出来成为联邦政府的独立机构
1989	《政府伦理改革法》颁布
1989	老布什总统签署第12674号行政令，为联邦所有官员行为准则提供一个伦理框架
1996	《政府伦理署授权法》颁布
2009	在"美国诉卡博案"中上诉法院将故意隐瞒利益冲突的责任推广到与官员有关的个体公民上

2. 官员财产申报制度的欧洲扩展期（20世纪80年代至90年代中期）

这一时期官员财产申报制度的确立主要发生于欧洲地区。1982年西班牙通过了一项关于官员财产申报的法律。同年，意大利国会和议会也被要求披露其额外收入和财产状况。1983年葡萄牙通过了一项旨在对民选官员财富进行监督的法律。这些制度，甚至在很大程度上直到当前的西欧财产申报制度在系统的完善方面都不及美国的制度。20世纪80年代末90年代中期随着苏联解体和东欧剧变，一些前社会主义国家纷纷开始建立官员财产申报制度，其很大部分原因是受到民主化浪潮的影响及加入欧盟的未明说的要求。虽然加入欧盟的条件比较明确的只是"候选国必须已经取得保障民主、法治、人权的制度性稳定"，但同时候选国也被预期满足相关反腐败的国际标准，而且一些国家也收到了实施或加强防止利益冲突和官员财产申报措施的要求。所以有学者指出，虽然没有具法律约束力的具体要求，但是公职人员的财产申报事实上已经成为加入欧盟的条件之一，所以21世纪加入欧盟的新成员也都建立了相关制度，而且这些申报制度的功能直到今天仍受到欧盟委员会的仔细审视和考察。①

3. 官员财产申报制度走向全球时期（20世纪90年代中期至今）

从20世纪90年代中后期开始，官员财产申报制度迎来大发展时期。如图4-1所示，这一时期也是官员财产申报制度在世界范围内大发展的时期。世界银行研究组对世界上158个国家和地区的统计数据显示，相关立法的占比已经从20世纪90年代的43%上升到如今的91%。

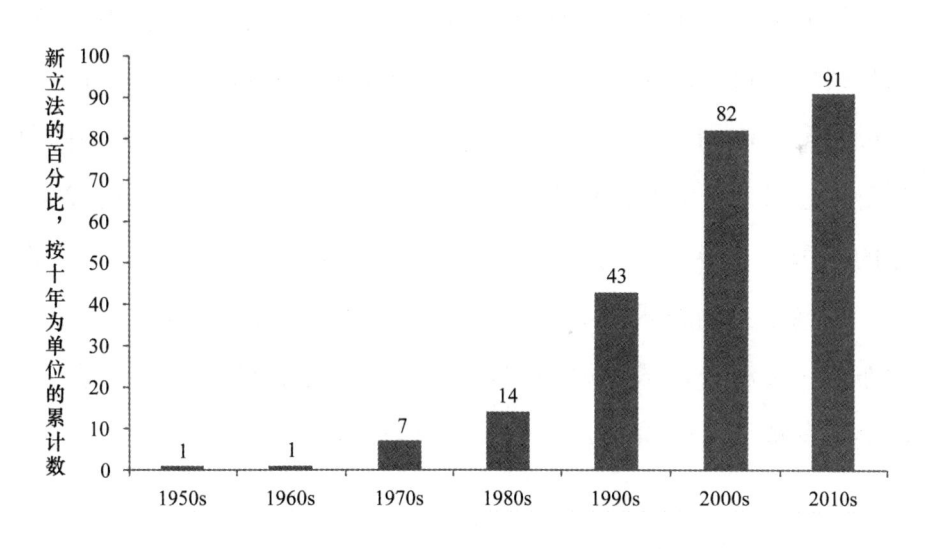

图4-1 世界财产申报立法国家数量增长

注：基于158个披露区分析的近似百分比。

---

① OECD (2011), Asset Declarations for Public Officials: A Tool to Prevent Corruption, OECD Publishing, http://dx.doi.org/10.1787/9789264095281-en, p. 24.

这一时期也是官员财产申报制度开始以软性/推荐性国际标准的形式走向全球的时期。如图4-2所示，其中一个较早的国际文件是《美洲反腐败公约》（1996），其中要求缔约国考虑建立、维持和加强措施"登记公职人员收入、资产和负债的系统，并在适当情况下予以公开"。联合国大会1996年12月12日第51/59号决议附件所载的《公职人员国际行为守则》第8条也规定："公职人员应视本人的职务并根据法律和行政政策的许可或要求公布或披露，并在可能的情况下，公布或披露其配偶和/或其他受赡养者的私人资产和债务。"[1]《非洲联盟预防和打击腐败公约》（2003）也要求各缔约国"全部或特定公职人员在其任职和离职时申报其资产"。最早的欧洲标准可在2000年欧洲部长委员会关于公职人员行为守则的10号建议中找到［Recommendation Nr. R（2000）10 of the Committee of Ministers to Member states］，不过，其主要还是从防止利益冲突的角度要求公职人员申报其利益所在。该制度国际化的里程碑即是2003年的《国际反腐败公约》中的相关条款及后续的《履约的立法指导》和《公约的技术指导》等文件。2012年，亚太经济合作组织发布了《关于公职人员财务披露的高级原则》，同年，墨西哥G20峰会也发布了《公职人员财产公开高级原则》。

（三）制度设计

值得指出的是，公职人员财产申报制度在世界各国的差异很

---

[1] 联合国：《公职人员国际行为守则》，https://www.un.org/zh/documents/treaty/files/A-RES-51-59.shtml，2021年3月24日登录。

第四章 官员财产申报与公示制度

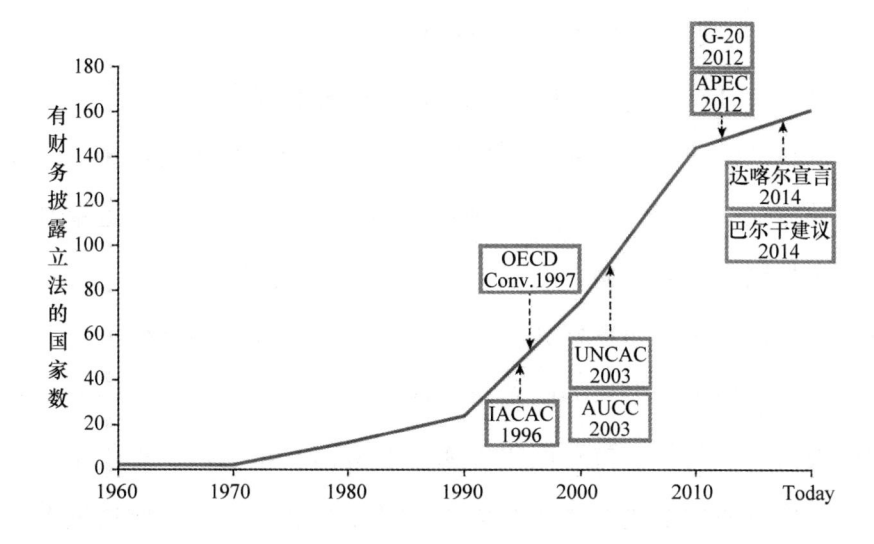

图 4-2 财产申报的国际化发展

注：基于158个披露区分析的近似百分比。

大，包括其中的各个环节，比如申报的主体、申报的内容、申报的执行和评估等，但是，在这些特殊性之中也体现出一些具有普遍性的特征，下面将对其核心原则、法律框架和制度要素进行一个系统梳理和提炼，以期对世界公职人员财产申报制度有一个宏观把握。

1. 核心原则

第一，目标明确原则。这要求明确设立制度的主要目的并切实有效地让设计者和执行者理解和把握。如果设立该制度的目的主要是预防腐败，那么重在发现及防止公私利益冲突的制度就应该更能实现此目标。如果其目的主要是治理腐败，那么侦测官员财产变化或者来源不明就成为这一制度设计的出发点。从这个角度来看，所设立制度的名称也会与之产生联系。"官员财产申报与公示"比较接近后者，而美国的《政府伦理法》和《利益冲突法》或者法国的

《政治生活透明法》则比较强调前者。

第二，有机协同发展原则。这要求将制度有机"嵌入"既有道德规范和法律法规中一起协同发展。官员财产申报制度的植入主要有三种方式：一是编织进现有的反腐败法规框架中；二是单独立法；三是纳入现有的官员伦理规范和各种行为准则中。不管怎样，将制度有机嵌入有如下好处：其一，与官员行为准则等伦理规范相连可以为申报者提供额外的动机和积极性去及时、准确、完整地填写申报信息；其二，与其他法规相连能提高其正当性、提供更多获取敏感信息的理由及一些执行申报的技术参数；其三，能协同其他规范与法规一起有机发展并相互促进。

第三，循序渐进原则。这要求对申报主体和申报内容的覆盖应该务实而又具有战略性。过于雄心勃勃地求全求细的官员财产申报与公示制度会面临制度能力跟不上及制度可靠性被削弱的风险。通常对申报主体覆盖的限定可以根据官员的职务性质或者级别来划分。着眼于防止利益冲突的制度应该根据职务性质将一些高危的政界人士识别出来。在申报内容方面，重在防止利益冲突的制度会更加强调收入的来源及潜在的商业联系和利益等，而重在监察财产变化的制度则更加强调财产的明细、价值。

第四，持续发力原则。这要求对申报的受理与审查应有持续的重视和相应的预算与资源支持。这不仅与申报信息的核实、监管、公开和执行方式有关，而且与覆盖面及所使用技术有关。总的来说，预算应该做到充足、稳定及可以预期。同时，对于审查机构的绩效评估和独立审计也很有必要和价值。

第五，重在核查原则。这要求确保对申报信息的准确性进行核查，避免制度形同虚设。要对官员非法敛财和利益冲突产生有效的威慑，对于其申报信息进行一定的核实与监督是必需的。除了检查申报信息的完整性外，相关机构还应检查申报内容内部的一致性，监察同一申报人申报信息的变化，与外部机构及资料库进行信息核对，对比生活方式与收入是否相称。

第六，最大限度公开原则。这要求尽最大可能公开申报信息并为查阅提供便捷。当然，申报信息的披露对于制度的有效运行及公信力至关重要。它尤其有助于获得社会对申报信息的监督。但是社会的监督并不能取代审查机构对申报信息的核实，因为有效的核实很可能需要专业的知识，尤其是对于以防止利益冲突为主要目的的制度设计。对于隐私与公众知情权之间的张力也需要考虑，但是尽量向公开倾斜。

第七，保持处罚威慑原则。这要求对违规者必须施以相应处罚，以使制度保持其刚性和威慑力。这需要领导层的决心与支持及一以贯之地执行。处罚的种类可以从较轻的行政处罚，如罚款、警告、公开点名等，到较重的行政处罚，如停薪、停职、开除公职等（通常是对拖延、拒绝申报或者提供不完整信息者），再到刑事处罚，如对蓄意提交虚假信息者实施监禁等。选择何种相称的处罚措施也需要考虑该处罚的可执行性及其对不服从行为的威慑效力。

第八，妥善管理和沟通预期原则。由丑闻倒逼引起的或者新领导层没来得及深思熟虑而建立起来的财产与公示制度往往容易导致令人失望的结果。所以非常关键的是要能获得预期的结果并且在一开始就将此与相关的利益攸关者进行沟通。夸大而又不能实现的预期往往容易打击大家开始时对新制度的热情和善意。同时，管理预期需要围绕该制度的政治经济学及为此制度良好运行所需要的各种因素加以考虑。在设计阶段的参与式讨论和咨询及对制度预期目标的沟通等都会对该制度的长期公信力和可持续性产生影响。

第九，无短板原则。这要求重视制度的每一个环节，不留漏洞和弱点。要完善制度各个环节的设计，包括申报主体的选择、申报内容的规定、申报的方式、受理和核查、处罚与公开等，同时还应将重心放在有效严格的执行上，并定期对制度进行客观评估。

第十，区别对待原则。也就是说应该按照公职人员的级别、廉政风险、领域等作出一些区别性的制度安排，不管是在申报内容还是公开方面。这也是国际上的通行做法，很少有一刀切的情况。

2. 法律基础

国外官员财产申报的法律基础有不同的类型，不过大致可以分为如下三类：一是基于核心行政法的一般法；二是关于财产申报、利益冲突或打击腐败的特别法；三是针对各个机构的部门法。当然，这三类分法并未穷尽所有可能的类型，比如也有国家在宪法中就有关于官员财产申报的规定，如哥伦比亚宪法，有的制定适用于选举候选人的特别规定，有的通过习俗和惯例来推动官员财产申报等。但是这三种大的类型是比较普遍出现的。

（1）一般法

公务法和行政程序法涵盖两个不同的监管领域，但都是国家核心法律框架的一部分。因此，财产申报也是这些核心行政法律框架的题中应有之义，不过，根据国家/地区的不同，公务法可以仅涵盖在政府中担任非政治职务的公职人员（通常称为公务员），或更广泛地说，是司法和/或政治上任命/当选的官员。在此类别中有两种主要的立法变体：一是比较正式的依法提交申报的规定，如白俄罗斯和乌克兰所实行的；二是规定向上司报告兼职和私人利益的义务，但是并非以定期申报形式开展的，比如德国联邦官员法及德国、挪威和瑞典行政诉讼法中的相关规定。前者可能会参考一些特殊的反腐败法中的规定，但是后者更多的是作为保障公共服务的常规措施之一。

与此相关的还有伦理行为准则或指导。这些可能没有法律力量，但是它们可以成为与公职人员所签订劳动合同的一部分。在某些国家，这些安排可能被视为表达了职业的意愿，例如公务员遵守某些标准和程序的愿望。挪威的《国家公务员道德准则》（Etiske retningslinjer for statstjenesten）和丹麦于2007年采用的《公共部门良好行为指南》（Godadfærd in det offentlige）就属于这一类。

（2）特别法

这类特别法又体现为两种。第一种是作为防止利益冲突或反腐败法的一部分。这种法大多数会明确强调财产申报对于防止利益冲突和预防腐败的重要性，并常见于前社会主义转型国家。第二种是关于财产申报的专门法律。与第一种类似，这些专门法被视为反腐败立法的一部分。当申报系统过于复杂，并依赖于广泛而详细的规定时，单独的法律从法律技术角度来看可能是一个不错的选择。但是这种专门立法在西欧比较少见。

（3）部门法

这一类法可分为三种。一是国会和内阁的内部规定。在这种情况下，这是立法机关（或内阁）本身——经常在公众的压力下——为了增强问责而对其成员推出的要求。这些通常是内部规定或程序，但它们也可以出现在其他文件中，比如德国的相关规定出现在《联邦议院议事规则》的附件1中。在西班牙，申报的条款出现于《代表常务日常规定》中。二是部门法规，通常，这种情况适用于一类公职人员，或者在特定部门或机构工作的公职人员。例如，法官可能有一个与其他公职人员分开的财产申报规章。这种方法的一个例子是《俄罗斯联邦法官地位法》（2008年12月修订）。三是部门的内部规则，虽然不常见，但是可以作为特定机构内部控制措施的一部分，比如科索沃行政管理和海关的内部规定。

3. 制度特征

与上面不同的法律来源相应，国际上官员财产申报的制度安排也呈现出多样性。如果按整体而言，第一个特征是关于申报的分散对集中的情况。人们普遍认为新兴民主国家倾向于建立覆盖立法、司法和行政三个部门官员的集中统一申报体系，但是在较早的民主国家中，出于分权制衡的考虑，通常采用相对分散的申报体系，而且随着时间的流逝而不断发展。比如葡萄牙相当复杂的制度体系就涵盖了立法和行政部门，但不包含司法部门。这也不是绝对的。一些新兴民主国家也有分散的申报体系，比如塞尔维亚对法官和检察官有不同于其他官员的申报体系。美国也有覆盖行政、司法和立法三部门的统一申报体系。

第二个特征是关于负责财产申报的机构。对于分散的申报体系来说，责任机构通常为相关机构的负责人或者上级主管。上级不一定具有独立验证申报内容的能力和权力，但是这种方法比较有利于防止利益冲突，毕竟上级较之于外面的监管机构更清楚申报者的具体情况。对于集中统一的申报体系，负责机构有可能是专门的反腐败（利益冲突控制）机构、税务机关、行政部门的公务服务机构、国会、司法机关、审计机关等。

第三个特征是关于申报的次数。大多数国家对所有类型的公职人员都使用单一形式的申报，不过，也有少数国家有一些特殊的安排。比如有一些国家首次申报和后续申报采用不同的申报形式。有的国家对于申报利益和资产分别采取不同的申报形式，因为正如前文所述，两者的目标并不相同，葡萄牙就是其中的一个例子。有的国家要分别提交纳税申报和利益申报，这属于前面种类的变体，比如在立陶宛，公职人员一方面要根据《收入和财产申报法》进行申报，另一方面需要根据《调整公共服务中的公私利益法》申报利益所在。此外，也有国家针对不同类别公职人员或者不同级别公职人员进行不同的申报。这种方法的一个例子是乌克兰，其申报表格由六个部分组成。所有官员均须填写第1—3部分，涉及收入和金融负债，只有较高级别的官员才填写第4—6部分，其中包含有关资产的信息。还有的国家要求与官员有关的人员进行独立申报并使用不同的表格，虽然这种形式并不常见。

4. 制度要素

（1）申报主体和频率

在申报主体的数量方面，国外经验并没有给出一个统一的答案，而且这可能随着时间的推移而发生变化。国外的实践从全部公职人员都申报到只是非常有限的关键少数申报都有。如图4-3所示，除了1万—5万的申报人数量占到28%之外，其他各个数量级相对来说都比较平均，包括100万以上的和1000以下的各占52个采样国家的10%。其中支持大部分或所有公职人员都申报的原因包括腐败可能发生在任何一级的公职人员身上，以及向社会表达透明政府的愿望。另外比较常见的则是选择性申报主体。支持这种方案的理由包括腐败的风险分析，成本效益计算，对管理大规模申报能

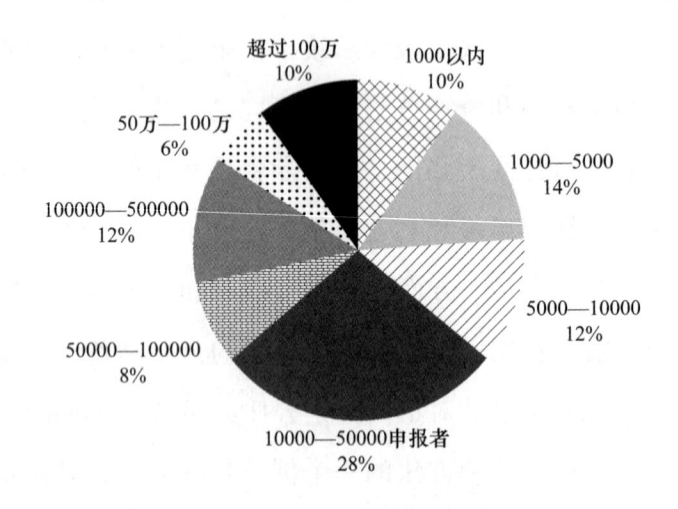

图4-3 申报主体数量比例

注：基于52个披露区分析的近似百分比。

力的担忧,文化和政治上对申报的抵制,决策者不想申报的个人动机等。这两种方案各有其理据。

在申报主体的类别方面,一种趋势是包括各种各样的政府官员,包括政府各部门的代表以及地方官员等。但是,这并不意味着所有官员都必须申报,统计数据显示某些类别的官员比例更高一些。如图4-4所示,通常来说,国会议员和内阁成员及政府首脑被要求申报的比例最高。

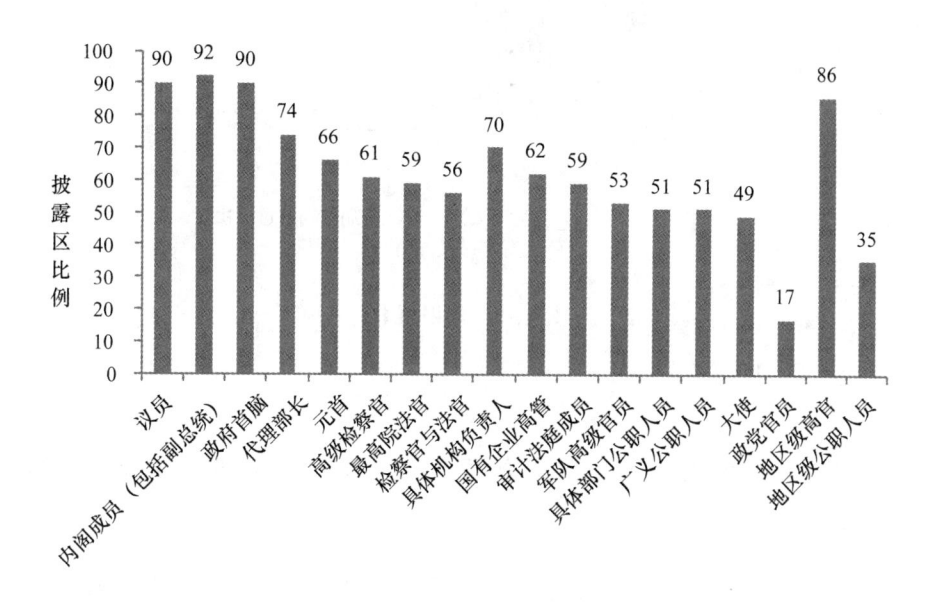

类别	披露区比例
议员	90
内阁成员(包括副总统)	92
政府首脑	90
代理部长	74
元首	66
高级检察官	61
最高院法官	59
检察官与法官	56
具体机构负责人	70
国有企业高管	62
审计法庭成员	59
军队高级官员	53
具体部门公职人员	51
广义公职人员	51
大使	49
政党官员	17
地区级高官	86
地区级公职人员	35

图 4-4 申报主体类别比例

注:基于153个披露区分析的近似百分比。

在申报频率方面,最常见的是入职申报,离职申报,年度申报,每两年申报,财富变化申报,以及潜在的利益冲突出现时申报。如图4-5所示,根据世界银行研究组对153个国家和地区的统计，有75%的国家/地区要求官员每届任期内超过两次申报他们的资产和负债，其中包括在资产发生任何变化时提交新的申报；大约18%的国家/地区要求官员每届任期内申报两次；只有7%的国家/地区要求官员每届任期内只申报一次。

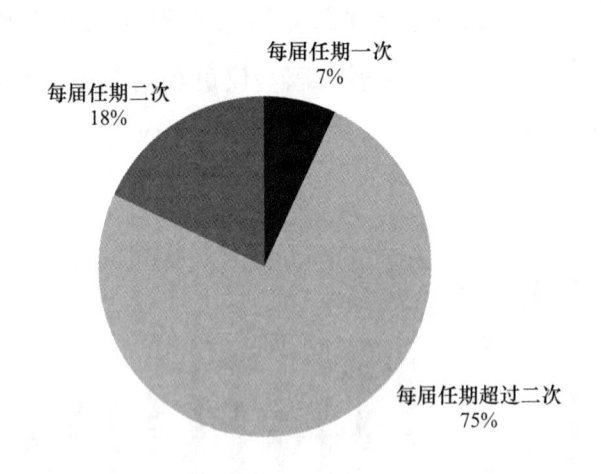

图4-5 申报频率

注：基于153个披露区分析的近似百分比。

总之，在申报主体及频率方面，由国外的理论和实践经验可得出如下一些建议。

第一，申报主体的确定应取决于该制度的主要目标并且重点关注与这些目标相关的官员类型。第二，这些标准可以按政府部门、等级、职位、职能或腐败风险来划分，并且应该足够清楚地进行界定。第三，确定职位只是过程的一半，后面一半是要确定担任这些职位的官员姓名。第四，申报数量应在受理机构的资源和能力允许的范围里，并应包括申报人的家庭成员。第五，腐败风险较低官员的申报利弊应该得到充分考虑。第六，通常一届任期有高于两次的

第四章　官员财产申报与公示制度

申报频率更为可取。①

(2) 申报内容

申报内容应该反映制定财产申报制度的目的。在全球范围内，申报内容非常广泛，表4-2列出一些主要的选项及在不同地区的重视程度。

其中大多数申报系统要求申报人提供有关不动产的信息（例如房地产）、收入来源、股票和证券，以及银行账户等。表4-2中也显示了区域偏好性，比如经合组织（OECD）与别的地区相比更强调诸如高级职位、无酬活动和离职后的就业等类别。这可能与经合组织的申报系统更加注重预防和管理利益冲突有关。表4-2中的数据表明，侧重于申报财务方面信息类的申报系统可能更关注非法致富的问题。不过表4-2中的信息并不能说明全部情况，因为深度和需求的广度也可以有很大的不同。比如经合组织中87%的高收入国家要求申报证券资产并不意味着它们都需要相同的信息。实际上，经合组织中53%的高收入国家要求申报持有证券资产的实体的价值和名称；其余的则只关注证券资产的价值或公司名称。通常来讲，信息的类别仅仅是申报的标题，如果该系统的目的是发现非法致富，那么通常还会有更复杂的步骤，比如申报市场价值、购买价值，还有二者兼而有之等。

---

① Rossi, Ivana M., Laura Pop, and Tammar Berger, 2017, "Getting the Full Picture on Public Officials: A How-To Guide for Effective Financial Disclosure", Stolen Asset Recovery (StAR) Series. Washington, DC: World Bank. doi: 10.1596/978-1-4648-0953-8. p. 28.

表4-2　　　　　　　　　申报内容分类一览

类别	全球	亚洲	欧洲与中亚	拉丁美洲与加勒比	中东与北非	OECD高收入	撒哈拉以南非洲
不动产	88	100	90	100	82	78	90
收入来源	77	73	95	96	45	100	48
股票和证券	86	100	95	100	64	87	70
银行	80	86	86	100	64	72	70
账号	29	45	38	37	36	16	20
收入数额	67	73	90	93	27	63	48
动产	80	86	90	100	82	56	75
债务	72	82	71	100	45	56	68
任期前活动	58	45	71	85	27	75	33
高级职位	41	45	38	33	27	84	15
礼物	39	59	57	33	9	53	18
其他职位	30	32	19	19	36	69	10
无报酬	29	18	38	22	9	69	10
活动	18	18	38	22	0	25	3
赞助旅行	14	14	5	4	0	41	8
任期后活动	14	0	29	7	0	34	8

资料来源：基于153个披露区分析的近似百分比。

总之，从国外的理论和实践经验可以得出如下的建议。第一，申报表本身对于实施申报至关重要，这是因为申报表是申报人与受理机构及申报制度的首要互动之所在，并可能影响申报者对该系统的总体看法和观感，包括挫折、困惑抑或不信任等，而一份强有力的申报表格必须清晰和全面，应该以一种用户友好的方式收集相关信息。第二，尽管要求的特定信息类别可能在不同国家和地区有所不同，但是特定申报所收集的信息应始终针对制度目标、腐败风险以及申报的背景展开。第三，尽管要求填报的信息太多会使情况变得复杂并削弱表格的分量，但是个人识别信息，例如职位、出生日期和身份证号应尽可能全面。第四，申报表应包含动产和不动产的重要要素，如怎样识别资产，表述资产的价值；获得资产的方式、时间和地点；资产的所有权性质等。第五，申报收入对所有申报系统都很重要，并应包括收入的来源、类型和/或价值。第六，申报内容应包括股票和证券、与金融机构的业务往来（如银行账户）、负债、礼物、现金和公职以外的利益，具体取决于制度的优先目标。第七，实际收益拥有权应包括在表格中，因为这样做会使公职人员隐藏资产难度加大，除非故意隐瞒。第八，应针对其目标人群设计一种易于使用的表格，使得申报者在填写表格时，用户不应有任何猜测或不确定性。

（四）制度执行

1. 提交与受理

提交与受理不仅指申报表格从申报人到受理机构的物理转移，而且包括其他一些步骤，比如信息的初步检查、数据的管理和传输、与申报人的沟通等。如图4-6所示，通常提交与受理程序包括六个环节：（1）确定和管理申报人名单；（2）与申报人沟通；（3）填写和申报；（4）初步检查并受理；（5）信息存储和管理；（6）分析和报告。

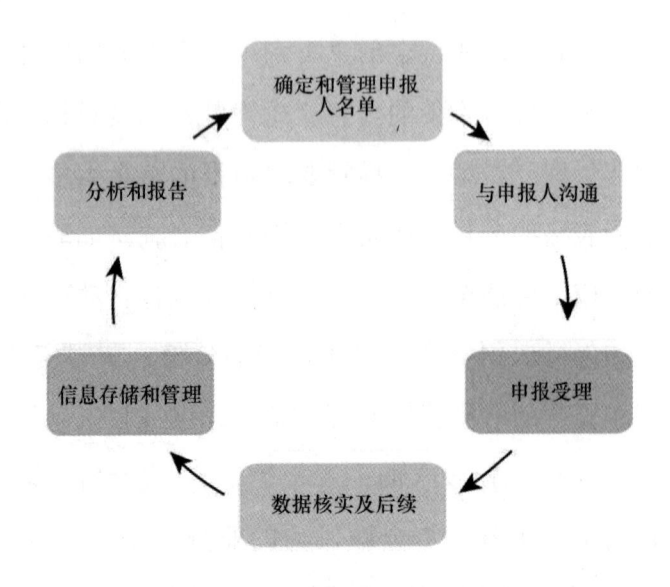

图 4-6 财产申报提交与受理程序

因此，提交与受理通常不仅占据财产申报过程十分重要的一部分，而且对整个系统的有效性和功能性也会产生重要影响。如果将申报表格比喻为申报的交通工具的话，那么提交与受理即是架在申报者与受理机构之间的桥梁。它也是申报人与申报体系初步接触的环节之一，并且当中任何缺陷都将不可避免地影响到其他环节。有效的提交与受理流程的设计会涉及很多因素，例如申报人的数量和构成，受理机构的专业知识和技术能力等。最终，一个国家必须考虑该制度的主要目标、大的背景和各种限制，从而量身定制相应的提交与受理系统。总的来说，从国外的理论和实践经验中可得出如下一些建议。

第一，申报人名单应该全面，并应使用该名单来跟踪所提交的情况。第二，与申报人的沟通是关键。它可以使得提交过程更轻松更省时,并且可以大大增加所收集信息的质量。支持工具,例如网站、媒体、指定人员、电话热线、详细指南以及随同空白表格附寄的对常见问题的解答等都被证明是有效的,并应尽可能使用。第三,许多国家的经验表明,手写申报的成本远远高于其收益,所以应该更加注重电脑端输入型申报,并尽量避免让申报人当面提交。第四,为了实现最佳的提交与受理流程,受理机构必须同时接收高质量的数据并保持较高的遵从率。第五,强烈建议实施电子归档和数据管理,当然是在网络访问、数字签名、信息技术能力等允许的情况下。第六,转向电子申报应该学习其他电子政务的经验教训,比如涉及多个利益相关者,具有足够的预算和充足的测试时间等。

2. 信息核查

信息核查是对申报内容进行核实、检查以发现不一致、预警信号、潜在的利益冲突和其他问题的一个过程。有的也使用"分析""监察""审查""检查""审核""验证""核实"等概念,它与受理时初步检查的完整性还不一样,所以这里选用能表达"核实、检查"的"核查"一词来表述。它是从官员申报的信息中能提炼出真正有用价值的重要和关键一环,所以应该成为财产申报制度执行的重点。其主要目标应该是确保申报人提交如实和完整的信息。一般而言,各国都认识到核查是财务工作的重要组成部分,约有74%的国家和地区在其财产申报法律中有此类相关的规定和要求。在拉丁美洲和加勒比地区,以及欧洲和中亚地区的财产申报制度中这类规定和要求所占的百分比较之世界平均水平更高,前者为96%,而后者占90%(见图4-7)。

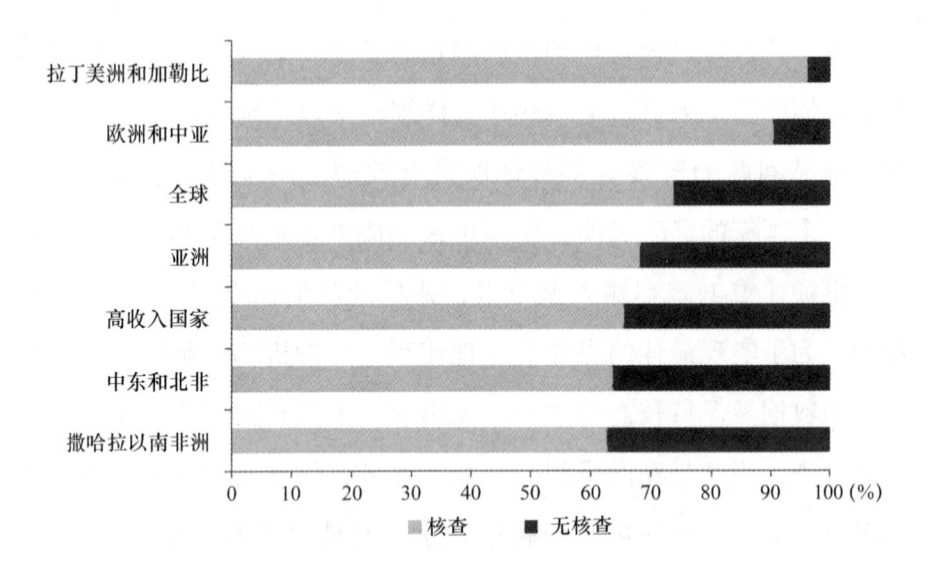

图 4-7 财产申报核查比例

鉴于核查的极端重要性，这里有必要对国外的核查机制进行深一步和细致的考察和梳理。在这方面，世界各国的做法不尽一致，不过有许多经验总结可以给我们的制度设计以有益的启示。下面将围绕核查主体、核查范围、核查内容及核查方式等分别予以介绍与分析。

（1）核查主体

一般来说，核查主体可以分为两类。第一类是财产申报的受理与执行机构。财产申报的受理与执行机构通常相同，但也有例外。比如俄罗斯联邦税务局为俄罗斯总统及总统候选人、政府部长财产申报的受理机构，但管理后总统的申报材料将被转送至俄罗斯联邦总统公务及人事局，部长的材料则转交总统和联邦委员会。世界上多数国家采取的就是这种制度安排。这种安排采取的通常是主动核查的方式。其前提之一是公众对相关受理与核查机构的信任以及对这些核查官员核查权利优先于官员隐私权利的认可。第二类是相关的司法调查委员会。采用这类核查主体的国家采取的通常是被动核查的方式，比如，当某位官员受到起诉或者举报的时候才由相关的司法调查委员会调阅并核查相关材料。约旦采取的就是这种被动核查的方式；阿根廷官员财产申报的非公开部分，比如申报者的银行账号、税收证明及其他一些比较隐私的个人财务信息等，也采取这种方式。

（2）核查范围

对所有官员的申报内容进行核查的成本极高，所以国外的通行做法是缩小核查的范围。通常优先考虑的核查对象可按下面一种或者几种标准进行筛选。

第一，按级别选择。一定级别的高官往往掌握着更多的资源而且存在更多的腐败机会，而且他们的知名度高，社会影响也比较大。这种方式要求核查主体能有效识别官员的级别并跟踪其变化。

第二，按部门选择。一些易寻租部门比如税收、海关等也是腐败的易发高发地。这种方式要求申报者在申报时严格注明任职部门。

第三，按职务或工作性质选择。比如那些管理国有资产、负责采购、发放许可与执照、负责公私交易等的公职人员。这种方式稍微复杂一些，因为它要求申报官员在申报中填写能有效识别其职务或工作性质，并能跟踪其变化的信息。

第四，按申报内容变动情况选择。这种方式在申报内容已经电子化的情况下更为简便。核查者可以在资料库中设定一些指标，将能量化的申报内容变更依据某个门槛自动识别出来。对于不能量化的内容，核查者通过手动比对也是必需的。比对可以是纵向的，也可以是横向的，即与自己之前的申报内容或与同年其他申报者进行比对。这种方式还可与一些商业分析工具相结合，从而提供更高质量的检测、分析和预测工具。印度尼西亚在这方面的做法就值得借鉴。

第五，按被起诉或者举报的情况选择。有的国家完全采用此种方式来进行官员财产申报的核查。比如约旦和克罗地亚，它们的制度就是通过对申报内容的完全公开来让公众监督，从而使申报制度保持有效的预防与打击腐败的威慑效力。

第六，随机选择。这也是一个选项，并且有一些威慑力。但是单独使用这种方法容易导致人们对核查机构的公正性与独立性产生怀疑。而且它并不能起到对高危群体重点关注的作用。所以一般来讲这个方法都是与其他方法结合使用的。

（3）核查内容

核查的内容与申报制度设计的主要目标密切相关。而后者主要有两种。第一种是发现并预防官员公私间的利益冲突。在这种情况下，核查将重点关注申报者的如下一些信息：商业利益、股权、财产持有、公司兼职情况、收入来源包括礼品以及其他一些潜在的能导致官员私人利益与官方职责不兼容的线索。潜在的利益冲突主要有两种表现形式：其一，个人交易（如采购决策、争端解决、其他个案的判决等）；其二，政策行为（如政策法规的制定等）。对于个人交易，当官员可以在采购或者交易行为中影响供货方的选择或者交易的条款并且有私利牵涉其中时，潜在的利益冲突就产生了。对于政策行为，当官员可以影响政策法规的制定而该法规又可能影响其私人利益时，就容易导致潜在的利益冲突演变为现实。第二种主要侦测非法敛财的情况。在这种情况下核查的重点是申报者动产、不动产、收入、债务等的变动情况。这通常要求与申报内容相关的信息库进行比对，比如房地产登记、车辆登记、税收及银行账户等。这些信息如果能通过联网共享则可以为核查提供便捷。

(4) 核查方式

对官员财产申报内容的核查主要包括以下一些方式。第一，检查单个申报内容内部的一致性。比如不能有明显的自相矛盾的信息。如果申报内容已经电子化，那么就可以通过设定一些参数指标进行自动检测。第二，与申报者往年申报内容进行纵向对比，从而监测其变化。这种方式在电子化的资料库中也比较简便。第三，与相关的外部信息库进行比对，比如房地产、车辆、税收、银行信息等。这不仅需要与其他相关部门协调并共享资源，而且在设计资料库时就该将其纳入这些信息库进行整体的系统设计。第四，个案式分析潜在的利益冲突。这需要专业而又训练有素的核查人员仔细研究所申报的内容，尤其是关于其中利益申报部分。不过，这种方式的主要目的是说服官员避免潜在的利益冲突，从而防患于未然；当潜在利益确实存在时，核查人员应该展示出高超的侦测能力并提出相应的补救方案或处罚措施。第五，考察生活方式/作风是否与申报财产和收入相符。这可以由核查人员执行，不过，如能发动群众进行监督则能事半功倍。通常，后者要求官员财产申报内容向大众公开。

总之，从国外丰富的理论和实践经验中可以得出如下的建议。第一，无论可用资源水平如何，建立健全有效的核查系统可以并且应该成为优先考量，因为该环节能为促进廉洁文化和增强财产申报制度的威慑功能发出强烈信号。第二，对核查的期望应该务实，因为众多元素，比如强有力的申报表格、可靠的注册表和配套数据库的交叉检查，对于核查能否取得实质性成果会产生重要影响。第三，在资源有限的情况下，采用基于风险的方法或确定优先级信息源可以帮助提升核查结果，比如进行随机抽查，按申报者等级加以核查，由预警、投诉、媒体报道及其他机构要求等进行核查。第四，应该在一定程度上公开申报内容，虽然在不公开情况下核查过程也可以是强有力的。第五，应鼓励机构间合作，并应成为财务申报系统中必不可少的部分。第六，利用电子工具可以扩大核查范围并提高核查的有效性。

3. 信息公开

在官员财产申报制度中，申报信息的公开是最敏感也是最有争议性的。赞成公开的常见论点包括：（1）研究表明申报信息公开与腐败程度较低密切相关；（2）公开将加强申报信息的核查，特别是媒体和民间社会组织的监督可以帮助政府机构确保其完整性和有效性；（3）公开可以增强申报系统的威慑作用，它不仅可以帮助发现异常，而且可以增加对违规者的名誉压力；（4）公开可以促进负责机构更好地开展工作，因为它们的工作也将被置于公众监督之下。

而反对公开的观点通常为：(1) 在某些国家/地区，公开获取信息被看作对官员合法隐私的侵犯，这也有可能成为阻碍优秀人才进入公共部门的障碍；(2) 在存在安全隐患的国家，官员们认为个人信息的披露可能会威胁到他们（及其家人）的人身安全或成为勒索的信息来源。鉴于这两种观点都有一定的理据，所以国外的实践选项通常变为两项：要么公开申报，要么秘密申报。结果是在世界范围内这两种方式的采用程度基本持平，公开申报信息（不管是完全公开还是部分公开）的占比为55%。如图4-8所示，经合组织国家要求公开的程度较高。

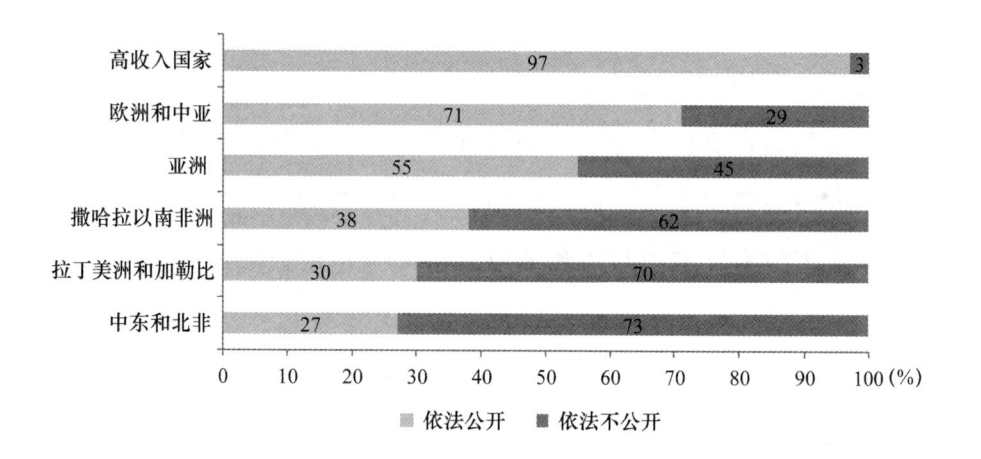

地区	依法公开	依法不公开
高收入国家	97	3
欧洲和中亚	71	29
亚洲	55	45
撒哈拉以南非洲	38	62
拉丁美洲和加勒比	30	70
中东和北非	27	73

图4-8　财产申报公开比例

说明：OECD 即指经济合作与发展组织。依据153个披露区分析的大致比例。

即使大家并不怀疑财产申报制度应该促进透明和问责，但是公开的程度依然在世界范围内引发了激烈的争论。国外实践显示，从所有申报信息完全公开到只公开两行摘要的情况都有存在。当前的做法表明有公开信息的趋势，比如，基于52国样本所提供相关信息的分析可知，有42%的国家或地区公开披露了部分信息，而有15%的国家或地区分享了所有申报的信息。这些选择公开的国家或地区，通常使用两种方法来确定哪些信息将予以公开。第一种方法是基于内容的选择。在一个国家里，一些信息被视为私人信息或过于敏感，应保持非公开状态。比如，这可能意味着可以公开官员的开户银行，但不能公开账号，或者可以公开房产的价值和区域，但不能公开具体的地址。第二种方法是基于官员的类型或者级别。比如在某些国家/地区，只有高级别的公职人员的申报材料需要公开，并采取不同的公开方式，在机构内部公开或者是向全社会公开。

公开申报的一个经常被忽视的方面是有关申报过程本身的信息，这表明负责机构自身也必须遵守信息公开的标准。共享有关申报过程的关键要素信息，例如申报日期和提交地点，以及可用的支持资源，不仅有助于申报流程本身的透明，还可以提高社会对其感知意识并建立信誉。此外，通过发布有关披露机构工作的共享信息，比如申报率、核查案例数、移交给检察官的案件数量，以及适用的处罚等，都有助于加强对申报过程本身的支持，增加其信誉并提高效率。

除了向公众公开申报信息外，还有一个非常重要的面向是与政府其他机构共享申报信息。信息共享可以支持其他机构更广泛地使用已申报的材料以加强各自领域的工作，从而扩大申报信息的潜在用途和价值。这种信息共享通常与向社会公开采用不同的程序机制。世界银行最新的研究表明，在参与问卷的52个国家/地区中，有42%的国家/地区不向公众公开信息,但是却有高达94%的国家/地区允许与其他政府机构至少共享部分信息。当然,如图4-9所示,它们分享信息的方式也各异,其中有34%与特定政府机构共享信息,通常包括金融情报部门、税务机关、执法机构、反腐败机构、控制和审计机构、律师事务所(检察官)、法院、总检察长办公室或申诉专员等。不过,其中有38%的为共享要求设置了条件,比如法院命令,检方对公职人员的调查,或是谅解备忘录等。

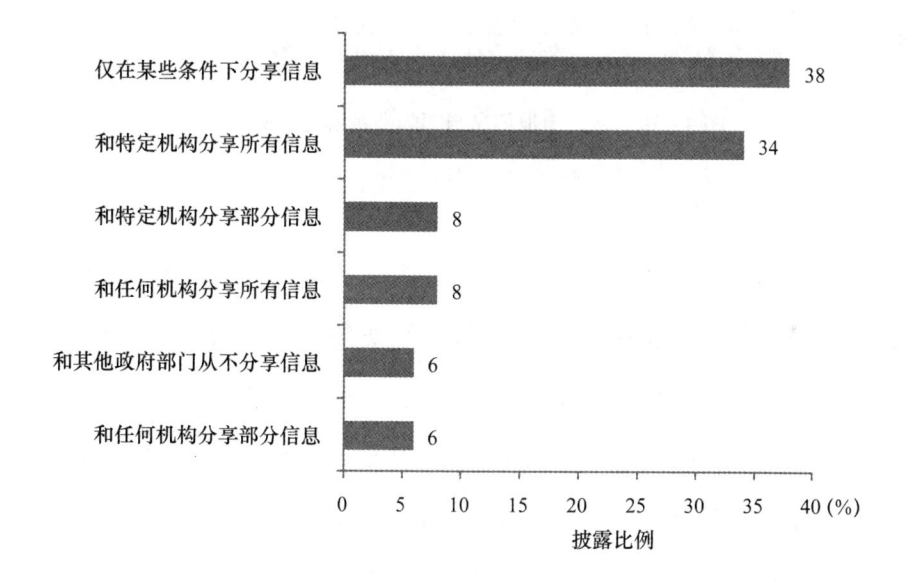

共享方式	披露比例(%)
仅在某些条件下分享信息	38
和特定机构分享所有信息	34
和特定机构分享部分信息	8
和任何机构分享所有信息	8
和其他政府部门从不分享信息	6
和任何机构分享部分信息	6

图4-9 申报信息共享方式

说明:依据52个披露区分析的大致比例。

最后还没有完全发展的信息公开面向是将申报信息向国外机构公开。首先是与反洗钱工作相关的机构,它们非常关注"政界高风险人士"。如果申报信息能与这些机构共享,无疑可以促进全球反洗钱工作的展开。但是现在的国际经验表明,在这方面仍有很大的改进空间。如图 4-10 所示，有 82% 的国家/地区并未与国际金融机构就前置审查进行信息分享。

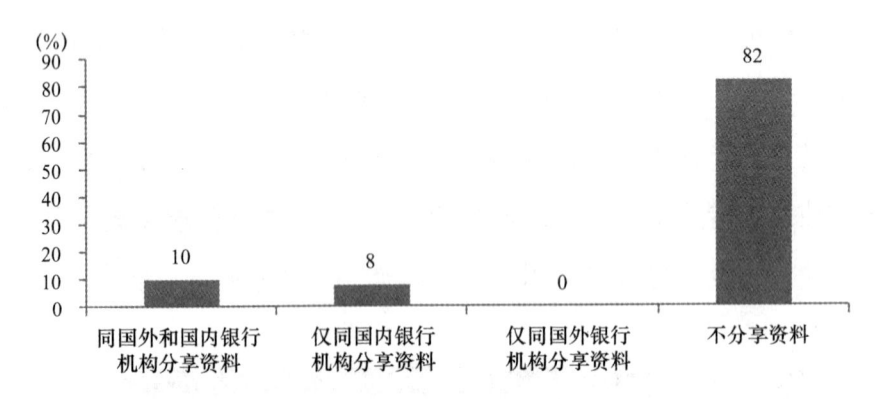

图 4-10　财产申报信息与国际金融机构共享情况

说明：依据 52 个披露区核查材料得出的大致百分数。

此外，财产申报与追逃追赃的联系也日益引起人们的重视。在全球化背景下，腐败官员可能会利用复杂的洗钱手段将资产隐藏在国外。而这些隐藏的资产不太可能出现在财务申报之中，如果能与国外相关机构共享信息的话无疑有助于发现这部分漏网之财富。但是这方面还有不小的发展和探索空间。如图 4-11 所示，样本中有 35% 的国家/地区无法与外国公共机构共享信息。

4. 违规处罚

对违规行为进行处罚是财产申报制度实现其目标的最后一个步骤，只有知道不当行为会产生真正后果才会增加系统的威慑作用。所以，一套完整的制度体系应该对各种形式的不当行为作出相应的处罚，包括不遵从、瞒报、不合理的财富变动和利益冲突等。为了有效和公平，必须有针对性而且一以贯之地执行相应的处罚措施。这些措

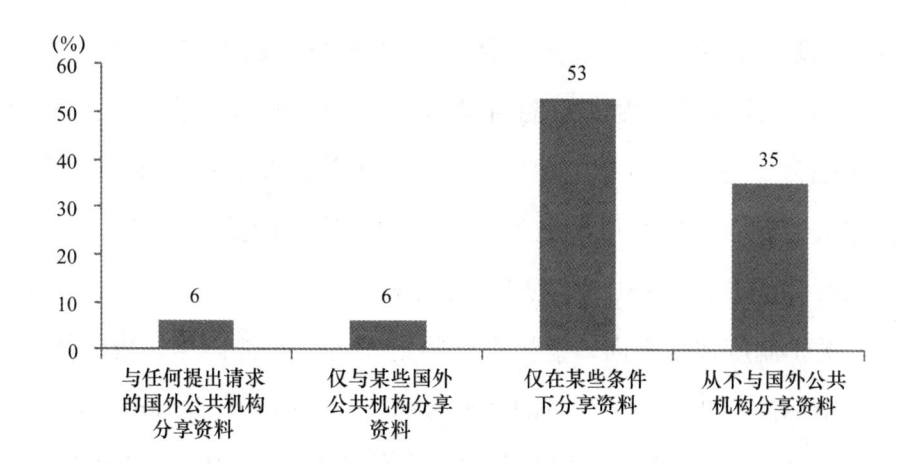

图 4-11　财产申报信息与国外公共机构共享情况

说明：依据 52 个披露区核查材料计算得出的大致百分比。

施应该有如下特征：第一，与系统的目标相称，所以旨在打击非法敛财和防止利益冲突的制度体系会包含不同的方法；第二，处罚应该是相称的，比如对漏报的处罚应该比对瞒报的处罚相对轻一些；第三，处罚必须是可执行的，所以应该保持一定的平衡，并且在立法中有清晰的规定；第四，处罚应该保持可见度，即申报者必须了解他们的义务和处罚；第五，各国应努力识别并减少施行有效和公正处罚的障碍，比如起草不力的法律、政治干扰、法治不足等。

（五）制度评估

总的来说，世界银行基于全世界 176 个国家和地区财产申报制度的表现指出，虽然思想界有很多关于制度巨大潜力的讨论和期待，但是，其具体影响其实还需要更多的实证支持，特别是申报对打击腐败和增加问责的影响程度，以及制度运行受制于大背景的情况。在政治意愿有限、腐败猖獗、税收制度失灵或法律不健全的国家/地区，实施该制度并不能自动解决问题。所以警告大家别将该制度视为反腐倡廉的灵丹妙药，但不可否认的是，精心设计和运行良好的财产申报制度可以是朝着正确方向迈出的重要一步，并且可能是反腐倡廉体系一个非常重要的因素。①

关于制度评估方面，世界银行倒是设计了非常详尽的指标体系。这套指标体系被称为"可行的治理指标"（Actionable Governance Indicators，AGI），并被用于其整个"公共问责机制倡议"（Public Accountability Mechanism）中。该体系的粗略架构如图4-12所示。

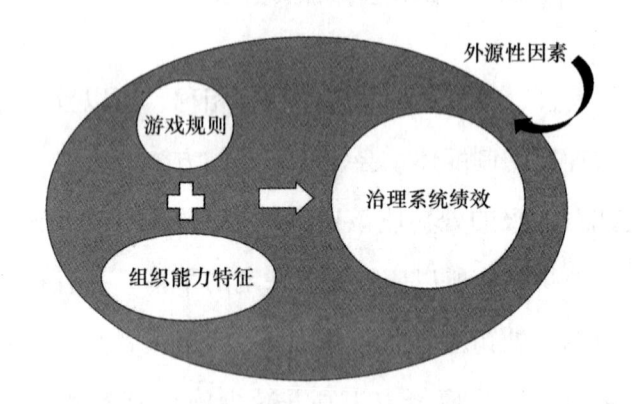

图4-12 可行的治理指标体系

资料来源：PAM Initiative.

AGI旨在衡量机构改革对特定治理领域的直接影响。这些可行的指标被严格限制并明确定义，并被运用在特定方面，而不是空泛

---

① Rossi, Ivana M., Laura Pop, and Tammar Berger, 2017, Getting the Full Picture on Public Officials: A How-To Guide for Effective Financial Disclosure. Stolen Asset Recovery (StAR) Series. Washington, DC: World Bank. doi: 10.1596/978-1-4648-0953-8. pp. 4-5.

的范围内。它们包括以下内容：

——制度安排（又称"游戏规则"），即用于管理给定治理系统的正式和非正式规则。这些规则是：（1）确定不同部门的职责和权限；（2）规定它们允许、要求和禁止的行为；（3）建立规范活动的程序。简言之，这些规则为其中不同角色的扮演提供激励（更好或更糟）。

——组织能力特征，这是依法承担责任的相关行为者所掌握资源的特征。此类指标通常描述：（1）资源配备程度，如资金、人员、设备、设施和建筑等；（2）资源的质量，如所采用的技术类型、员工的素质等。

——治理系统绩效，该绩效收集有关机构执行的表现情况，旨在评估组织行为和实践的差异是否会促进系统的基本目标等。

具体到官员财产申报制度时，世界银行研究组专门设计了较为详尽的三级指标（见表4-3）。

表4-3　　　　　　　官员财产申报指标体系

IAD系统组成部分	适用于	测量指标的解释
设计	指导原则 程序 操作手册 工作描述	设计指的是为执行提供参数与指南的制度安排
能力（资源）	设施 技术 人力资源 预算	能力指的是对任务和功能表现起支撑的资源

续表

IAD 系统组成部分	适用于	测量指标的解释
绩效	提交 核查 调查 跨机构合作 监督和检查	绩效指的是系统通过运用可利用资源完成任务和功能的能力
直接影响 （中间结果）	申报合规 公众参与	直接影响指的是反映系统绩效对更广结果潜在贡献的中间结果
治理结果	减少的腐败（或对腐败的感知） 提升的伦理文化	结果显示治理和反腐对更广治理目标的影响。但是，促成治理目标的因素很多，很难对其中一项改革进行独立分析

◇◇ 二 国内官员财产申报制度

（一）概念及意义

"官员财产申报制度"一词在民间使用得比较多，官方也使用过"报告财产和收入"的说法，如1988年监察部会同法制局联合起草的《国家行政工作人员报告财产和收入的规定草案》；关于"财产申报"的表述，可见如1994年第八届全国人大常委会列入立法项目但没有进入正式立法程序的《财产申报法》；关于"收入申报"的表述，可见如1995年中办、国办联合发布的《关于党政机关县（处）级以上领导干部收入申报的规定》；关于"报告重大事项"的表述，可见如1997年中办、国办发布的《有关领导干部报告重大事项的规定》；关于"报告家庭财产"的表述，可见如2001年中纪委和中组部联合发布的《关于省部级现职领导干部报告家庭财产的规定（试行）》，但更为常见的还是"领导干部报告个人有关事项"的表述（如表4-4所示）。应该说，这个表述还是比较准确的，毕竟财产或者收入申报都不能覆盖申报的相关内容范畴，所以也就避免了以偏概全和名不副实情况的出现。与国外的相关制度比较，中国的"报告个人有关事项"制度不仅包括传统的收入、财产，还包括利益、与境内外往来情况、子女从业和经商情况等。在对该制度的意义认识方面，中国历史上的几份相关规定都主要是从加强对领导干部的管理和监督并促进廉政的角度切入的，1995年的规定包含"密切党和政府同人民群众的关系"的表述，而2017年的最新规定则包括"贯彻全面从严治党要求""促进领导干部遵纪守规"的内容。

表4-4　　　　　　　　中国财产申报制度发展进程大事记

时间	发布机关	文件	特征与状态
1988	监察部会同法制局	《国家行政工作人员报告财产和收入的规定草案》	未付诸实施
1994	全国人大常委会	《财产申报法》	未进入立法程序
1995	中办、国办	《关于党政机关县（处）级以上领导干部收入申报的规定》	第一部相关法规，具有开创性意义。现已废止
1997	中办、国办	《关于领导干部报告个人重大事项的规定》	为后来申报制度确立雏形。现已废止
2001	中纪委和中组部	《关于省部级现职领导干部报告家庭财产的规定（试行）》	针对"关键少数"打造，与国外制度接近。已不再执行
2006	中办	《关于党员领导干部报告个人有关事项的规定》	变动较大，有一定程度的倒退。现已废止
2010	中办、国办	《关于领导干部报告个人有关事项的规定》	对前面规定的大综合，很多内容沿用至今。现已废止

续表

时间	发布机关	文件	特征与状态
2013	中组部	《关于进一步做好领导干部报告个人有关事项工作的通知》	宣告进入重执行阶段
2017	中办、国办	《关于领导干部报告个人有关事项的规定》（修订）	最新的理论和实践总结。现行有效
2017	中办、国办	《领导干部个人有关事项报告查核结果处理办法》	现行有效

（二）历史沿革

中国官员财产申报制度的发展大致可以划分为三个阶段。第一阶段为制度酝酿期（1987—1994），第二阶段为制度探索期（1995—2011），第三阶段为制度大发展期（2012年至今）。其间中央层面的大事记如表4-4所示，下面分别简要介绍之并对突出变化进行梳理。

1. 第一阶段的制度酝酿期（1987—1994）

随着改革开放的深入和腐败现象的蔓延，20世纪80年代后期我们党开始关注领导干部的财产申报工作，从开始关注到1995年推出第一部规定前可以算作该制度的酝酿期。财产申报制度最早进入中国政治视阈是1987年时任全国人大常委会秘书长、法制工作委员会主任的王汉斌提出，要通过法治手段解决国家工作人员的申报财产制度问题。次年，国务院监察部会同法制局起草了《国家行政工作人员报告财产和收入的规定草案》。1994年第八届全国人大常委会将《财产申报法》列入立法规划，但未能实际进入立法程序。

2. 第二阶段的制度探索期（1995—2011）

这一阶段以正式推出财产申报规章制度为标志，并经历了五个相关规则的制定或修订，下面将着重梳理其主要变化。

1995年中办、国办联合发布的《关于党政机关县（处）级以上领导干部收入申报的规定》（以下简称"1995收入申报规定"）标志着中国官员财产申报制度正式进入制度的探索期。该规定明确要求各级党政机关、社会团体、事业单位的县（处）级以上领导干部，以及国有大中型企业的负责人必须进行收入申报。内容包括工资、各类奖金、津贴、补贴及福利费等；从事咨询、讲学、写作、审稿、书画作品等劳务所得；企事业单位负责人承包、承租经营所得等。每年上下半年分两次申报。这是第一份要求党政领导干部申报收入的政策性文件，标志着党政领导干部财产申报制度的正式启动。不过，这个文件只是局限于处级以上领导干部收入方面的申报，有些规定还不是特别明确，比如担任非领导职务的干部，以及国有企业负责人中处级干部等。值得指出的是，该规定的目标除了"廉政"之外，还有"密切党和政府同人民群众的关系"。不知道当时的规定设计者是否考虑到公开的面向。如果只是向内部申报，加强党群关系就显得有些牵强。

1997年中办和国办联合出台的《关于领导干部报告个人重大事项的规定》（简称"1997个人重大事项规定"）则是相关制度进一步推进的体现，并且是后来屡次修订的规定的雏形。从目的来说，该规定去掉了"密切党和政府同人民群众的关系"表述，但增加了"加强对领导干部的管理和监督"事项。从申报主体来说，其一大亮点就是从正处级扩展到副处级，包括非领导职务，并对国有企业的主体进行了更为详细的规定：国有大型、特大型企业中层以上领导干部、国有中型企业领导干部，实行公司制的大中型企业中由国有股权代表出任或由国有投资主体委派（包括招聘）的领导干部、选举产生并经主管部门批准的领导干部、企业党组织的领导干部。申报范围则为：（1）本人、配偶、共同生活的子女与房产相关的情况；（2）本人参与操办的婚丧喜庆事宜；（3）本人、子女与外国人通婚以及赴境外定居情况；（4）本人因私出境和在境外活动情况；（5）配偶、子女受到执法执纪查处情况；（6）配偶、子女经商和受聘于三资企业担任主管人员情况等。很明显，其中的申报事项和成员范围都大为扩展，并基本上延续至今。此外，申报时间为"事后一个月内以书面形式报告"，并没有集中统一报告时间的要求。受理机构除了组织人事部门外，还增加了相应的党委（党组），即各级党委及其纪委，各级人大、政府、政协、法院、检察院党组，以及上述领导机关所属的部门和单位（包括事业单位）的党委（党组），负责受理本级领导干部的报告（不设党组、党委的部门和单位，由相应的机构受理）；各部门和单位内设机构的领导干部的报告，由本部门、本单位的组织人事部门负责受理；社会团体、企业事业单位的领导干部个人重大事项的报告，由本单位党委（党组）负责受理。对公开方面有所提及，即"组织认为应予公开或本人要求予以公开的，可采取适当方式在一定范围内公开"。

为进一步完善对领导干部中"关键少数"的财产申报制度，2000年12月召开的十五届中央纪委五次全会决定"试行省部级现职领导干部家庭财产申报制度"。2001年6月，中央纪委、中央组织部发布了《关于省部级现职领导干部报告家庭财产的规定（试行)》(简称"2001省部级家产规定")。该规定既然是关于"家庭财产"的申报,所以在申报范围方面既有扩大也有缩小。扩大的方面表现为在原来申报内容包括房产和家属经商情况的基础上增加了如下内容:(1)人民币和外币现金、存款、有价证券;(2)合计价值10000元人民币以上的债权和债务;(3)单件(套)价值10000元人民币以上的贵重物品;(4)名人字画、古董;(5)土地使用权。缩小的方面较之于1997个人重大事项规定表现为与上述家庭财产无关的个人其他事项,比如婚丧嫁娶事宜,本人出入境情况,家人与国外通婚和定居情况,家人违法违纪情况等;较之于1995收入申报规定,则是本职工作的收入和在外面从事咨询、讲学、写作、审稿、书画等劳务所得等不用再申报。该规定在申报方式上比较接近于国外的做法,要求入职申报、离职申报和变动申报,以及每两年一次的例行申报,其中,例行申报的内容要求"在所在单位领导班子内或者规定的范围内通报"。受理单位为中组部,不过也需提交一份给中纪委备案。执行此规定的省部级干部也不再按《关于党政机关县(处)级以上领导干部收入申报的规定》进行收入申报。

2006年出台的《关于党员领导干部报告个人有关事项的规定》(简称"2006个人有关事项规定")代替了1997个人重大事项规定,在内容上有所增删,但是不知出于什么原因删除的内容相对多了一些。表述上的变化包括1997个人重大事项规定中的国企"领导干部"变成"领导人员中的党员"。增加的内容包括申报人的婚姻变化和持有因私出国(境)证件,配偶、共同生活的子女在国(境)外经商办企业的情况,首次规定每年1月31日为年度申报的截止日期。删除的内容则包括房产情况，操办婚丧嫁娶情况，配偶和子女在国内的经商情况，以及配偶和子女被追究刑事责任之外的违纪违法情况等。另外，保密方面也由 1997 个人重大事项规定的"一般应予保密"改为"应当予以保密"。从上述的变化来看，2006 个人有关事项规定较之于 1997 个人重大事项规定是有一定倒退的，虽然申报内容从名义上看由 6 条增加到了 9 条。

2010 年 7 月中办、国办印发的《关于领导干部报告个人有关事项的规定》是一个里程碑。在申报主体方面，首次加入了"民主党派机关"的县处级副职干部。在申报内容方面，不仅找回了 2006 年修订所删掉的内容，而且基本上综合了 1995 收入申报规定和 1997 个人重大事项申报规定并增加了一些新的要素。在申报方式上则综合了 2001 年《关于省部级现职领导干部报告家庭财产的规定（试行）》的一些做法，比如规定了任职、离职和变动申报等，允许在一定条件下由组织部门、纪检监察机关、监察部门进行查阅或调查核实。这不能不说是一大进步，并为党的十八大以后相关制度的大发展奠定了基础。

在这一探索期，与中央层面的探索相匹配的另外一个面向是地方的试点。比如，2009 年新疆阿勒泰地区率先在全国试行官员财产申报制度，随后浙江慈溪、四川高县、湖南浏阳、广东珠海等地也陆续开始实施领导干部财产申报和公开制度，引发社会广泛关注。不过总的来说，这一时期该制度的一个主要特征是"只申不查"，或者说，重在探索制度的确立而不重在执行，所以效果并不是太理想。

3. 第三阶段为大发展期（2012年至今）

与党的十八大以来的雷霆反腐相匹配，真正让官员财产申报制度"长出牙齿"是在党的十八大以后。这一阶段的特征一方面是更加注重查核，所以摆脱了之前"只申不查"的弊端；另一方面使得制度在设计和执行两方面都更加完善。2013年1月召开的十八届中央纪委二次全会明确提出，要认真执行领导干部报告个人有关事项制度，并开展抽查核实工作。其中，一般申报人每年按照一定的比例进行抽查核实，对拟提拔的部分考察对象、拟列入后备干部人选的对象和其他需要查核的对象进行重点查核。随后广东、上海等地启动或实施了这项制度。

此阶段另一标志性事件是2017年修订的《关于领导干部报告个人有关事项的规定》（简称"2017有关事项规定"）和新制定的《领导干部个人有关事项报告查核结果处理办法》。党的十八大以来，习近平总书记对领导干部个人有关事项报告制度高度重视，几次主持中央政治局常委会会议、中央全面深化改革领导小组会议进行专题研究，多次作出重要指示，在有关会议上发表重要讲话。这两部法规的出台就是党的十八大以来推进个人事项报告在理论、实践和制度推进方面的总结和成果的集中体现。这两部法规的出台一方面代表着个人事项报告制度日益深入人心，受重视程度越来越高；另一方面也表明执行越来越有力，其威慑力得到大幅加强。个人有关事项从只报不查到抽查加"凡提必核"，两项合计年查核率达到25%。而且，截至这两部法规出台之时，全国因查核发现不如实报告等问题被暂缓任用或者取消提拔重用资格、后备干部人选资格的有9100多人，因不如实报告等问题而受到处理的共有12.48万人,有力强化了对干部的日常管理监督,有效防止了"带病提拔"①。

此外,出台这两部法规也是与时俱进地对制度进行完善的体现。在2010年出台的《关于领导干部报告个人有关事项的规定》中有一些方面已不能很好地适应实践发展的需要,对遇到的新情况新问题需要通过完善制度来解决。比如,随着国有企业改革的不断深化、事业单位分类改革力度的进一步加大,对干部的管理监督需要更加科学化、精准化,对报告对象范围做适当调整势在必行。此外,随着经济社会的发展,就业从业形式多样化,投资渠道多元化,从防范利益冲突、促进领导干部廉洁用权、廉洁齐家的角度,亟待对报告的家事、家产有关事项予以进一步明晰和完善。

(三)制度设计

1. 申报主体

根据2017有关事项规定,中国财产申报制度的申报主体包括以下所界定的领导干部:

(1)各级党的机关、人大机关、行政机关、政协机关、审判机关、检察机关、民主党派机关中县处级副职以上的干部(含非领导职务干部。下同)。

(2)参照公务员法管理的人民团体、事业单位中县处级副职以

---

① 邹林:《领导干部个人事项申报绝非小事》,《青海日报》2017年7月10日,http://theory.people.com.cn/n1/2017/0710/c40531-29394254.html,2020年7月14日登录。

上的干部，未列入参照公务员法管理的人民团体、事业单位的领导班子成员及内设管理机构领导人员（相当于县处级副职以上）。

（3）中央企业领导班子成员及中层管理人员，省（自治区、直辖市）、市（地、州、盟）管理的国有企业领导班子成员。

上述范围中已退出现职、尚未办理退休手续的人员也适用本规定。

一言以蔽之，中国财产申报制度的申报主体即为中国政治体系中处于或相当于副处级以上的公职人员，包括拟提拔进此群体范畴或者被列为考察对象的后备干部，以及此群体中正在办理退休手续的人员。以下将申报主体范围简称为"县处级以上公职人员"。

2. 申报内容

对于申报内容，中国的制度包括八项"家事"，六项"家产"内容，其中"家事"主要包括婚姻、涉外、从业、刑责等情况：

（1）本人的婚姻情况。

（2）本人持有普通护照以及因私出国的情况。

（3）本人持有往来港澳通行证、因私持有大陆居民往来台湾地区通行证以及因私往来港澳、台湾地区的情况。

（4）子女与外国人、无国籍人通婚的情况。

（5）子女与港澳以及台湾地区居民通婚的情况。

（6）配偶、子女移居国（境）外的情况，或者虽未移居国（境）外，但连续在国（境）外工作、生活一年以上的情况。

（7）配偶、子女及其配偶的从业情况，含受聘担任私营企业的高级职务，在外商独资企业、中外合资企业、境外非政府组织在境内设立的代表机构中担任由外方委派、聘任的高级职务，以及在国（境）外的从业情况和职务情况。

（8）配偶、子女及其配偶被司法机关追究刑事责任的情况。

家产则主要包括领导干部本人的收入、家庭的房产、投资、经商、境外存款等事项：

（1）本人的工资及各类奖金、津贴、补贴等。

（2）本人从事讲学、写作、咨询、审稿、书画等劳务所得。

（3）本人、配偶、共同生活的子女为所有权人或者共有人的房产情况，含有单独产权证书的车库、车位、储藏间等（已登记的房产，面积以不动产权证、房屋所有权证记载的为准，未登记的房产，面积以经备案的房屋买卖合同记载的为准）。

（4）本人、配偶、共同生活的子女投资或者以其他方式持有股票、基金、投资型保险等的情况。

（5）配偶、子女及其配偶经商办企业的情况，包括投资非上市股份有限公司、有限责任公司，注册个体工商户、个人独资企业、合伙企业等，以及在国（境）外注册公司或者投资入股等的情况。

（6）本人、配偶、共同生活的子女在国（境）外的存款和投资情况。

3. 申报频率

在申报的频率方面，中国的最新规定既包括了常规申报，也包括了非常规申报，即变动申报。常规申报包括全体合乎条件申报人于每年1月31日前进行的集中申报，辞去公职的在提出辞职申请时提交的离任申报，以及拟提拔为副处级公职人员和作为此群体范畴后备干部的申报。非常规申报则是针对 2017 有关事项规定中有家事变动的，应当在事后 30 日内按照规定报告（特殊情况可以后续补报并说明原因）。

（四）制度执行

党的十八大以后，中国官员财产申报制度最大的转变就是更加注重执行，使得该制度在不断完善的同时，确实开始"长出牙齿"，而不是形同虚设。这从上面提到的数据中就可见一斑。如果党的十八大前基本是只申报不查核的话，那么党的十八大之后通过提高随机抽查比例，以及"新提拔与新任命"的"两新必查"合计达到 25% 左右的查核率，再辅以严格的违规处罚措施，使得该制度的执行和公信力都得到极大提升。

在具体的执行方面，2017 有关事项规定做了如下安排：

1. 领导干部报告个人有关事项，按照干部管理权限由相应的组织（人事）部门负责受理。

（1）中央管理的领导干部向中共中央组织部报告，报告材料由该领导干部所在单位主要负责人阅签后，由所在单位的组织（人事）部门转交。

（2）属于本单位管理的领导干部，向本单位的组织（人事）部门报告；不属于本单位管理的领导干部，向上一级党委（党组）的组织（人事）部门报告，报告材料由该领导干部所在单位主要负责人阅签后，由所在单位的组织（人事）部门转交。

领导干部因职务变动而导致受理机构发生变化的，原受理机构应当在 30 日内将该领导干部的所有报告材料按照干部管理权限转交新的受理机构。

2. 领导干部在执行本规定的过程中，认为有需要请示的事项，可以向受理报告的组织（人事）部门请示。受理报告的组织（人事）部门应当认真研究，及时答复。

3. 组织（人事）部门每年应当对领导干部报告的个人有关事项的情况进行汇总综合，向同级党委（党组）和上一级党委（党组）的组织（人事）部门报告。

4. 组织（人事）部门在干部监督工作和干部选拔任用工作中，按照干部管理权限，经本机关、本单位负责人批准，可以查阅有关领导干部报告个人有关事项的材料。

纪检监察机关（机构）在履行职责时，按照干部管理权限，经本机关负责人批准，可以查阅有关领导干部报告个人有关事项的材料。

巡视机构在巡视工作期间，根据工作需要，经巡视工作领导小组负责人批准，可以查阅有关领导干部报告个人有关事项的材料。

检察机关在查办职务犯罪案件时，经本机关负责人批准，可以查阅案件所涉及的领导干部报告个人有关事项的材料。

5. 组织（人事）部门应当按照干部管理权限，对领导干部报告个人有关事项的真实性和完整性进行查核。查核方式包括随机抽查和重点查核。

随机抽查每年集中开展一次，按照 10% 的比例进行。

重点查核对象包括：

（1）拟提拔为本规定第二条所列范围的考察对象。

（2）拟列入本规定第二条所列范围的后备干部人选。

（3）拟进一步使用的人选。

（4）因涉及个人报告事项的举报需要查核的。

（5）其他需要查核的。

纪检监察机关（机构）、巡视机构、检察机关在履行职责时，按照本规定第十条的规定履行报批手续后，可以委托组织（人事）部门按照干部管理权限，对领导干部报告个人有关事项的真实性和完整性进行查核。

6. 查核发现领导干部的家庭财产明显超过正常收入的，应当要求其作出说明，在必要时可以对其财产来源的合法性进行验证。

7. 领导干部有下列情形之一的，根据情节轻重，给予批评教育、组织调整或者组织处理、纪律处分。

（1）无正当理由不按时报告的。

（2）漏报、少报的。

（3）隐瞒不报的。

（4）查核发现有其他违规违纪问题的。

8. 党委（党组）及其组织（人事）部门应当把查核结果作为衡量领导干部是否忠诚老实、清正廉洁的重要参考，运用到选拔任用、管理监督等干部工作中。对未经查核而提拔或者进一步使用的干部，或者对查核发现的问题不按照规定处理的，应当追究党委（党组）、组织（人事）部门及其有关领导成员的责任。

9. 中共中央组织部和地方党委组织部牵头建立领导干部个人有关事项报告查核联系工作机制，负责组织实施和协调工作。查核联系工作机制成员单位包括审判、检察、外交（外事）、公安、民政、国土资源、住房城乡建设、人民银行、税务、工商、金融监管等单位。各成员单位承担相关信息查询职责，应当在规定时间内，如实向组织部门提供查询结果。

10. 组织（人事）部门和查核联系工作机制成员单位，应当严格遵守工作纪律和保密纪律，设专人妥善保管领导干部的个人有关事项报告和汇总综合、查核等材料。对违反工作纪律、保密纪律或者在查核工作中敷衍塞责、徇私舞弊的，追究有关责任人的责任。

总的来说，党的十八大以后中国财产申报制度最大的亮点是在执行方面发力，这些举措包括中共中央党纪处分条例将隐瞒不报列入违反组织纪律范畴，各级巡视组可以抽查核实领导干部报告的个人有关事项，纪检监察机关也可以调取个人有关事项报告，并实行"凡提必核"，将个人有关事项报告制度与官员提拔直接挂钩等。特别是通过信息技术的运用，采用联席机制而使信息查核更加快捷准确，使得官员财产申报制度的威力大幅提升。在这几年的反腐败斗争中，因隐瞒个人事项而露馅的"老虎""苍蝇""狐狸"越来越多，在曝光的腐败案件中也有不少"不按规定报告个人有关事项"罪名的。

（五）制度评估

在制度评估方面，中国现有法规尚未作出明确规定。相关信息和数据也未对外公开，使得社会对该制度的执行情况没法进行系统和深入的分析和评估。应该说，正面的评估还是十分显而易见的。比如《中国组织人事报》发表的一篇题为《党的十八大以来领导干部个人有关事项报告工作综述》的文章指出，随着既报又查、扩大抽查比例、"凡提必核"的推进，党的十八大以来，各级领导干部普遍感受到官员财产申报制度的执行越来越有力，这使得领导干部的戒惧意识、规矩意识明显增强，如实报告的比例也显著提高。其中单是 2014 年至 2016 年，全国共查核副处级以上干部就多达 120 多万人次，从党的十八大以来到发表该文时止，因不实申报等问题而被暂缓任用或取消晋升的后备干部人选有 1.1 万人，受到批评教育、责令作出检查的有 10.38 万人，被诫勉的有 1.98 万人，受到组织处理的有 651 人，被移交纪检监察机关处理的则有 609 人。①

一些学者因为掌握的信息不全不新，因而更多地指出当前中国官员财产申报与公示制度的不足。比如，学者林华在其 2019 年出版的专著《公职人员财产申报法的理论展开》中指出，中央层面的制度存在如下一些问题：(1) 制度理念不够清晰和明确，比如制度的基本原则、申报范围的标准和原则，申报公开与保密的界限和标准等；(2) 制度的法源主要是党内法规，致使出现"法律不足"的状态，使得制度的稳定性和权威性有所不足；(3) 在制度的内容上，并没有解决"谁来监督监督者"的机制，程序规范薄弱，缺失公开机制和社会化监督，以及责任机制虚化的问题；(4) 在制度的演化上，尚缺乏坚实清晰的理论支撑及周密全局性的顶层设计。② 郭强华也

---

① 韩向辉：《党的十八大以来领导干部个人有关事项报告工作综述》，《中国组织人事报》2017 年 8 月 11 日，http://dangjian.people.com.cn/n1/2017/0811/c117092-29465441.html，2021 年 3 月 23 日登录。

② 林华：《公职人员财产申报法的理论展开》，中国法制出版社 2019 年版，第 158—159 页。

表 4-5　中央层面六大规定内容比较

	1995 收入申报规定	1997 重大事项规定	2001 省部级家产规定	2006 党员领导干部规定	2010 领导干部规定	2017 领导干部规定
文件全称	《关于党政机关县（处）级以上领导干部收入申报的规定》	《关于领导干部报告个人重大事项的规定》	《关于省部级现职领导干部报告家庭财产的规定（试行）》	《关于党员领导干部报告个人有关事项的规定》	《关于领导干部报告个人有关事项的规定》	《关于领导干部报告个人有关事项规定》
宗旨与依据	第一条　为保持党政机关领导干部廉洁从政，密切同人民群众的关系，加强党风廉政建设，制定本规定。	第一条　为加强对党员领导干部的管理和监督，促进党风廉政建设和领导干部廉洁从政，制定本规定。	第一条　为加强对党员领导干部的管理和监督，强化党风政纪建设和监督，促进领导干部廉洁从政，制定本规定。	第一条　为加强对党员领导干部的管理和监督，促进领导干部廉洁从政，根据《中国共产党章程》、党内有关规定和国家有关法律法规，制定本规定。	第一条　为加强对领导干部的管理和监督，促进领导干部廉洁从政，根据《中国共产党章程》、党内有关规定和国家有关法律法规，制定本规定。	第一条　为贯彻全面从严治党要求，加强对领导干部的管理和监督，促进领导干部遵纪守规、廉洁从政，根据《中国共产党章程》等党内法规和有关法律法规，制定本规定。
申报主体	第二条　各级党的机关、人大机关、行政机关、政协机关、审判机关、检察机关的县（含县，下同）级以上（含）、领导干部和非领导职务依照本规定申报收入。	第二条　本规定所称领导干部包括：各级党的机关、人大机关、行政机关、政协机关、审判机关、检察机关的县（处）级以上（含）副县（处）级以上干部。社会团体、事业单位中相当县（处）级以上干部，以及国有大、中型企业相当大（处）级以上干部，适用本规定。	第二条　省部级领导干部（以下简称领导干部）是指各级党的机关、人大机关、行政机关、政协机关、审判机关、检察机关和人民团体、国有企业、事业单位的省部级领导干部。第三条　本规定适用于党的机关、人大机关、行政机关、政协机关、审判机关、检察机关担任领导职务的副县（处）级以上干部。	第二条　本规定所称党员领导干部包括：（一）各级党的机关、人大机关、行政机关、政协机关、审判机关、检察机关县级副职以上（含县级副职，下同）的党员干部；（二）人民团体、事业单位中相当于县级副职以上的干部；（三）国有大、中型企业、特大型国有控股企业	第二条　本规定所称领导干部包括：（一）各级党的机关、人大机关、行政机关、政协机关、审判机关、检察机关县级副职以上（含县级副职，下同）的干部；（二）人民团体、事业单位中相当于县级副职以上的干部；（三）大、中型国有独资企业、国有控股	第二条　本规定所称领导干部包括：（一）各级党的机关、人大机关、行政机关、政协机关、审判机关、检察机关中县处级副职以上党员干部（含非领导职务的，下同）；（二）参照公务员法管理的人民团体、事业单位中县处级副职以上的领导干部，未列入参照公务员法管理范围的领导班子成员及内设机构领导人员（相当于县处级副职以上）；

第四章 官员财产申报与公示制度 **215**

续表

	1995 收入申报规定	1997 重大事项规定	2001 省部级家产规定	2006 党员领导干部规定	2010 领导干部规定	2017 领导干部规定
申报主体			第四条 本规定所称"家庭财产",是指领导干部本人及其配偶和由其抚养的子女的个人财产和共有财产。前款所称"子女",是指领导干部子女和不能独立生活的成年子女。	大型企业中层以上领导人员中的党员,国有中型企业中的党员,实行公司制的大中型企业中由国有独资企业、国有控股企业(含国有独资金融企业和国有控股金融企业)的党组织、行政组织,或者国有资产授权经营单位委派、任命、招聘的党员以及其他经上级党组织批准执行职务的党员,副调研员以上非领导职务的党员领导干部报告个人有关事项,适用本规定。	股企业(含国有独资金融企业和国有控股金融企业)的中层以上领导人员,国有控股企业和国有参股企业(含国有独资金融企业和国有控股金融企业)的党组织、行政组织,或者国有资产授权经营单位委派、任命的党员以上非领导职务的党员领导干部报告个人有关事项,但尚未办理退休手续的干部报告个人有关事项,适用本规定。	(三)中央企业领导班子成员及中层管理人员,省(自治区、直辖市)、市(地、州、盟)管理的国有企业中层以上领导班子成员和已退出现职、尚未办理退休手续的人员适用本规定。
申报内容	第三条 申报人必须申报下列各项收入: 1. 工资; 2. 各类奖金、津贴、补贴及福利费等; 3. 从事咨询、讲学、写作、审稿、书画等劳务所得; 4. 事业单位的领导干部离任前出任职位的办婚丧喜庆事宜的所得。	第三条 报告人应报告下列重大事项: (一)本人、配偶、共同生活的子女私自买卖、出租私建、购置房产和参加集资建房的情况; (二)本人及近亲属办婚丧喜庆事宜的情况。	第五条 应当报告下列各项家庭财产: (一)人民币现金存款; (二)外币现金存款; (三)有价证券; (四)包括人民币和外币在内的合计价值	第三条 党员领导干部应当报告下列事项: (一)本人的婚姻变化情况; (二)本人持有因私出国(境)证件的情况; (三)本人因私出国(境)的情况; (四)子女与外国人、港澳台居民通婚的	第三条 领导干部应当报告下列事项: (一)本人的婚姻变化情况、配偶子女移居国(境)外、从业等事项; (二)本人持有因私出国(境)证件的情况; (三)本人因私出国(境)的情况;	第三条 领导干部应当报告下列事项: (一)本人婚姻和配偶、子女移居国(境)外、从业等情况; (二)本人持有普通护照以及因私出国(境)的情况; (三)本人持有在港澳通行证、因私持有大陆居民往来台湾通行证以及因私往来港澳、台湾的情况; (四)子女与外国人、无国籍人

续表

	1995 收入、企业单位申报规定	1997 重大事项规定	2001 省部级家产规定	2006 党员领导干部规定	2010 领导干部规定	2017 领导干部规定
申报内容	导干部、企业单位的负责人承包经营、承租经营所得。	理情况（不含仅在近亲属范围内办理的上述事宜）；(三) 本人、子女与外国人通婚以及配偶、子女出国（境）定居的情况；(四) 本人因私出国（境）和在国（境）外活动的情况；(五) 配偶、子女受到执法执纪机关查处或涉嫌犯罪的情况；(六) 配偶、子女经营私营企业、个体工商业、集体企业承包工商企业的情况；受聘于三资企业担任的情况；受聘于外商驻华、港澳合企业驻境内代办机构担任主管人员的情况。本人认为应当向组织报告的其他重大事项，也可以报告。	10000 元人民币以上的债权，合计价值 10000 元人民币以上的债务；(五) 私有房产；(六) 单件（套）价值 10000 元以上的贵重物品；(七) 名人字画、古董。(八) 领导干部的配偶和由其抚养的子女从事商办企业或经商活动的除本条规定项规定以外的投资、股权、土地使用权；(十) 本人认为应当申报的其他财产。前款所称"以上"，均包含本数。	情况；(五) 配偶、子女出国（境）定居及居住有关情况；(六) 配偶（指共同生活的子女，下同）私人在国（境）外经商办企业的情况；(七) 配偶、共同生活的子女（境）外从业的情况和职务的情况；(八) 配偶、共同生活的子女担任外国公司驻境内分支机构公司驻华、港澳台机构主管人员的情况；(九) 本人认为应当向组织报告的其他事项。	(四) 子女与外国人通婚的情况；(五) 子女与港澳台居民通婚的情况及定居有关情况；(六) 配偶、子女移居国（境）外的情况；(七) 配偶（指共同生活的子女，下同）私人在国（境）外经商办企业的情况，包括配偶、子女从业的情况；(八) 配偶、子女被司法机关追究刑事责任的情况。 第四条 领导干部应当报告下列收入、房产、投资等事项： (一) 本人的工资及各类奖金、津贴、补贴；(二) 本人从事讲学、写作、咨询、审稿、书画等劳务所得；(三) 本人、配偶、共同生活的子女的房产情况；(四) 本人、配偶、共同生活的子女投资或者以其他方式持有股票（包括价证券、股票、基金）、投资型保险以及期货等金融理财产品的情况；	通婚的情况；(五) 子女与港澳以及台湾居民通婚的情况；(六) 配偶、子女移居国（境）外的情况，或者虽未移居在国（境）外工作、生活一年以上的情况；(七) 配偶、子女及其配偶从业的情况，含受聘担任私营企业的高级职务，在外商独资企业、中外合资企业、境外非政府组织在境内设立的代表机构中担任的高级职务，以及在国（境）外方委派、聘任的职务情况和情况；(八) 配偶、子女及其配偶被司法机关追究刑事责任的情况，包括领导干部的现任婚生子女、非婚生子女、养子女和有抚养关系的继子女。本规定所称"移居国（境）外"，是指取得外国国籍或者获取国（境）外永久居留资格、长期居留许可。 第四条 领导干部应当报告下列收入、房产、投资等事项： (一) 本人的工资及各类奖金、津贴、补贴等；

续表

1995 收入申报规定	1997 重大事项规定	2001 省部级家产规定	2006 党员领导干部规定	2010 领导干部规定	2017 领导干部规定
				股权激励)、期货、基金、投资型保险以及其他金融理财产品的情况； (五) 配偶、共同生活的子女投资非上市公司、企业的情况； (六) 配偶、共同生活的子女注册个体工商户、个人独资企业或者合伙企业的情况。	(二) 本人从事讲学、写作、审稿、书画等劳务所得； (三) 本人、配偶、共同生活的子女为所有权人或者共有人的房产情况，含有单独产权证书的车库、车位，储藏间等（已登记的房产，面积以产权证记载的为准，房屋登记证已不动产权证，面积以经备案的房屋买卖合同记载的为准）； (四) 本人、配偶、共同生活的子女投资或以其他方式持有的股票、基金、投资型保险等的情况； (五) 本人、配偶、共同生活的子女及其配偶经商办企业的情况，包括投资非上市公司、有限责任公司、个人独资企业、合伙企业等，注册个体工商户，合伙企业、合资企业，以及在国（境）外注册公司等投资入股的情况； (六) 本人、配偶、共同生活的子女在国（境）外的存款和投资情况。 本规定所称"共同生活的子女"，是指领导干部子女中未成年子女和由其抚养的不能独立生活的成年子女。

申报内容

续表

申报内容	1995 收入申报规定	1997 重大事项规定	2001 省部级家产规定	2006 党员领导干部规定	2010 领导干部规定	2017 领导干部规定
						本规定所称"股票",是指在上海证券交易所、深圳证券交易所、全国中小企业股份转让系统等发行、所称"基金",是指在我国境内发行的公募基金和私募基金。所称"投资型保险",是指具有保障和投资双重功能的保险产品,包括人身保险投资型保险和财产保险投资型保险。

续表

	1995 收入申报规定	1997 重大事项规定	2001 省部级家产规定	2006 党员领导干部规定	2010 领导干部规定	2017 领导干部规定
申报频率	第四条 申报人于每年七月一日至十日申报本年度上半年的收入；次年一月一日至二十日申报前一年下半年的收入。因特殊情况不能按时申报的，经接受申报部门批准，可以适当延长申报时限。	第四条 本规定第三条所列事项，由申报人在事后一个月内以书面形式报告。因特殊原因不能按期报告的，应及时补报，并说明有关情况。按照有关规定需要事前请示、批准的，应按事前请示、办理。本人认为需要事前请示的，也可事前请示。	第六条 领导干部报告家庭财产，由其所在单位统一组织报告，报告时间为奇数年份的十一月一日至一月三十一日。因特殊原因不能按时报告的，经接受报告部门批准，可以适当延长报告时间。领导干部成为报告义务人的一个月以内，应当报告家庭财产。领导干部任职期间，家庭财产有重大变化的，应当随时报告。领导干部退休后的一个月以内，应当进行报告，以后不再报告。领导干部报告家庭财产，应当填写《领导干部家庭财产报告书》。	第四条 党员领导干部发生本规定第三条所列事项，应当在事后30日内填写《党员领导干部个人有关事项报告表》并按照规定报告。因特殊原因不能按时报告的，特殊原因消除后应当及时补报，并说明原因。第五条 党员领导干部每年1月31日前集中报告一次上一年度本规定第三条所列事项，所报事项没有变动的，应当予以明示。	第五条 领导干部应当于每年1月31日前集中报告一次上一年度本规定第三条所列事项。第六条 领导干部发生本规定第三条所列事项的，应当在事后30天内填写《领导干部个人有关事项报告表（一）》，并按照规定报告。因特殊原因不能按时报告的，特殊原因消除后应当及时补报，并说明原因。第七条 新任领导干部应当在符合本规定第三条所列事项的任职后30日内按照规定报告个人有关事项。领导干部辞去公职或者提出辞职申请后，应当一并报告个人有关事项。	第五条 领导干部应当于每年1月31日前集中报告一次上一年度本规定第三条、第四条所列事项，并对报告内容的真实性、完整性负责，自觉接受监督。非本规定第二条所列人员，拟提拔为本规定第二条所列人员的考察对象，或者拟列入第二条所列范围的人选，在拟提拔、拟列入时，应报告个人有关事项。第六条 年度集中报告第三条所列事项的，在提出辞职申请时，应当一并报告个人有关事项。照规定报告。特殊原因消除后按时补报，并说明及时补报，并说明原因。

续表

1995 收入申报规定	1997 重大事项规定	2001 省部级家产规定	2006 党员领导干部规定	2010 领导干部规定	2017 领导干部规定
申报频率		第七条 每二年一次统一组织报告家庭财产，由报告义务人在所在单位领导班子内或者规定的范围内通报。《领导干部报告书》的内容，新任省部级职务的领导干部的家庭财产报告和领导同任职期间的家庭财产报告，领导干部退（离）休后的家庭财产报告，不单独通报。领导干部退（离）休后的家庭财产报告，不通报。			

第四章 官员财产申报与公示制度　**221**

续表

1995 收入申报规定	1997 重大事项规定	2001 省级家产规定	2006 党员领导干部规定	2010 领导干部规定	2017 领导干部规定
第五条　各单位组织人事部门负责接受本单位申报人的申报，并须按照干部管理权限将申报材料报送相应的上级组织人事部门备案。 第六条　申报人不如实申报或者申报收入的，由所在党组织、行政部门或纪检监察机关令其改正，并视情节轻重给予批评教育或者党纪政纪处分。 第七条　各级纪律检察机关负责对本规定执行情况进行监督检查。 第八条　本规定由中央纪律检查委员会、监察部负责解释。	第五条　各级党委及其部门，各级纪委、政府、政协、人大，法院、检察院党组，以及上述领导部门所属的部门和单位（包括事业单位，下同）的党组（党委），负责受理本单位（不设党委的，由所在党组织、行政部门和单位的机关党委负责受理，下同）各部门、单位人事部门和设机构的领导干部重大事项个人报告，由本单位党委（党组）负责受理。 第六条　对于需要答复的请示，受理的党委（党组）应当答复。报告的党委（党组）应当认真答	第八条　中央组织部是《领导干部报告家庭财产报告书》的接受部门。报告人填写《领导干部家庭财产报告书》一式两份，一份报中央组织部，一份存在本单位组织人事部门备案。 第九条　中央组织部发现填写不符合《领导干部家庭财产报告》要求的，应通知该领导干部，要求其更正，本人更正。 第十条　《领导干部家庭财产报告书》由中央纪委、中央组织部统一制发。 第十一条　领导干部无正当理由不报	第六条　党员领导干部报告个人有关事项，按照干部管理权限由相应的组织（党组）部门（人事）负责受理： （一）属于本单位管理的党员领导干部，报告材料由该党员领导干部所在党委（党组）部门（人事）转交。 （二）不属于本单位的党员领导干部管理的，向上一级党委（党组）部门（人事）报告。 党员领导干部因发生职务变动而导致受理机构变化的，原受理机构应当及时将该党员领导干部的报告材料按照干部管理权限转交新的受理机构。 第七条　组织（人事）部门应当每年3月1日前将上一年度党	第八条　领导干部报告个人有关事项，按照干部管理权限由相应的组织（党组）部门（人事）负责受理： （一）中央管理的领导干部向中共中央组织部报告，报告材料由该领导干部所在单位主要负责人审签后，由所在单位的组织（人事）部门转交。 （二）属于本单位管理的领导干部，向本单位党委（党组）部门（人事）报告；不属于本单位的领导干部管理的，向上一级党委（党组）部门（人事）报告，报告材料由本单位主要负责人审签后，所在单位的组织（党组）部门（人事）转交。 领导干部因导致受理机构变动的	第七条　领导干部报告个人有关事项，按照干部管理权限由相应的组织（人事）部门负责受理： （一）中央组织部受理中共中央管理的领导干部报告，报告材料由该领导干部所在单位主要负责人阅签后，向上一级组织（人事）部门转交。 （二）属于本单位管理的领导干部（人事）部门，不属于本单位的领导干部，向上一级组织（人事）部门报告；报告材料由该领导干部所在单位主要负责人签后，由所在单位的组织（人事）部门转交。 领导干部因职务变动的，受理机构应当在报告材料按照干部管理权限转交新的受理机构。 第八条　领导干部在执行本规定过程中，认为有需要报示的事项，可以向受理部门请示。受理部门应当认真研

续表

	1995 收入申报规定	1997 重大事项规定	2001 省部级家产规定	2006 党员领导干部规定	2010 领导干部规定	2017 领导干部规定
执行	组)或组织人事部门应认真研究,及时按组织答复意见办理。对报告内容,一般应予以保密。对违反规定不如实报告、隐瞒不报的,要严肃处理。 第七条 领导干部认为应予公开或本人要求公开的,可采取适当方式在一定范围内公开。 第八条 对违反本规定不按规定报告个人重大事项的,其所在党组织应视情节轻重,给予批评教育、责令作出检查、限期改正等处理。 第九条 各级党政机关及纪检监察机关、组织人事部门要加强对本规定执行情况的监督检查。组织人事部	告或者不按时报告的,应责令其限期报告,并根据情节给予批评教育或者组织纪律处分;对瞒报、伪报的,要从严处理。 第十二条 领导干部家庭财产报告书,由受理接受部门专门负责人注意保密。 第十三条 本规定发布实施后,《关于党政机关县(处)级以上领导干部收入申报的规定》不再执行。 第十四条 本规定由中共中央纪律检查委员会、中共中央组织部负责解释。	员领导干部报告个人有关事项所在党委(党组)和纪委(党组)和纪委(党组)。党委(党组)应于每年4月30日前将党员领导干部报告个人有关事项情况向上级党委(党组)和上级纪委(纪检组)综合报告一次。 第八条 党员领导干部报告个人有关事项的,受理报告部门应当要求报告人限期补充报告或者重新报告。 第九条 党员领导干部在执行本规定过程中,认为有需要请示的事项,可以向受理报告部门书面请示。受理报告部门应当认真研究,及时答复报告人。	生变化的,原受理机构应当及时将该领导干部的报告材料按照干部管理权限转交新的受理机构。 第九条 领导干部在执行本规定过程中,认为有需要请示的事项,可以向受理报告的组织(人事)部门请示。受理报告的组织(人事)部门应当认真研究,及时答复。属于本规定要求报告的,应当按照本规定执行;不属于本规定要求报告的,应当按照组织部门中共中央纪委、中共中央组织部、监察部请示。组织部、监察部答复意见报告人。报告人应当按照组织意见办理。	究,及时答复。 第九条 组织(人事)部门应当每年对领导干部报告的情况进行汇总综合,向同级党委(党组)和上一级党委(党组)的组织(人事)部门报告。 第十条 组织(人事)部门在干部监督工作和干部选拔任用工作中,按照干部管理权限,经本单位负责人批准,可以查阅领导干部报告个人有关事项的材料。 纪检监察机关(机构)在履行职责中,经本机关领导负责人批准,可以查阅有关领导干部报告个人有关事项的材料。 巡视机构在巡视工作期间,根据工作需要,经巡视工作小组负责人批准,可以查阅有关领导干部报告个人有关事项的材料。 纪检监察机关在查办职务犯罪案件时,经本机关负责人批准,可以查阅案件涉及的领导干部报告个人有关事项的材料。 第十一条 组织(人事)部门

第四章 官员财产申报与公示制度

续表

1995 收入申报规定	1997 重大事项规定	2001 省部级家产规定	2006 党员领导干部规定	2010 领导干部规定	2017 领导干部规定
执行	门和纪检监察机关，要把领导干部执行本规定的情况作为考核干部的一项内容。负责受理领导干部报告的党委（党组）及相关机构每年要将执行本规定的情况向上级党委、纪委综合报告一次。第十条 各省、自治区、直辖市，中央直属机关工委和中央国家机关工委，实行系统管理的部门、单位，可根据本规定结合实际制定具体办法。第十一条 本规定由中共中央纪律检查委员会、中共中央组织部负责解释。		告人应当按组织答复意见办理。第十条 对报告的内容，应当予以保密。组织认为需予以公开或本人要求予以公开的，可采取适当的方式在一定范围内公开。第十一条 党员领导干部必要时应当在参加民主生活会、进行述职述廉时，对发生的个人有关事项情况进行说明。第十二条 纪检组织（人事）部门和组织、纪检机关要加强对本规定执行情况的监督检查，根据工作需要经审批可查阅本地区本部门党员领导干部报告个人有关事项的材料。	第十条 报告人未按时报告的，有关组织（人事）部门应当督促其报告。第十一条 组织（人事）部门、纪检监察机关（机构）根据工作需要，可以对报告情况在一定范围内进行专项治理。第十二条 组织（人事）部门在干部和领导干部选拔任用工作中，按照干部管理权限，经本单位主要负责人批准，可以查阅本规定有关领导干部报告个人有关事项的材料。纪检监察机关（机构）在履行职责时，按照干部管理权限，可以查阅报告个人有关事项的材料。检察机关在查办职务	应当按照干部管理权限，对领导干部报告个人有关事项的真实性和完整性进行查核。查核方式包括随机抽查集中开展一次，重点查核按10%的比例进行。重点查核对象包括：（一）拟提拔为本规定第二条所列范围内人本规定第二条所列范围的考察对象；（二）拟列入后备干部人选；（三）拟进一步使用的人选；（四）因涉及个人报告事项的举报需要查核的；（五）其他需要查核的。纪检监察机关（机构）、巡视机构、检察机关在履行职责时，按照本规定第十条规定行使查核权限，批手续后，可以委托组织（人事）部门查核。第十二条 对领导干部报告个人有关事项的真实性和完整性进行查核。查核发现领导干部本人及家庭财产明显超过其作出说明的，应当要求其作出说明，必要时可以对其财产来源的合法性进行验证。第十三条 领导干部有下列情

续表

1995 收入申报规定	1997 重大事项规定	2001 省部级家产规定	2006 党员领导干部规定	2010 领导干部规定	2017 领导干部规定
			要内容。 第十三条 党员领导干部有下列情形之一的，有关单位应当调查核实，并采取批评教育、限期改正、责令检查、诫勉谈话、通报批评等方式予以处理： （一）无正当理由不按时报告的； （二）不如实报告的； （三）隐瞒不报的； （四）不按党组织答复意见办理的。 第十四条 中央军委可根据本规定，结合各中国人民解放军和中国人民武装警察部队的实际，制定本规定的实施办法。 第十五条 各省、自治区、直辖市党委可根据本规定，结合各自工作实际，提出本地区党员领导干部应	犯罪案件时，经本机关、本单位主要负责人批准，可以查阅案件涉及的领导干部报告个人有关事项的材料。 第十三条 纪检监察机关（机构）、组织（人事）部门接到有关举报、考察、巡视以及群众反映突出的问题反映，对领导干部涉嫌违反个人有关事项报告规定的问题，按照干部管理权限，经纪检监察机关（机构）、组织（人事）主要负责人批准，可以对有关领导干部报告的内容进行调查核实。 第十四条 受理报告的组织（人事）部门应当设专人妥善保管对领导干部个人有关事项的报告材料。 第十五条 纪检监察机关（机构）和组织（人事）部门要加强对	形之一的，根据情节轻重，给予批评教育，组织调整或者组织处理，纪律处分。 （一）无正当理由不按时报告的； （二）漏报、少报的； （三）隐瞒不报的； （四）查核发现有其他违规违纪问题的。 第十四条 党委（党组）及其组织（人事）部门应当把查核结果作为衡量领导干部是否忠诚老实，运用到选拔任用、管理监督等干部工作中。对未经查核提拔或者进一步使用干部，或者对查核发现的问题不按党（党组）规定处理的，应当追究党（党组）部门及其有关领导成员的责任。 第十五条 中共中央组织部和地方党委组织部牵头建立报告干部个人有关事项报告查核工作机制，负责组织实施和协调工作。查核联系工作包括审判、检察、公安、民政、外交（外事）、纪检监察、国土资源、住房城乡建设、人民银

执行

续表

1995 收入申报规定	1997 重大事项规定	2001 省部级家产规定	2006 党员领导干部规定	2010 领导干部规定	2017 领导干部规定
			当报告的个人有关事项，制定具体实施办法，报中共中央纪律检查委员会、中共中央组织部备案。第十六条 本规定由中共中央纪律检查委员会、中共中央组织部负责解释。第十七条 本规定自发布之日起施行。1997 年《关于领导干部报告个人重大事项的规定》同时废止。	本规定执行情况的监督检查。第十六条 领导干部应当按照本规定如实报告个人有关事项，自觉接受监督。第十七条 领导干部有下列情形之一的，根据情节轻重，给予批评教育、限期改正、诚勉谈话、通报批评或者调整工作岗位、免职等处理；构成违纪的，依照有关规定给予纪律处分：（一）无正当理由不按时报告的；（二）不如实报告的；（三）隐瞒不报的；（四）不按照组织答复意见办理的。不按照规定报告个人有关事项，同时该纪律行为另一违反有关规定进行的，依照有关规定合并处理。第十八条 本规定第	行、税务、工商、金融监管等单位，各成员单位承担相关信息查询职责，应当在规定时间内，如实向组织部门提供查询结果。和查核联系工作机制成员单位应当严格遵守工作纪律和保密纪律，设专人妥善保管报告和汇总的个人有关事项资料。对查核工作中泄露秘密或者在查核综合、查核纪律、保密纪律等规定，徇私舞弊的，追究有关责任人的责任。第十七条 组织（人事）部门要加强对本规定执行情况的监督检查。第十八条 中央军委可以根据本规定，结合中国人民解放军和中国人民武装警察部队的实际，制定有关规定。第十九条 各省、自治区、直辖市党委可以根据本规定，结合实际制定具体办法，报中共中央组织部同意后实施。第二十条 本规定由中共中央组织部负责解释。第二十一条 本规定自 2017 年 2 月 8 日起施行。2010 年 5 月

执行

续表

1995 收入申报规定	1997 重大事项规定	2001 省部级家产规定	2006 党员领导干部规定	2010 领导干部规定	2017 领导干部规定
				三条第（六）项所称"移居国（境）外"，是指领导干部的配偶、子女获得外国国籍，或者获得外国（境）外永久居留权、长期居留许可。本规定第四条所称"共同生活的子女"，是指领导干部本人、配偶，共同生活的子女和由其抚养的不能独立生活的成年子女。本规定第四条第（三）项所称"房产"，是指领导干部本人、配偶、共同生活的子女为所有权人或者共有人的房屋。第十九条 中共中央纪律检查委员会、监察部可以根据本规定，结合中央组织部工作实际，制定实施细则。第二十条 中央军委可以根据本规定，结合中国人民解放军和中国人民武装警察部	26日印发的《关于领导干部报告个人有关事项的规定》同时废止。

执行

续表

	1995 收入申报规定	1997 重大事项规定	2001 省部级家产规定	2006 党员领导干部规定	2010 领导干部规定	2017 领导干部规定
执行					队的实际,制定有关规定。 第二十一条 各省、自治区、直辖市党委和政府,需要扩大报告主体范围或者细化执行程序的,可以根据本规定,结合各自工作实际,制定具体实施办法,报中共中央纪律检查委员会、中共中央组织部、监察部备案。 第二十二条 本规定由中共中央纪律检查委员会、中共中央组织部、监察部负责解释。 第二十三条 本规定自发布之日起施行。1995 年发布的《关于党政机关县(处)级以上领导干部收入申报的规定》,2006 年发布的《关于党员领导干部报告个人有关事项的规定》同时废止。	

在其2019年出版的专著中指出，中国当前官员财产申报制度存在着如下几方面的问题：（1）制度的法律约束性低；（2）财产申报要素规定不科学；（3）处罚偏轻不上刑责；（4）地方财产申报立法进展缓慢；（5）缺少财产申报核查机制。[①] 很明显，郭强华的评估已经有些过时，比如第五点就不准确，第二点也得到明显改善。

三 比较及完善建议

（一）中外官员财产申报与公示制度比较

在概念和意义方面，中国的官员财产申报制度的名称表意更为全面，但是意义阐述相对单一。在中国，相关制度是通过"领导干部个人有关事项报告制度"来实现的，而后者的称谓虽然与国际称谓差别较大，但是其内涵和外延更加系统、全面和名实相符。国外的称呼，不管是财产申报、财务申报，还是收入申报、利益申报等，大多数都有点以偏概全，不能做到真正的"名正言顺"。中国领导干部个人事项报告制度则不管是从申报主体、申报内容、还是查核方式、信息内部共享等方面都是非常系统全面和名实相符的。在意义阐述方面，中国相关制度主要是从加强对领导干部的管理和监督，促进党风廉政建设切入的。而国际上通常提及的意义还包括：提高政府透明度，增强民众对政府信任，监察官员变化，保护

[①] 郭强华：《中国特色财产申报制度研究》，中国社会科学出版社2019年版，第134—137页。

他们免遭不实指控，协助领导层发现下属公私利益冲突，助推廉政文化建设，打击腐败，紧盯"政界高风险人士"等。

从制度设计来看，国际上并无统一模式，中国官员财产申报制度的中国特色比较明显。事实上，不仅国与国之间，甚至政府的不同部门，或者中央政府与地方政府之间的制度安排都会有差异。就制度设计的目标来说，国际上也有以预防腐败为主和打击腐败为主之别，中国的申报制度兼顾了这两方面目标。预防的面向主要是防止利益冲突，所以申报的事项范围非常广泛，包括申报本人的婚姻、工作外收入、家庭成员与国外的某些关联、经商情况等。惩治的方面则包括允许纪检监察、巡视、举报和反映突出的情况，并对不实的情况采取相应的处罚措施。鉴于中国政治以中国共产党的领导为最本质特征，所以中国官员财产申报制度的法规来源也主要是党内法规。2020年6月20日通过的《公职人员政务处分法》加入"违反个人有关事项报告规定，隐瞒不报，情节较重的，予以警告、记过或者记大过"这一条款则是很有意义的动向。

就制度执行来看，中国官员财产申报的受理机构既集中又分散，申报信息的联席查核与应用也比较广泛。第一，中国官员财产申报的受理按照干部管理权限由相应的组织（人事）部门负责，所以既有集中申报，如中管干部向中组部报告，又有分散申报，如属于本单位管理的领导干部向本单位的组织（人事）部门报告。第二，组织部牵头建立申报内容的查核联系工作机制，其中包括审判、检察、外交（外事）、公安、民政、国土资源、住房和城乡建设、人民银行、税务、工商、金融监管等单位的配合。第三，申报信息的用途广泛，组织

（人事）部门对干部监督和选拔任用工作，纪检监察机关的履行职责需要，巡视机构在巡视工作期间的需要，检察机关在查办职务犯罪案件时有所需要，都可以按照一定的程序查阅相关领导干部的申报材料。这为最大化开发该制度的价值提供了可能。

中国特色社会主义制度的最本质特征——中国共产党的领导为中国官员财产申报制度的设计和执行奠定了有利条件。中国官员财产申报制度的牵头单位已经由纪检监察机关逐渐转向专司领导干部管理职责的中央组织部，而在党的领导得到全面加强的情况下，中组部的权威也为申报的受理、遵从等提供了助力。在这种条件下，牵涉多个部门的查核联系工作机制也得到迅速建立并高效运行，从而为建立相关制度的公信力提供了重要的保障和支撑。中国的党管干部原则也为官员财产申报制度申报主体的确立和执行提供了便利。按照现行规定，所有副处级以上领导干部都被纳入申报范围，也算是非常的全面和系统。

与国际理论和实践比较起来，中国官员财产申报制度的不足主要体现在如下几个方面。第一，在立法方面，中国当前的制度来源还是党内法规，尚未上升为国家法律。这和实现党的十八大以来提出的全面依法治国目标明显还有距离。第二，国际上对于申报信息公开和申报制度执行情况公开向来比较重视，这有助于增强社会监督，促进公众对制度运行情况的了解，便于社会各界对制度进行客观评估等。第三，在处罚方面，国际上通常最高程度包括刑事处罚，而这对于中国当前的发展阶段来说似乎有些超前。对于某些违反申报的行为进行刑事处罚也不符合中国当前以党规为主的制度规范。第四，中国制度尚没有将"政界高风险人士"单独列出作为重点监管对象。"政界高风险人士"是国际上非常关注的一个群体，包括领导干部的成年子女和密切接触人等。第四，加强财产申报与其他一些制度贯通协作也是中国制度未来可以着重研究和发展的方向，包括防止利益冲突制度、政府公开透明制度、国际反洗钱反偷税漏税制度等。

(二) 中国官员财产申报与公示制度完善建议

处于快速转型期的中国，其相关制度还不成熟定型，所以党的十九届四中全会才提出了非常宏伟的制度目标。而对照国外最新的理论和实践总结，中国的"领导干部个人有关事项报告制度"在如下一些方面还有提升之处，并应成为未来着力完善的方向。

第一，加强对官员财产申报与公示制度的深入细致研究，在系统观念指导下做好周密的顶层设计。在本书考察的四项国际预防腐败通行利器中，官员财产申报与公示制度在国内受到的关注和研究最多，但是这种表面的繁荣与内在的贫瘠的反差尤其明显。后者主要体现在对国外制度介绍所存在的一些常识性矛盾和错误上，在对国内外制度没有完全"吃透"的情况下主观、武断地提出一些脱离实际的对策建议，所以有学者指出，当前中国对官员财产申报制度"尽管在文献数量上存在巨大优势，但是它们无法转化为智识上的增量和立法技艺上的贡献"[1]。系统观念指导下的顶层设计尤其要避

---

[1] 林华：《公职人员财产申报法的理论展开》，中国法制出版社2019年版，第10页。

免陷入细节而不见大体，所以特别需要学懂弄清该制度在中国腐败治理体系中的位置与作用，其与其他相关制度的关系和协同，对现有制度进行查漏补缺等。比如应该将申报主体扩展到成年子女，否则在中国特殊的国情下可能构成重大的制度漏洞。这方面可以通过渐进原则先从新提拔或新列后备干部开始，逐步建立并完善中国的"政界高风险人士"清单制度。

第二，加快推进中国领导干部个人事项报告制度的立法工作。当前中国版"官员财产申报制度"的法律基础主要是党内法规中的"规定"。这不仅在党内法规中的位阶不高，而且党内法规相较于正式法律存在着政策主导性、容易变动性、弱程序性及权威性不足等弊端。在当前中央全面依法治国且法治意义更加凸显的背景下，推进"领导干部个人有关事项报告制度"的立法工作无疑是全面依法治国的题中应有之义。这也能有效处理当前中国"领导干部个人有关事项报告制度"缺乏刑事处罚的威慑，而后者在国外也比较常见，特别是针对瞒报的情况。

第三，区分制度执行情况的公开和个人申报信息的公开，抓紧推进前者并做好后者的研究和准备工作。学界普遍认为中国"领导干部个人有关事项报告制度"信息公开不足是短板。这不仅关乎个人申报信息的公开，也涉及制度运行情况的公开。虽然从理论上说，将个人申报信息部分或全部开放给民众有助于加强社会监督从而提升制度的威慑力，但是在实践上则需要做好利弊权衡并掌握好时间与火候。鉴于过去40年市场经济的全面洗礼，社会的快速转型，政府监管的滞后等带来不可小觑的腐败存量，在推进公开方面应该明确制度的主要目的在于预防而不是惩治。这就好比老子所言"浊以静之徐清"的目标在于"徐清"而不是"沉淀物"。但是考虑到个人信息公开的长远的巨大意义，包括对领导干部的保护功能，应该加强相关研究和准备。在制度运行的公开方面，这本身也是社会主义民主政治的题中之义，而且有助于社会了解该制度的运行并进行分析和评估，这方面可以与政府公开透明制度有机衔接并协同发展。

第四，抓紧对该制度一些前沿功能的研究和开发。国外官员财产申报制度的前沿热点包括打击洗钱行为、国际追逃追赃等。中国在这些方面也在展开国际合作，包括设立追逃追赃研究中心，但是将这些面向与中国"领导干部个人有关事项报告制度"相联系则还没有引起太大重视。事实上，虽然从国外和国内相关制度的发展历程来看，我们与国外确实有不小的差距，但是我们恰恰应该充分挖掘后发优势，直接瞄准国外官员财产申报制度最前沿的议题并贡献中国的智慧和方案。国外官员财产申报制度的热点还包括对"政界高风险人士"的识别和预警，这将在下一节做深入的讨论。

第五，做好制度预期目标的管理和沟通。这也是国外制度设计的第一条指导原则。一方面，设立该制度的目的是以预防腐败为主，二者还是以打击腐败为主具有非常大的差别。前者旨在防止利益冲突，后者则重点放在侦测官员财产变化或者来源不明等方面。当前社会对官员财产公开非常关注，就是因为他们的目标在于后者，而我们当前的做法更多的是以预防腐败为主。所以虽然官方做了很多推进工作但是并未有效地回应民众的关切。这也导致民众对该制度产生一些不切实际的期望，同时面临一些毫无必要的阻力，这些都需要官方作出比较务实的宣传和引导来加以解决。所以预期结果应该是能获得的并且一开始就与相关的利益攸关者沟通。夸大而后又不能实现的预期往往容易打击大家开始时对新制度的热情和善意。在设计阶段的参与式讨论和咨询及对制度预期目标的沟通等对该制度长期的公信力和可持续性都会产生影响。

第六，中国"领导干部个人有关事项报告制度"应该采纳区别对待原则并作出相应的安排和实践。以上率下自古就是中华文明的一大优良传统，所以对习近平总书记经常提到的领导干部中的"关键少数"应该提出更高的要求，并使之作出表率。这不仅应该体现在申报内容上，而且应该在公开方面率先展开，所以当前制度应充分吸纳"2001省部级家产规定"的内容。对于其中额外增加的申报内容，可以借鉴乌克兰的做法在申报表格中设计几栏只需一定级别领导填报的信息。这种区别对待不仅更加科学而且能增强制度的公信力。

（三）规范高级干部离岸账户的思考

1. 对高级干部离岸账户进行规范的必要性和意义

对高级干部在国（境）外银行开设账户、存放现金和贵重物品等行为提出规范性要求（以下简称"离岸账户规范"）的必要性主要体现在如下几个方面。第一，高级干部位高权重，影响巨大，如果不廉洁非常容易破坏一个部门、地区乃至系统的政治生态，危害极大。所以习近平总书记多次强调全面从严治党，关键就是要牢牢抓住中管干部等"关键少数"。而中国每年流向境外的非法所得数量惊人，其中不少属于腐败收入。

第二，在中国反腐败斗争已经取得压倒性胜利，工作重心已经转到标本兼治，一体推进"不敢腐、不能腐、不想腐"的情况下，对高级干部离岸账户提出规范性要求正当其时，而且是反腐新形势的题中应有之义。其对于后期费时费力的追逃追赃行动也有非常好的预防功能，并且有助于中国已经开展的打击跨境洗钱与偷逃税等工作。

第三，按照公职人员的级别、廉政风险、领域等作出一些区别性的制度安排本就是国际通行做法，国际反腐领域也重点关注"政界高风险人士"，已成为全球腐败治理领域的共识并被广泛倡导。对国内高级干部在反洗钱、反恐怖融资、反逃税的"三反"监管体系中缺乏特别对待是金融行动特别工作组发布的关于中国互评报告中指出的主要缺陷之一。中国在这方面积极与国际接轨也有助于在日益严峻的外部环境中提升中国的软实力，在与美国的竞争中占据道德优势，争取更多的国际支持。

反之，对高级干部离岸账户缺少有效规范和监管则会给国家安全和执政安全带来巨大的风险挑战。首先，这不利于国内一体推进"不敢腐、不能腐、不想腐"的标本兼治举措。其次，高级干部的离岸账户容易成为国外发起金融制裁的目标，甚至成为敌对势力对中国高级干部要挟和策反的工具和手段。最后，这可以作为高级干部对党忠诚的检测，包括体现其增强"四个意识"、坚定"四个自信"、做到"两个维护"的程度等。

鉴于此，本节将首先简要回顾中国目前对领导干部离岸账户方面的制度规定，然后系统扫描国外的制度和实践，包括规范的主体和内容界定等，最后提出完善中国相关制度的对策建议。

2. 中国目前对领导干部离岸账户的相关规定

中国目前并无对高级干部离岸账户的专门规定。比较接近的是2001年中纪委和中组部联合发布的《关于省部级现职领导干部报告家庭财产的规定（试行）》中所要求申报的外币现金、存款和有价证券条款。该规定虽然并未明确废止，但是似乎已经不再执行。其次较为接近的是2017年修订的《关于领导干部报告个人有关事项的规定》中新增的要求处级以上干部报告"配偶、子女及其配偶在国（境）外注册公司或者投资入股等的情况"，以及"本人、配偶、共同生活的子女在国（境）外的存款和投资情况"（这里所称"共同生活的子女"是指领导干部不满18周岁的未成年子女和由其抚养的不能独立生活的成年子女）。

除上述之外，中国反洗钱、反恐怖融资、反逃税监管体制机制还有一些相关条款，但是并未针对领导干部群体离岸账户作出规定。2017年由中国人民银行、税务总局和公安部牵头会同反洗钱工作部际联席会议各成员单位共同研究制定的《关于完善反洗钱、反恐怖融资、反逃税监管体制机制的意见》可以算是该领域的纲领性文件。随后，《中国人民银行关于加强反洗钱客户身份识别有关工作的通知》（2017）对加强非自然人客户、特定自然人客户以及特定业务关系中客户的身份识别分别做了规定。当中的特定自然人客户包括"外国政要"与"国际组织的高级管理人员",相当于国外"政界高风险人士"群体,但是没有提及国内高级干部群体。类似地,2017年由国家税务总局、财政部、中国人民银行、中国银行业监督管理委员会、中国证券监督管理委员会、中国保险监督管理委员会制定的《非居民金融账户涉税信息尽职调查管理办法》也主要覆盖中国税收居民以外的个人和企业的尽职调查,以符合中国2018年加入的《金融账户涉税信息自动交换标准》的要求。

3. 国外相关制度和实践

对高级干部涉嫌洗钱风险方面的监管,国外实践主要来自反洗钱、反恐怖融资、反逃税的"三反"监管体系。《联合国反腐败公约》第五十二条对此也有涉及:

> 各缔约国均应当根据本国法律采取必要的措施,以要求其管辖范围内的金融机构核实客户身份,采取合理步骤确定存入大额账户的资金的实际受益人身份,并对正在或者曾经担任重要公职的个人及其家庭成员和与其关系密切的人或者这些人的代理人所要求开立或者保持的账户进行强化审查。对这种强化审查应当作合理的设计,以监测可疑交易从而向主管机关报告,而不应当将其理解为妨碍或者禁止金融机构与任何合法客户的业务往来。

金融行动特别工作组则赋予"正在或者曾经担任重要公职的个人"一个专门概念:"政界高风险人士",并在《反洗钱四十项建议》中对其进行了定义与分类。① 根据其定义，"外国政治高风险人士"是外国的正在或曾经履行重要公职的人员，如国家或政府首脑，高层政要，资深的政府、司法或军事官员，国有企业高级管理人员，重要政党官员等。而"国内政治高风险人士"是本国的正在或曾经履行重要公职的人员，如国家或政府首脑，高层政要，资深的政府、司法或军事官员，国有企业高级管理人员，重要政党官员。"国际组织政治高风险人士"是指正在或曾经在国际组织中担任重要公职的人员，指高级管理成员，如董事、副董事、董事会成员或有相当职责的其他人员。上述定义不涵盖相应类别的中级或较低级别的人员。

对于上述政治高风险人士，不管是作为客户还是受益所有人，除采取一般的客户尽职调查措施外，金融行动特别工作组建议各国要求其金融机构（建议第十二条）及特定的非金融行业或专业组织（建议第二十二条）采取：

（a）建立适当的风险管理机制，以确定客户或受益所有人是否为政界高风险人士。

（b）获得高级管理层的批准方可建立（或维持现有）业务关系。

（c）采取合理措施确定其财产和资金来源。

---

① 金融行动特别工作组是西方七国为专门研究洗钱的危害、预防洗钱并协调反洗钱国际行动而于1989年在巴黎成立的政府间国际组织，是目前世界上最具影响力的国际反洗钱和反恐融资领域最具权威性的国际组织之一。其制定的《反洗钱四十项建议》和《反恐融资九项特别建议》是世界上反洗钱和反恐融资的最权威文件。当前有37个国家或区域会员和2个区域组织会员。中国已于2007年加入该组织。

（d）对业务关系进行强化的持续监测。

而且对所有政界高风险人士的要求也应当适用于其家庭成员或关系密切的人。该组织的《相互评估报告》则主要是评估40条建议在各成员中所获得的遵从程度。

（1）规范对象主体的界定

对于家庭成员和关系密切人的范畴界定，金融行动特别工作组在其建议中并未进行精准的界定，这是因为这些范畴与所在国家的文化、社会、政治、经济结构密切相关。判断标准应该结合所处背景以其相关风险为准。各国的最佳做法是为金融机构和特定非金融行业与职业提供工作定义或示例，但不要太狭义或太宽泛。

对于家庭成员，主要需要考虑特定类型家庭成员普遍拥有的影响。例如，在某些文化中，被认为是亲密的或有影响力的成员的范畴可能很小，只包括父母、兄弟姐妹、配偶/伴侣和子女。在其他文化中，祖父母和孙子女也可能包括在内，而在其他文化背景中，家族成员范围可能更广，可以扩展到堂兄弟甚或族人等。

对于密切关系人，这可以包括以下类型的关系：家庭外的伴侣，如女友、男友、情人；与政治高风险人士相同的政党、民间组织、工会中的要员；商业伙伴或合伙人，尤其是那些与其共享所有权或相关的人士，如公司董事会的共同成员。就个人关系而言，社会、经济和文化背景也会起作用。总之，金融行动特别工作组的建议要求对"政界高风险人士"的家庭成员和密切关系人同等对待，因为他们可能滥用该关系以转移犯罪所得或促进其他伪装的目的。与基于风险的方法一致，对上述对象离岸账户规范的退出应该与其风险评估直接相关，即使相关"政界高风险人士"不再担任要职。

（2）规范内容的界定

对于规范内容的界定，应该以"三反"的目的来确定，所以金融行动特别工作组的第二十二条建议要求一些特定的非金融行业和职业也同样要进行加强版的客户尽职调查和交易记录保存。这些包括：

（a）赌场——当客户从事规定限额及以上的交易时。

（b）不动产中介——为其客户从事不动产买卖交易时。

（c）贵金属和珠宝交易商——当其与客户从事规定限额及以上的现金交易时。

（d）律师、公证人、其他独立的法律专业人士及会计师——在为客户准备或实施与下列活动相关的交易时：

- 买卖不动产。
- 管理客户资金、证券或其他财产。
- 管理银行账户、储蓄账户或证券账户。
- 从事公司设立、运营或管理的相关筹资活动。
- 法人或法律安排的设立、运营或管理，以及经营性实体买卖。

（e）信托与公司服务提供商——在为客户准备或实施与下列活动相关的交易时：

- 担任法人的设立代理人。
- 担任（或安排其他人担任）公司董事、秘书、合伙人或其他法人单位中同级别的职务。
- 为公司、合伙或其他法人或法律安排提供注册地址、公司地址或办公场所、通信方式或办公地址。

• 担任（或安排他人担任）书面信托的受托人或在其他法律安排中承担同样职能的人。

• 担任（或安排他人担任）他人的名义持股人。

4. 对策建议

第一，加强顶层设计，将高级干部离岸账户规范纳入现有反腐倡廉制度体系进行全盘考量，考虑在国内也对所有"政界高风险人士"采取同样的强化审查等预防措施。

第二，协调三个方面的相关工作，包括反洗钱、打击偷逃税以及领导干部个人事项报告等。积极利用《金融账户涉税信息自动交换标准》，增强中国高级干部离岸账户规范的威慑和查核能力。

第三，尽最大可能与国际标准接轨，包括概念、方法、标准、评估等，从而少走弯路，并降低与国际合作和交流的成本。

第四，努力成为全球腐败治理的参与者、贡献者和引领者，积极贡献中国智慧和中国方案，防止因西方意识形态偏见而带来的不公。

第 五 章

吹哨人保护制度

党的十八大以来，经过以习近平同志为核心的党中央带领全国人民艰苦卓绝的努力，中国反腐败斗争取得了压倒性胜利。如何取得全面从严治党更大战略性成果，巩固发展反腐败斗争压倒性胜利，一体推进不敢腐、不能腐、不想腐体制机制建设，健全党和国家监督体系则是摆在我们面前的新的课题和任务。面对这种新形势，如何在反腐败高压态势中，在反腐败逐渐从治标向治本倾斜的情况下，健全"吹哨人保护制度"无疑是一项极好的制度化战略选择。[①]

健全吹哨人保护制度不仅在个人层面有利于实现公民的监督权和知情权，在社会层面有利于维护社会的公共安全和利益，提升企业和其他各种社会组织的社会责任，在国家层面也有助于加强政府监管、增强风险防范、增加透明度、提升官员问责、预防和打击腐败等。总之，完善中国"吹哨人保护制度"对化解新时代面临的主要矛盾，实现国家长治久安，推进中国的民主政治建设都具有积极的建设意义。

从国外经验来看，一套完整的"吹哨人保护制度"应包括如下

[①] 吹哨人和举报人属于相同概念，只是因为吹哨人更形象生动，是英语"whistleblower"的直译，所以本章主要采取吹哨人的用法，但是在文中或可见到通用的情况。

几个方面。一是举报的实现，包括举报的立法、渠道的畅通、调查的跟进及反馈等。二是举报的保障，包括对于吹哨人及亲属利益免受损害的保护。三是举报的激励，包括精神及物质奖励。四是举报的制约，包括限制恶意举报、诬告陷害等。五是举报的救济，即对吹哨人权利受损后的补救措施。六是举报的宣介及评估。从吹哨人的角度来说，一套运行良好的"吹哨人保护制度"应该在全社会形成一种关注公共安全和利益，并崇尚和鼓励吹哨的风气，让每一个公民都很清楚自己的吹哨权利和吹哨渠道，不用担心会因吹哨而受到打击报复，即使利益受损也能得到合理救济，而且吹哨后有相关部门跟进调查并给出满意答复，在提供有价值线索和信息时还能得到道义或者物质上的奖励等。

但是学界对此的研究和讨论相对较少并且缺少系统性和深度。除了一些硕士学位论文以外，清华大学知网核心期刊库收录的以"举报人保护"或"吹哨人保护"为主题的文章总计不过十来篇，而且其中多数都是集中于某一方面的介绍或讨论。[①] 在该领域出版的专著方面，宋世勇的《中国举报统一立法研究》（2016）主要梳理

[①] 参见韩旭、齐延平《论美国法上的"禁止报复性解雇"规则》，《华东政法大学学报》2017 年第 2 期；栾甫贵、田丽媛《吹哨者、公司、审计师的博弈分析——基于吹哨者保护制度的研究》，《审计与经济研究》2017 年第 1 期；仇晓光、杨硕《证券举报人制度：价值源流、规则构成与启示》，《社会科学战线》2016 年第 11 期；王倩《保护"吹哨人"的劳动法分析——基于德国司法经验的考察》，《当代法学》2016 年第 5 期；戴巍《〈联合国反腐败公约〉视域下中国举报人保护法制发展分析》，《邵阳学院学报》（社会科学版）2016 年第 15 卷第 4 期；詹强《行政法学视野中的"吹哨人"制度》，《福建行政学院学报》2016 年第 4 期（总第 158 期）；鸿鹏、王聪、李真《美国科研不端举报人保护制度研究》，《中国科学基金》2015 年第 4 期；谭洁《美国〈吹哨人保护法案〉对中国食品安全监管的启示》，《广西社会科学》2015 年第 1 期；何名祥《法治下实名举报人保护制度的建立和完善》，《中共贵州省委党校学报》2014 年第 1 期；陈卫东、张佳华《检察机关举报工作中的现实问题与对策研究》，《中国人民大学学报》2011 年第 3 期；郭萍《举报人保护制度设计的四个关键》，《科教导刊》2014 年第 2 期。

了中国相关的吹哨人保护法规并讨论了出台统一吹哨人保护法律的可能性，而未涉及关于国外相关制度的系统介绍和借鉴问题。① 另外一本专著——李卫国的《举报制度：架起公众监督的桥梁》（2011）虽有专门的一章介绍国外和中国港台地区的吹哨人保护制度，但是缺少国外最新发展的内容。② 鉴于此，本章试图弥补此不足，通过对国内外关于该制度概念和意义、历史沿革、制度设计、制度执行和制度评估五个方面的梳理和比较，对完善中国相关制度提出思考和建议。

一 国外吹哨人保护制度

（一）概念及意义

1. 概念澄清

从词源上说，whistle blower 两词连用可以追溯到19世纪。那个时候，不管是猎人还是海员等都可能有吹哨的行为，而"吹哨人"最早被用来指称某个职业则是从美国警察和足球裁判开始的。其具有现在的象征意义则是从20世纪60年代开始的，并且两个词之间开始用连字号相连接，使之成为一个复合词，而现在连字号则常常被省去，成为一个专有名词。③ 其中，美国的民权活动家拉尔夫·

---

① 宋世勇：《中国举报统一立法研究》，中国社会出版社2016年版。
② 李卫国：《举报制度：架起公众监督的桥梁》，中国方正出版社2011年版。
③ Gary Martin, "The Meaning and Origin of the Expression: Whistle-blower", *The Phrase Finder*, retrieved on May 7, 2019 at https://www.phrases.org.uk/meanings/whistle-blower.html.

纳德在此概念的发展过程中发挥了重要的作用。拉尔夫·纳德是美国政治活动家、作家、讲师和律师，因参与消费者保护、环境保护和政府改革事业而闻名。纳德的积极行动直接促成了美国消费者保护方面一些里程碑式的法律获得通过，包括《清洁水法》《信息自由法》《消费品安全法》《反海外腐败法》《吹哨人保护法》《交通和机动车辆安全法》等。他曾多次被评为"最具影响力的100位美国人"之一，其中包括著名的《生活》杂志、《时代》杂志和《大西洋》杂志等进行的评选。他也曾多次作为独立候选人竞选美国总统，并利用这些活动来引起公众对一些主流竞选中被忽视议题以及改革选举人制度的重视。2006年在圣丹斯电影节首映的纪录片《不可理喻之人》，就是以他的生活和工作为主题。纳德著作等身，独著或合著达二十多部，其中就包括两部于20世纪70年代出版的关于吹哨人的专著。[①]

"吹哨人"对应的英语词汇为"whistleblower"，指的是将所发现的违法违规、危险或不正确的信息或者行为向组织内或外进行披露从而拉响警报的人。国际上通常视其主体为雇员。所以，在国际劳工组织将"吹哨"定义为"雇员或前雇员对雇主违法违规、危险或不端行为的举报"。经合组织的《反商业贿赂公约》也将"吹哨"定义为"公共部门或私营部门雇员基于善意和合理根据向相关部门举报的行为"。《联合国反腐败公约》的覆盖范围则有所扩大，将吹哨人定义为"基于善意和合理根据而向相关部门举报违反公约

[①] "Ralph Nader", wikipedia, retrieved on May 7, 2019 at https://en.wikipedia.org/wiki/Ralph_Nader.

条款的任何人"。① 所披露的信息可以按多种方式分类：比如违反组织政策、规章，国家法律法规，危害公共利益、国家安全，以及欺诈和腐败等。吹哨人可以选择对内或对外进行信息披露或者举报。对内，吹哨人可以将所掌握的信息向组织内部的有关领导报告，如直接主管或更高管理层；对外，吹哨人可以向媒体、政府、执法机构等有关组织进行披露和举报。②

  吹哨人保护制度，顾名思义，就是对于吹哨人提供保护的一套制度。按照经合组织2016年发布的相关报告，吹哨人保护的定义为"针对在工作环境中发现并向有关方面披露一切形式不端行为（这种披露带有一定根据而且并非恶意）的吹哨人提供的免于打击报复的法律保护"③。这也不难理解，不管是在公共部门还是私营部门，最先发现不当行为的通常都是那些接触相关信息的雇员或者同事。而如果他们的披露或者举报得不到支持或者保护，那么公共利益受到损害的风险就会大幅增加。事实上，吹哨人确实面临同事或者上级的打击报复，包括恐吓、骚扰、解雇或者暴力等。在许多国家，吹哨甚至还可能与叛国或者间谍罪相联系。因此，吹哨人保护制度对于鼓励举报不当行为、欺诈和腐败就显得非常关键。而对吹哨人提供有力的保障对于打击腐败、维护公共利益和安全、支持廉洁营

---

  ① OECD, *Study on Whistleblower Protection Frameworks, Compendium of Best Practices and Guiding Principles for Legislation*, Paris: OECD, p. 7.
  ② "Whistleblower", wikipedia, retrieved on May 7, 2019 at https://en.wikipedia.org/wiki/Whistleblower#Origin_of_term.
  ③ OECD, *Committing to Effective Whistleblower Protection*, Paris: OECD, 2016, p. 1.

商环境、消除社会一切不公平正义的现象都有重要意义。

吹哨人保护制度在国际层面影响最为深远的是在反腐领域,并被视为国际上通行的反腐利器而受到所有与反腐败相关的国际组织或者协议的倡导。比如《联合国反腐败公约》第三十三条就明确指出,各缔约国要在法律框架中纳入对吹哨人进行保护的举措。经合组织更是早在20世纪末就认识到吹哨人制度对于反腐倡廉的重要性并在国际上大力提倡。在2010年的二十国集团峰会上,反腐败工作组也向各国领导人递交了"吹哨人保护立法的指导原则"。

2. 意义阐述

国外对吹哨人保护制度的意义主要是从两个层面进行论述的,分别为个人层面和社会层面。

从个人层面来说,健全吹哨人保护制度有利于公民个人自由和民主权利的实现。事实上,西方学界在论证吹哨人保护制度时从这个角度切入的情形最为普遍。这种从个体自由和民主权利展开的论证主要包含两方面内容。一方面,针对吹哨人来说,吹哨是公民言论自由和监督权的体现。比如有学者就将吹哨人受到保护的权利视为"无恐惧的言论自由"进行解读。在这类学者看来,吹哨人往往在权力结构中处于劣势,容易受到打击报复,因此存在种种压力和不敢说出真相的恐惧。但是对不端或者违法行为的曝光对于维护公共利益有着非常重要的作用。这样的例子不胜枚举,也不难想象。如果知情人在第一时间能完成"吹哨",从而拉响警报,引起有关方面的迅速介入并得到成功解决,那么很多的事故就可以避免,这不仅可以挽回很多的财产损失,甚至还可以挽救很多无辜的生命。

中国宪法就明文规定公民对于国家机关和工作人员具有各种监督举报权利，这在 G20 国家中也是比较特殊的现象。

另一方面，对于吹哨人之外的公民个体，吹哨人保护制度有利于实现他们的知情权。事实上，在西方自由民主的背景下，公民的民主权利并不是说进行选举投票就完事了，而且包括参与和监督政策执行的面向。对于很多会影响其切身利益的举措，他们也有知情权，而吹哨人保护制度则是打破机构对于信息垄断的重要保障。该制度也是激进民主的重要推手，因为代议制民主往往更加依赖人民的精英代表或者体制化的官僚群体，而激进民主则寻求绕开他们而实现直接的民主和监督。此外，吹哨人保护制度对于弱势群体提供了个人保护，比如在幼儿园受到虐待的幼童，在校园里受到性侵的学生，等等。

在社会层面，吹哨人保护制度有利于维护社会的公共安全和利益，并提升企业和其他各种社会组织的社会责任。事实上，吹哨人保护制度的一大特征就是与公共安全和利益密不可分。正因如此，一些国家的吹哨人保护立法是直接以公共利益为名的，比如英国、澳大利亚、匈牙利都推出了《公共利益披露法》，而韩国则称为《公共利益吹哨人保护法》。在提升企业等组织的社会责任方面，该制度有利于提高内部人员对于违法违规或者不端行为的披露和举报，从而对企业切实兑现社会责任形成威慑和压力。经过几十年的不断努力，美国的企业界在吹哨人保护方面基本已达成共识，并在其伦理守则中包含了吹哨人保护的条款。此外，加强此举措也是企业等机构进行风险管理的重要手段。与通常将吹哨人看作麻烦制造者相反，吹哨人往往有助于企业的风险管理，因为他们能帮助企业更好地识别并纠正内部存在的不端或者错误行为。

（二）历史沿革

吹哨人保护制度的建立是新近的事儿，但是已成为国际上的共识。吹哨人保护制度在国际上的首次亮相可以追溯到经合组织在1998年发布的《关于提升公共服务伦理操守的建议》，其中包含了专门的吹哨人保护原则。随后，吹哨人保护制度日渐进入国际反腐组织的视野，并在国际上被广泛提倡。比如，2005年生效的《联合国反腐败公约》就包括了专门鼓励健全吹哨人保护的条款。经合组织在其2009年推出的具有标志性的《国际商务交易活动反对行贿外国公职人员公约》中，也要求当时的41个缔约方建立公共和私营部门的吹哨人保护措施。2010年11月召开的G20首尔峰会在全球层面发布了《吹哨人保护的指导原则》，并于2019年G20峰会发布新的《吹哨人有效保护的高级别指导原则》。

在国家层面，进入21世纪前后制定了专门的吹哨人保护立法的国家有五个，即美国（1989）、以色列（1997）、英国（1999）、南非（2000）、新西兰（2001）；从2006年起推出专门的吹哨人保护立法的国家大幅增加，比如日本（2006）、加拿大（2007）、荷兰（2010）、韩国（2011）、爱尔兰（2014）、匈牙利（2014）、比利时（2014）、澳大利亚（2014）、斯洛文尼亚（2015）等。在这些国家中，有一半以上选择了适用于公共和私营部门员工的单一专门立法。在不同的法律中包括吹哨人保护条款的做法也同样普遍。在经合组织 2014 年的一项获得 32 个国家答复的问卷中，有 14 个国家存在着分散于不同法律中的吹哨人保护条款。这样看来，在采取吹哨人保护举措的国家中，有大约一半的国家采用了吹哨人保护的专门立法。①

（三）制度设计

吹哨人保护的法律来源既有国际的也有国内的。在国际层面，《联合国反腐败公约》第三十三条就要求签约国在各自的法律框架下纳入或考虑纳入对吹哨人的保护。《美洲反腐败公约》《欧洲委员会民法公约》和《非盟反腐败公约》等也都有条款要求缔约国为举报腐败的人提供适当的保护。②一些区域组织的软法也为吹哨人保护提供了法律支持，比如经合组织在 1998 年发布的《关于提升公共服务伦理操守的建议》和 2003 年推出的《关于公共服务利益冲突管理准则的建议》，以及 2009 年具有标志性的《国际商务交易活动反对行贿外国公职人员公约》等。此外，一些国际层面的人权法也加强了对吹哨人的保护，特别是在他们是唯一知情并且处于最有利于向雇主或公众披露信息的情况下。比如欧洲人权法院就审判了两起相关的案子。一起是 2008 年裁定对一名公职人员因披露非机密文件而遭解雇的行为违反了《欧洲人权公约》第十条；另外一起则以

---

① OECD, *Committing to Effective Whistleblower Protection: Highlights*, Paris: OECD, pp. 4-6.

② Inter-American Convention against Corruption, Art. 3 (8); Council of Europe Civil Law Convention, Art. 9; and Africa Union Convention Against Corruption, Art. 5 (6). For a similar provision, see Council of Europe Criminal Law Convention, Art. 22 (a).

同样的方式对一名国有医院护士因对雇主提起刑事诉讼而遭到解雇提供保护,该雇员控诉该机构"未能提供广告中承诺的高质量的护理而置病人于危险中"①。

在国家内部层面,对吹哨人的法律保护可能来源于全面而专门的吹哨人保护立法或者是散见于不同法律中的具体条款。在二十国集团中,澳大利亚、加拿大、日本、南非、英国和美国都通过了全面和专门的立法来保护公共部门吹哨人。英国和南非被认为有着最完善和全面的吹哨人保护法律体系,这两国的法律框架都将公共部门和私营部门的吹哨人保护制度纳入进来。其中,英国的框架还涵盖了公共部门职能外包的情况,而南非则明确将这种情况排除在涵盖范围之外。美国是最早颁布专门的吹哨人保护法律的国家,其后来的《萨班斯—奥克斯利法》和《多德弗兰克华尔街改革和消费者保护法》也对美国的吹哨人保护形成了补充。这两部法律主要针对私营部门,但也构成保护联邦政府吹哨人员不受报复并提供补救的框架的一部分。

除了上述专门立法的国家外,还有很多国家是通过散见于一项或多项法律中的条款来对吹哨人提供保护。不过,这些条款中的许多规定只覆盖特定的人员或者行为。这些条款有出现在宪法中的,比如中国和德国的宪法都有关于吹哨人保护的内容;也有出现在刑法中的,比如墨西哥;还有出现在劳动法中的,比如意大利和德国。在反腐败法中体现对吹哨人的保护最为常见,比如法国、俄罗

---

① European Court of Human Rights, Heinisch v. Germany, application no. 28274/08, 21 July, 2011.

斯、韩国。公务员法也可能成为吹哨人保护的法律来源，比如墨西哥的《联邦公务员行政责任法》就有相关的规定。此外，吹哨人保护也可能源自特定机构的规定。这可以来自环保、食品药品监管、教育等各部门。比如在阿根廷，公众可以向中央反腐败办公室举报腐败行为，而中央反腐败办公室的规章则对吹哨人的保密和保护等做了规定。①

1. 保护对象

在保护对象方面，不同的具体制度框架会有不同的覆盖。基本上从最窄的、只保护公职人员到最宽的、覆盖所有举报个体的范围的条款都有存在。如果仔细考察其群体，则基本上可以分为四大类，即公务人员、私企员工、短期相关人员以及涉密人员。②

第一，国际上吹哨人保护制度在保护对象方面最为普遍的当然是公职人员。这也不难理解，毕竟在自由主义视阈中最应该防范的就是执掌公权力的公务人员。他们很有可能公权私用，从而导致腐败，并且引发社会上最大的不公。所以对于公共部门员工的监督和举报保护自然是其中的应有之义。

第二，一些国家将私企员工纳入了吹哨人保护的覆盖范围，比如二十国集团中就有日本、韩国、南非和英国等明确将公务人员和私企员工都纳入了保护范围。虽然私企的权力并不像公权力那样在

---

① OECD, *Study on Whistleblower Protection Frameworks*, *Compendium of Best Practices and Guiding Principles for Legislation*, Paris: OECD, pp. 16–19.

② 这种分类并非绝对，而且并不表明中间没有重叠，特别是公务人员和涉密人员的类别。

自由主义视阈中引发公众的关注，但是鉴于现代市场经济的监管需求，私企的各方面依然会影响公众的生活，所以私企内部员工对于企业内部的监管不善、欺诈抑或对公众的安全隐患等的举报自然应该得到保护。这也是将私企员工纳入保护范围的初衷。

第三，上述两者除外，有人建议顾问、承包商、临时雇员、前员工以及志愿者等也应该被列入保护范围，这样才能使得对吹哨人保护对象的覆盖没有漏洞。比如澳大利亚的《公共服务法》就要求为履行机构职能的内外举报者提供保护，因此包括了外部承包商等。同样，根据英国法律，承包商的举报披露也受到法律的保护。更为广泛的保护对象还包括求职者、失业者、被列入黑名单的人员和家属等。

第四，一些吹哨人保护法明确规定某些类别的公务人员免受保护，例如情报部门或军队等。在一些国家，从事特别敏感工作的公务人员可能会受到特殊的吹哨人立法保护，比如美国的《情报人员吹哨人保护法》就为在美国联邦情报机构工作的人员提供了一些保护。[1]

2. 保护领域

吹哨人保护法的主要目标之一是促进和便利举报"非法，不道德或危险"的活动。因此，关于吹哨人保护立法应明确界定提供保护的内容领域。例如日本的《吹哨人保护法》明确列出对食品、健康、安全和环保领域违法情况的举报加以保护。根据《不

---

[1] OECD, *Study on Whistleblower Protection Frameworks*, *Compendium of Best Practices and Guiding Principles for Legislation*, Paris: OECD, pp. 8 – 9.

正当竞争预防法》的规定，上述保护条款也适用于报告贿赂外国公职人员的情况。在将吹哨人保护机制应用于打击腐败时，应在法律上明确对腐败进行揭露所受到的保护，或更广泛地列明对犯罪举报的保护。后者在南非的《受保护的披露法》中就有所体现。当然，有些腐败情况虽不属于犯罪的范畴，但对其建立保护措施也非常重要。①

一些国家在启动吹哨人保护机制方面规定了违规程度的最低限度。例如，美国的保护性披露就要求是"巨大"的管理失误或资金浪费。而其中"巨大"这一限度词不仅要超越可能的意见分歧，而且必须是使该机构完成使命的能力受到牵连。

此外，根据美国法律，对"琐碎"的违规行为的披露不属于受保护的范围。按照美国联邦巡回法庭的解释，"琐碎"的意思是"可以认为是次要的并且在有意识的工作开展中发生的非故意的失误"②。不过，联邦巡回法庭也指出，对看起来是"琐碎"事情的举报，在某些情况下也可以促发吹哨人保护机制，那就是该揭露旨在表明重复出现的失误。③澳大利亚《公共服务法》也规定，没有义务调查"无足轻重或无理取闹"的举报。

3. 保护内容

吹哨人保护制度需要保护的内容主要包括保护吹哨人免于遭受

---

① OECD, *Study on Whistleblower Protection Frameworks, Compendium of Best Practices and Guiding Principles for Legislation*, Paris: OECD, p. 9.

② Drake v. Agency for Int'l Dev., 543 F. 3d 1377, 1381 (Fed. Cir. 2008).

③ Horton v. Dep't of the Navy, 66 F. 3d 279, 283 (Fed. Cir. 1995).

被吹哨人的打击报复等各种不公正行为。这些不公平待遇或报复的潜在形式可以包括但不限于以下方面：对吹哨人或其家属的强迫、恐吓或骚扰；歧视、不利或不公平的待遇；伤害或其他重大犯罪；财产损失；报复威胁；停职、下岗或解雇；降级或丧失晋升机会；转换职责、变更工作地点，降低工资或变更工作时间；纪律、训斥或其他处罚（包括罚款）；被列入黑名单（一个部门或行业范围的协议，正式或非正式的，防止一个人找到替代性工作）；遭到与保密、诽谤相关的民事或刑事指控。① 而更为基础性的保护举措则包括：明确的立法和制度框架；替代的举报渠道；获得信息和公正的建议；接受匿名举报，包括通过密码进行沟通，奖金发放等；保密性的保证；公共荣誉或奖励；人身安全保护；免于民事或刑事指控的保障。遭到打击报复后采取的补救措施则包括：改变主管或在工作场所内重新分配工作职责，以确保吹哨人的安全和福祉；临时或永久转移到同等职责和薪酬的职位上；免费获得咨询或其他健康或社会福利服务；恢复前一份工作；恢复被取消的许可证或合同；对打击报复人采取制裁、调离等措施；吹哨人善意推定；吹哨人处于弱势的假定（即举证责任在于打击报复人）；可执行的报复补偿；对经济损失和职业预期损失的补偿；对所造成的痛苦获得赔偿。②

---

① UN, *The United Nations Convention against Corruption: Resource Guide on Good Practices in the Protection of Reporting Persons*, Vienna, UN, p. 46.

② UN, *The United Nations Convention against Corruption: Resource Guide on Good Practices in the Protection of Reporting Persons*, Vienna, UN, p. 47. Retrieved at https://www.unodc.org/documents/corruption/Publications/2015/15-04741_Person_Guide_eBook.pdf, 2019年7月5日登录。

(四) 制度执行

1. 受理与审查

首先,根据举报内容和对象的不同,受理举报的主体也可能是多元的。通常的吹哨人保护制度就包括内部举报,向指定机构的外部举报以及对外向公众披露等。比如,英国的《公共利益披露法》采用"分层"方法,可以向以下"层级"之一进行披露:第一层级,向雇主或所属机构负责人披露;第二层级,对相关监管机构(如金融服务管理局或税务局)进行披露;第三层级,向警方、媒体、议会议员和非规定的监管机构进行更广泛的披露。其中对吹哨人进行保护的准入门槛也逐层增加,目的是鼓励内部披露,并将外部披露作为最后的选择。① 同样,在加拿大,如果没有足够的时间通过《加拿大公务员披露保护法》的条款进行披露,而且吹哨人有合理的理由相信披露行为或者疏忽构成了严重罪行,或对人员生命、健康和安全,或者环境构成实质性和特定的即将发生的危险,则可以向公众进行披露,只要该披露并未受到法律明确的禁止。②

当然,正如上面所述,某些类别的雇员(例如在情报部门工作的雇员)也可能会受到较窄的披露渠道的限制。③ 事实上,如果员工披露有关官方机密或国家安全的信息,一些国家可能会采取刑事

---

① D. Banisar, *Whistleblowing*: *International Standards and Developments*, (2009), p. 27.
② *Canada Public Servant Disclosure Act* (2005), Section 16.
③ See para. 11 on *U. S. Intelligence Community Whistleblower Protection Act* (1999).

处罚措施。在对吹哨人保护进行立法时，可以考虑免除对受保护的披露所承担的此类刑事责任，或者仅在通过指定渠道进行披露时才提供保护。例如，在美国，对法律或行政命令明确规定为保密信息的披露是被"法律禁止的"，并且无法获得吹哨人保护，不过，向该机构的监察长或特别顾问办公室进行的披露则是例外。[1]

在审查方面，大多数吹哨人保护立法都要求举报应是"诚实善意"和有"合理根据"的。相应地，不诚实、恶意和无合理根据的披露并不会得到保护。诚实的主要含义是说，吹哨人确实是这么认为的，虽然他的看法可能有误；而善意则主要通过积累的证据去判断吹哨的动机，或者说是主要动机。通常，对于吹哨人动机不纯指控的举证责任在于雇主。对于有"合理根据"的判断，美国法律是通过一位无利益关联的旁观者在了解了基本事实后也能合理地作出类似的结论为依据。很自然，故意作出虚假披露的个人不应得到保护。

对于此类诬告行为，有的国家法律可能规定要实施刑事处罚。比如，印度的《公共利益披露和披露人保护法案》就明确规定，可以对"任何恶意、虚假或误导性的吹哨人"判处最高两年的监禁和罚款。[2] 但是，吹哨人保护法通常不会规定对错误性举报实施处罚，并且会对基于诚实性错误作出的披露提供保护。一些更加全面的吹

---

[1] OECD, *Study on Whistleblower Protection Frameworks*, *Compendium of Best Practices and Guiding Principles for Legislation*, Paris: OECD, p. 10.

[2] *India Bill on Public Interest Disclosure and Protection to Persons Making the Disclosure* (2010), Chapter Ⅵ., Section 16.

哨人保护法律框架会为吹哨人提供免于遭受诽谤或者名誉损害指控的保护，否则的话，可能会对潜在的吹哨行为构成障碍。比如韩国的《私人参与基础设施法》就对因为公共利益进行吹哨而遭到的损失指控提供保护。①

2. 跟进与救济

吹哨人保护立法可以指定一个独立机构来受理并调查针对吹哨人采取报复性、歧视性或纪律举措的投诉。在加拿大，公共部门诚信专员有权受理和调查有关报复行为的投诉。如果发现违反吹哨人权利，公务员披露保护法庭可以下令采取补救措施并实施制裁。根据美国法律，特别顾问办公室有权调查并在合适情况下起诉报复者。部门吹哨人保护法也可以设立具体机构来受理举报和处理投诉。例如，根据韩国的《反腐与公民权利委员会法》，韩国的"反腐与公民权利委员会"有权对打击报复吹哨人的行为发起调查。在美国，《多德—弗兰克法案》还要求证券交易委员会设立吹哨人办公室，与吹哨人合作，处理他们的问题和投诉，并帮助证券交易委员会确定对吹哨人的奖励。②

此外，对吹哨人还应提供司法救济渠道，以使他们能获得公正的判决。比如英国的《公共利益披露法》允许吹哨人上诉到雇佣法庭。同样，南非的《受保护的披露法》规定，因为披露而遭受或可能遭受职业伤害的雇员可向包括劳动法庭在内的任何具有司法管辖

---

① *Korea Private Participation in Infrastructure Act* (2010), Article 14 (4).
② OECD, *Study on Whistleblower Protection Frameworks, Compendium of Best Practices and Guiding Principles for Legislation*, Paris：OECD, p. 13.

权的法院提起诉讼。① 根据美国法律，联邦雇员吹哨人还被允许向功绩制保护委员会和美国上诉法院提起诉讼，而不是依靠特别调查办公室进行起诉。对于补救措施，这可以包括最终裁决前的过渡期救济以及对于报复举措不可挽回情况下的经济赔偿等，这可以包含吹哨人的工资损失以及遭受痛苦的补偿。②

当然，立法也可能对赔偿数额进行限制。例如，根据南非的《受保护的披露法》，对于工作中的伤害，损失不得超过相当于 12 个月的工资总额，而对于不公平解雇损失则不能超过 24 个月的工资总额。③ 一些 G20 国家还对报复吹哨人的雇主实施刑事处罚。如前所述，在美国，《萨班斯—奥克斯利法》规定对打击报复人可以判处最高十年徒刑和/或罚金。

3. 宣介与激励

吹哨人保护立法应该辅以有效的宣传、沟通和培训工作。正如 1998 年经合组织《关于改善公共服务道德行为的建议》规定，向员工宣介他们吹哨的权利和义务是必不可少的。一些 G20 国家也在法律中明确规定了这一点。例如，在美国，《职业安全与健康管理法》要求联邦机构发布有关吹哨人保护的相关信息，以便让员工了解与受保护披露有关的权利。同样，在法国，国家信息与自由委员会发布了关于实施举报系统的指导方针，其中包括需要向潜在吹哨人传

---

① *South Africa Protected Disclosure Act*（2000），Section 4（1）.
② D. Banisar, *Whistleblowing: International Standards and Developments*（2009），p. 32.
③ D. Banisar, *Whistleblowing: International Standards and Developments*（2009），p. 32.

达明确和完整的信息。① 一些国家也有专门的非政府组织为潜在的吹哨人提供咨询、鼓励和协助等。

此外，为了鼓励举报，一些 G20 国家采取了奖励制度，包括金钱奖励。例如，在美国，《虚假陈述法》允许个人代表政府进行起诉，以追回被贪污或者滥用的公款，并可获得所追回金额的高达30%的奖励。②《多德—弗兰克法案》则授权向成功披露原始信息的吹哨人提供所追回资金10%到30%的奖励。韩国的吹哨人保护立法也有相关奖励的规定，金额可以高达200万美元。印度尼西亚法律则规定向帮助防止和打击腐败的吹哨人授予"感谢奖牌"③。

（五）制度评估

一些 G20 国家采取措施定期评估其吹哨人保护制度的有效性。例如，日本的《吹哨人保护法》明确规定在"该法生效大约五年后，政府将审查该法的执行情况，并采取必要改进措施"④。系统收集数据和信息是评估举报系统有效性的另一个重要手段。例如在美国，功绩制保护委员会通过对员工展开问卷调查以了解他们作为吹哨人的经历。⑤ 这些举措在评估实施吹哨人保护立法方面的进展发挥着非常重要的作用。

---

① Commission Nationale de l'Informatique et des Libertés Guidelines for the Implementation of Whistleblowing Systems（November 2005），Article 4.
② False Claims Act，31 U.S.C. § 3729.
③ Law No. 31 of 1999 on the Eradication of the Criminal Act of Corruption，Article 42.
④ Japan Whistleblower Protection Act（2004），Supplementary Provisions，Article 2.
⑤ D. Banisar，Whistleblowing: International Standards and Developments（2009），p. 41.

◇ 二　中国吹哨人保护制度

（一）概念及意义

1. 概念澄清

在中国的语境中，"吹哨人"用得比较少，其首次在中央层面文件中出现是2019年9月推出的《国务院关于加强和规范事中事后监管的指导意见》，其中提到"建立'吹哨人'、内部举报人等制度"，目的是发挥社会监督作用。该文件并未对"吹哨人"和"内部举报人"进行辨析和澄清。在日常使用中，"吹哨人"更多地作为一个"舶来品"，其实和我们经常使用的"举报人"差不多。不过需要指出的是，不管是"吹哨人"还是"举报人"，和我们通常所说的"证人""信访人"并不是同一个概念，虽然在所指上或有所交叉。吹哨人是指将所发现的违法违规、不端或不正确的信息或者行为向组织内或外进行披露从而拉响警报的人。这既包括公共部门，也包括私营部门，而吹哨人不局限于机构内部员工，也不必是一国公民，等等。"吹哨人"带有较强的公共利益导向性特征，这也是本书倾向于采用"吹哨人"代替"举报人"的主要原因，毕竟"吹哨"比较形象，更有利于彰显预警的功能和目的。而证人主要是指在侦办案件过程中向司法行政机关提供证言的人。"信访"制度是中国特有的制度，是指公民、法人或者其他组织采用书信、电子邮件、传真、电话、走访等形式，向各级人民政府、县级以上人民政府工作部门反映情况，提出建议、意见或者投诉请求，依法由有关行政机关处理的活动，相应的主体则被称为信访人。从理论上讲，"吹哨"和"信访"都是公民监督权的一种实现方式，是公民参与管理国家事务的路径和表现，应当予以激励和保护，但是在实践中"信访"往往成为公民在利益诉求无法通过常规渠道获得满意解决的情况下采取的一种极端和非常规路径，是社会冲突和社会矛盾激化的一种体现。① 所以在当下中国语境里，信访主要针对的是公共部门，而且很多是针对公民个人的冤屈进行的申诉，而"吹哨"则包括对"公共利益"的更多关注。

2. 意义阐述

（1）健全"吹哨人保护制度"能满足改善政治生态的系统性需求

只要有权力而权力的运行又得不到有效制约和监督的地方就有可能发生腐败。这种生态式的腐败需要系统性的应对方案，而吹哨人保护制度则满足了这一要求。它不仅覆盖政治领域的所有权力运行网络，而且对于其他领域的腐败，比如食品药品安全、环境污染、学术、医疗、教育等的腐败也能起到惩处和威慑作用。这种方式着眼于激烈的"内部人"将组织内部潜藏的违法信息向外界传递，打破上下级组织或者政府与企业之间信息不对称的格局，从而加强政府监管，促成政府与公民

---

① 陈卫东、张佳华：《检察机关举报工作中的现实问题与对策研究》，《中国人民大学学报》2011年第3期。

的合作。① 此外，党风政风民风都是相互影响、相互渗透的，刘少奇早在几十年前就说过，只要社会中还存在着"自私自利、阴谋诡计、官僚主义等各种恶浊的东西"，"社会中还存在着阶级，存在着剥削阶级的影响，那末，在共产党内也就难免或多或少地存在一些恶浊的东西"。② 所以要对社会所有"以权谋私"的现象进行宣战，能覆盖公私部门的"吹哨人保护制度"无疑是一件"利器"。

（2）健全"吹哨人保护制度"有助于补充和完善当前中国以自体监督为主的监督体系

在中国以权谋私现象的症结不在于权力没有制约，而在于监督出了问题。事实上，在中国权力高度集中的环境下，基本上没有哪一级的权力不受到更高级别权力的制约。体系内的监督机制也不少，有人大监督、纪检监察监督、司法监督、审计监督等，但是效果并不明显。这一方面是习近平总书记所说的监督"失之于宽、失之于松、失之于软的问题"，另一方面则是由于这些监督同属于自体监督或者叫同体监督，而后者可能困于利益的羁绊而常常显得苍白无力，甚至形成官官相护的潜规则。另外，也确实存在着"上级监督太远，同级监督太软，下级监督太难"的问题。上级太远，并不掌握实际情况，包括一些黑幕信息等，而同级监督则存在权力不够大的问题，下级则更不用说了，在权利没有足

---

① 詹强：《行政法学视野中的"吹哨人"制度》，《福建行政学院学报》2016年第4期（总第158期）。

② 刘少奇：《论共产党员的修养》，人民出版社2018年版，第93页。

够保障而"县官不如现管"的情况下,下级谁还敢监督吹哨上级呢!在反腐败斗争的治标阶段,我们主要采用了"巡视"等利器,也确实取到了立竿见影的效果,但是从长远来说还是应该加强自下而上的监督,毕竟公众能发挥数量及近距离的优势,因此健全"吹哨人保护制度"无疑是一种重要的战略选择和补充。它不仅能带来外部比如社会上的个体公民以及一些组织等的监督,而且能鼓励内部下属或者平级的监督吹哨,从而弥补上级监督信息不对称的劣势。它也能为当前方兴未艾的网络反腐提供指导和规范。在中国当前的反腐倡廉斗争中,网络反腐发挥了重要作用,但是网络反腐本身面临正当性缺失的窘境,因为它并不是法律法规所认可的一种正规合理途径。事实上,正是因为完善的"吹哨人保护制度"的缺失才导致公民正规吹哨渠道的淤塞以及网络吹哨等新型路径被开拓了并受到人们的青睐。

(3)健全"吹哨人保护制度"有助于消解社会资本的负向作用

近年来,中国腐败走向的一大特征就是从个体和单一层面走向多主体和多形式的网络结构。这正好应和了中国传统关系社会和熟人社会的特征。所谓社会资本,就是指存在于社会关系网络中并能够被行动者投资和利用以便实现自身目标的社会资源,它在很大程度上正是腐败网络形成的政治社会结构根源。正如一位学者所分析的那样,从社会资本的视角来看,腐败网络"是利益主体通过控制关键位置和节点,建立起内部高度信任和规则严密的封闭式网络体系,利用公共权力从外部攫取资源在内部实现资源共享";其中核心的节点位置往往是被掌握着公共权力的公职人员、资源垄断者或其亲属所占据,他们能够凭借权力、职务、地位等因素获得大量的核心信息和重要资讯，并让这些信息在所属的特定网络体系中流动，从而实现权钱或者其他方面的等价交换。① 社会资本的投资性和集聚性、转换性和连续性、消极制约性等又分别导致腐败网络的强化性、复杂性和难于退出的特点。腐败网络和社会资本的交融强化所导致的后果则是正式制度的疲软和潜规则的盛行，"法不责众"投机心理的增强，腐败网络内部信任关系的异化，以及阶层的固化等。②

完善的"吹哨人保护制度"之所以对社会资本的负向作用有所消解，就是因为其对吹哨人的保护、激励、救济等为腐败网络从内部攻破创造了条件。在腐败网络中，成员间彼此熟悉对方的社会关系和社会活动范围，熟悉各自的底细和丑陋面，而且上下游为了生存和平衡，彼此常存在着单向控制或相互控制的强迫联动关系，从而使内部成员间形成共赢共溃的强大内聚力。腐败网络一旦出现被撬开的风险，就会招致周边节点的暴露和整个网络的瓦解，所以一个局内人想退出、吹哨等都必须承担极高的风险，局外的知情人士也会对于揭发检举持有退缩和迟疑的态度。③ 国内屡见吹哨人遭到打击报复则是明例。如果有完善的"吹哨人保护制度"，则会使腐败网络被曝光的概率大大提高，尤其是"吹哨人"的安全和利益得

---

① 殷盈:《社会资本视域中腐败网络生成的过程与后果》,《南京师大学报》(社会科学版) 2015 年第 6 期。
② 殷盈:《社会资本视域中腐败网络生成的过程与后果》,《南京师大学报》(社会科学版) 2015 年第 6 期。
③ 殷盈:《社会资本视域中腐败网络生成的过程与后果》,《南京师大学报》(社会科学版) 2015 年第 6 期。

到足够的保障，然后再辅以必要的"公共精神"培育以及物质激励。事实上，对腐败网络内部的"离间"手段也有很多。有学者就提出了针对腐败中攻守同盟的利益背反方案，比如将行贿受贿分为受贿阶段与完成阶段：在受贿阶段，只要受贿者主动坦白，则他不但无过，反而有功，而对行贿者则予以惩罚；在完成阶段则相反；这样，在任一阶段都有且只有一方获利并且有且只有一方受损，于是形成双方利益与风险的多重背反。这种"离间"策略无疑也为从内部攻破腐败网络提供了一个好的思路和方向。

第一，健全"吹哨人保护制度"切合了党的十八届三中全会深化改革总决定的目标追求。

众所周知，全面深化改革的总目标是完善和发展中国特色社会主义制度，推进国家治理体系和治理能力现代化。而健全"吹哨人保护制度"无疑对于这两方面都是极大的促进。第一，它是对中国现行制度的完善和发展，所以在坚持利用中国制度优势继续谋发展的同时，并不存在改旗易帜的风险。国内不少学者主张通过推进民主政治建设谋求中国政治生态的改善，但是对于民主政治建设的内容则有显著差别。有的主张在授权民主环节做文章，着力解决"权为民所赋"的问题，虽然也承认这可能会削弱权威，但又不得不行。[①] 至于那些建议引进更多西方自由民主制度的倡议，比如实行分权制衡、普选、司法独立等的主张，则更是南辕北辙，甚至有引狼入室的危险。第二，它有助于推进国家治理体系和治理能力现代

---

① 王长江：《民主是良好政治生态的要件》，《探索与争鸣》2015年第6期。

化建设。国家治理不同于传统管理的主要区别在于两个方面：一是治理主体更加多元，有更多来自社会组织、公民等的参与；二是治理的运行向度既有自上而下的管理，也有自下而上的参与。很明显，健全"吹哨人保护制度"无疑对于发挥公民监督作用、提升公民参与意识都有重要的作用。

第二，健全"吹哨人保护制度"有助于培育公民公共精神和推进民主政治建设。

上述社会资本负向作用的发挥，在很大程度上就和公民公共精神的缺失有关，而后者恰恰依赖于制度环境的支持才能得到培育。这或许能让人联想到王岐山所推荐的《旧制度与大革命》中所描述的法国革命前的场景：

>　　他们一心关注的只是自己的个人利益，他们只考虑自己，蜷缩于狭隘的个人主义之中，公益品德完全被窒息。专制制度非但不与这种倾向做斗争，反而使之畅行无阻；因为专制制度夺走了公民身上一切共同的感情，一切相互的需求，一切和睦相处的必要，一切共同行动的机会，专制制度用一堵墙把人们禁闭在私人生活中……在这类社会中，没有什么东西是固定不变的，每个人都苦心焦虑，生怕地位下降，并拼命向上爬；金钱已成为区分贵贱尊卑的主要标志，还具有一种独特的流动性，它不断地易手，改变着个人的处境，使家庭地位升高或降低，因此几乎无人不拼命地攒钱或赚钱。不惜一切代价发财致富的欲望、对商业的嗜好、对物质利益和享受的追求，便成为

最普遍的感情。①

而"吹哨"则主要是通过一整套完善的制度安排来激发公民对于一切公共事务的关注和监督热情，从而真正实现社会主义国家人民当家作主的本质属性。至于对于民主政治的推进，这本身就是主权在民的体现，也是对《宪法》第十一条所规定的公民监督权的激活与兑现。它也顺应了当今世界民主发展的大势，事实上，随着人民生活水平的提高，人们必将从最初生存、温饱的需求逐步发展到当家作主的要求，而"吹哨人保护制度"的健全无疑有助于增强他们的赋权感（获得感），从而增强对国家的认同。这也有助于官本位观念的消解和人身依附关系的终结。这种民主思路呼应了毛泽东在回答黄炎培先生之间如何跳出"其兴也勃焉""其亡也忽焉"的"历史周期率"所给予的答案。

第三，健全"吹哨人保护制度"有助于中国的国际"履约"形象并提升在国际上的软实力。

如前所述，吹哨人保护制度已成为国际反腐利器并被不少国际组织和协议所倡导。因此积极借鉴国外实践经验健全中国的"吹哨人保护制度"不仅能改善中国在国际上的"履约"形象，比如履行《联合国反腐败公约》和二十国集团峰会发布的指导原则等，而且能缓解西方敌对势力对中国并未朝国际主流政治文明相向而行的指责。这种"虚怀若谷""有容乃大"的姿态和行动将有助于彰显和

---

① 转引自《解读〈旧制度与大革命〉》，http://view.news.qq.com/zt2012/tkwer/index.htm?ptlang=2052，2019年5月7日登录。

坚定我们的"四个自信"。

(二) 历史沿革

与举报相关的概念和机制，中国古已有之。自秦汉时期起，便已有监察御史制，统治阶级同时辅以举报机制，鼓励臣民检举官员，从而达到"左右手的医治"①。西汉时期，中国最早的举报箱出现，为保护举报人，避免举报人遭受报复，御史可"风闻奏事"。在新中国成立后，信访制度得到确立，并将"举报"从信访制度中区分出来，单独成项。1988年3月8日，中国检察机关成立了第一个举报中心，截至2011年，统计数据显示，已有3600多个检察院设立了"举报中心"，形成了覆盖全国的举报网络。②《联合国反腐败公约》第三十三条要求各缔约国在本国法律中纳入相应措施以保护那些出于合理理由及善意而向主管机关进行信息披露的吹哨人，保护其不会因吹哨行为而遭受任何不公正待遇。中国于2005年正式加入《联合国反腐败公约》，于2006年步入该公约实施工作的第二阶段，并将与"吹哨人保护"相关的工作计划纳入规划方案中。③

党的十八大以后，随着中央反腐风暴的展开，中央关于举报人保护制度也在不断推进和完善中。2016年，由最高人民检察院、财

---

① "左右手的医治"来自忽必烈的表述："中书省是我的左手，枢密院是我的右手，御史台是我用来医治左右手的。"
② 陈卫东、张佳华：《检察机关举报工作中现实问题与对策研究》，《中国人民大学学报》2011年第3期。
③ 戴巍：《〈联合国反腐败公约〉视域下中国举报人保护法制发展分析》，《邵阳学院学报》（社会科学版）2016年第15卷第4期。

政部以及公安部起草，并由中央深化改革领导小组审议通过的《关于保护、奖励职务犯罪举报人的若干规定》正式出台，进一步将吹哨机制中的"保护"和"奖励"环节规范化、制度化。2018年3月，《中华人民共和国监察法》正式替代了原先的《中华人民共和国行政监察法》，其中第六十四条及第六十五条对中国吹哨人保护机制做了进一步完善。而且中国还是G20中唯一一个将举报保护纳入宪法的国家。2019年9月，"吹哨人"一词也首次出现在国家层面的文件中。由国务院印发的《关于加强和规范事中事后监管的指导意见》明确提到了该制度建立的重要性。

（三）制度设计

1. 法律来源

中国目前尚无专门性的吹哨人保护立法，因此，与之相关的条款仍旧散见于不同的法律法规中，并分为三个层次，即宪法层面，刑法、刑事诉讼法等法律层面，以及专门性的部门法规层面。

在宪法层面，依据2014年的《G20成员国吹哨人保护法制调查报告》，中国是G20中唯一将吹哨人保护条款纳入宪法的国家。现行《中华人民共和国宪法》第四十一条规定：

> 中华人民共和国公民对于任何国家机关和国家工作人员，有提出批评和建议的权利；对于任何国家机关和国家工作人员的违法失职行为，有向有关国家机关提出申诉、控告或者检举的权利，但是不得捏造或者歪曲事实进行诬告陷害。对于公民

的申诉、控告或者检举，有关国家机关必须查清事实，负责处理。任何人不得压制和打击报复。由于国家机关和国家工作人员侵犯公民权利而受到损失的人，有依照法律规定取得赔偿的权利。

在刑法、刑事诉讼法等法律层面，《中华人民共和国刑法》第二百五十四条、第三百零八条明确规定了"报复陷害罪"以及"泄露不应公开的案件信息罪"，分别禁止对吹哨人的报复行为以及对吹哨人个人信息或案件参与信息的泄露。《中华人民共和国刑事诉讼法》第一百一十条明确了吹哨的权利与义务，第一百一十一条从审查层面区分了诬告陷害与错告之间的差别，并提出了保密要求，第一百一十二条则明确了吹哨人不满审查结果的救济权利。《中华人民共和国监察法》第三十五条及第六十四条规范了监察机关对披露的受理和审查，禁止报复和诬告行为，并在第六十五条中提及不得泄露吹哨人的信息。

在专门性的部门法规层面，部分国家机关部门出台了各自的举报工作规定，如《检察机关举报工作办法》《关于保护检举、控告人的规定》《人民检察院举报工作规定》《关于保护、奖励职务犯罪举报人的若干规定》《大气污染防治法》第三十一条以及《环境保护法》第五十七条。2017年新修订的《食品药品违法行为举报奖励办法》也就奖励的条件、标准、程序等给出了细化，鼓励公民举报。除此之外，在省各级检察机关和公安部门下亦有相关条例公布，例如《广东省保护公民举报条例》。一些企业单位也设立适用于该公司的吹哨人保护制度，例如《广西丰林木业集团股份有限公司举报投诉和举报人保护制度》等。

2. 制度框架

（1）保护对象

在保护对象上，中国不同的法律法规所对应的保护范围不同，其中，《关于保护、奖励职务犯罪举报人的若干规定》的保护对象为职务犯罪吹哨人。所谓职务犯罪，中国检察机关管辖的职务犯罪共有53种，可分为三大类：贪污贿赂犯罪、渎职类犯罪、国家机关工作人员利用职权实施的侵犯公民人身权利和民主权利的犯罪。《中华人民共和国宪法》第四十一条，《中华人民共和国监察法》第一条，《人民检察院举报工作规定》第二条均明确本法的保护对象为举报国家机关和国家工作人员的吹哨人群体，未将针对企业员工或其他工作人员的吹哨保护纳入其中。一些企业单位设立的内部吹哨人保护制度仅关注对企业员工或雇主进行举报的吹哨人。目前，中国尚无一部法律法规为那些从事敏感职业的人员（如涉密人员）提供特殊的吹哨渠道或其他特殊法律保护。

（2）保护领域

目前，中国所保护的吹哨领域包括环保、食品药品、金融、行政公务及私营等。这些领域彼此并非完全独立，相互间存在一定的交叉范围。在环保领域，设立吹哨人保护措施，鼓励公众披露破坏环境的行为以及相关主管部门未依法履职的行为，充分反映了"保护大气及生态环境，人人有责"。《中华人民共和国环境保护法》（2014）第五十七条对生态环境领域的吹哨保护作出了规定，《中华人民共和国大气污染防治法》（2018）第三十一条则对大气环保领域的吹哨行为加以保护。

在食品药品领域，设立吹哨保护措施的目的主要在于确保食品药品的安全。《中华人民共和国食品安全法》第一百一十五条规定，县级以上人民政府食品药品监督管理、质量监督等部门应当对举报人的信息予以保密，保护举报人的合法权益，举报人举报所在企业的，该企业不得以解除、变更劳动合同或者其他方式对举报人进行打击报复。目前已有30多个省区先后出台地方性文件，并建立了食品安全领域的信息披露机制，这些机制在实践中更侧重于"奖励"环节。例如，2016年《上海市食品安全举报奖励办法》将奖金从20万元提高至30万元。除此之外，深圳、吉林、大连等地亦开始探索内部吹哨人保护机制，其中《深圳市食品安全举报奖励办法》为内部吹哨人设立特殊奖励，鼓励"自曝家丑"，最高奖励金额达60万元。

在金融领域，可受理举报的平台机构包括中国互联网金融协会、公安部、工信部、各级检察院等。目前有关该领域举报人保护的法律法规条款主要如下。中国证监会2014年6月颁布的《证券期货违法违规行为举报工作暂行规定》第十四条规定：给予实名举报以举报奖励；第二十一条规定打击报复行为将承担法律责任。自2007年1月1日起实施的《中华人民共和国反洗钱法》第一章第七条规定：任何单位和个人发现洗钱活动，有权向反洗钱行政主管部门或者公安机关举报，接受举报的机关应当对举报人和举报内容保密。2001年2月1日起实施的《中国人民银行行政处罚程序规定》

第四章第十六条指出：其他部门受到举报、控告的，应当将举报、控告材料转交给有关执法职能部门。但未有关于举报人保护的相关条款。《商业银行合规风险管理指引》自2006年10月25日起实施，其中第二章第十七条规定：商业银行应建立诚信举报制度，鼓励员工举报违法、违反职业操守或可疑行为，并充分保护举报人。《外商直接投资人民币结算业务管理办法》于2011年10月13日开始实施，其中第六章第三十八条规定：任何单位和个人都有权举报外汇违法行为。外汇管理机关应当为举报人保密，并按照规定对举报人或者协助查处外汇违法行为有功的单位和个人给予奖励。

此外，正如前文所述，对公务人员的违法违规行为进行吹哨，是公民的权利和义务，已被纳入宪法，理应受到保护。对私营领域的吹哨行为加以保护与鼓励可以确保商业交易的合法性，增强企业的社会责任感，同时降低公共危害和风险。

（3）保护内容

保护内容即指保护吹哨人避免因吹哨行为而遭受不公正待遇。所谓的"不公正待遇"，依据施行主体，主要可分为两类：被举报人或组织对吹哨人施行的打击报复；受理举报的工作人员对吹哨人构成的不公行为。

施行主体为被举报人或组织时，依据《关于保护、奖励职务犯罪举报人的若干规定》第七条，打击报复行为的主要表现形式有：暴力、威胁或非法限制人身自由；非法占有或损毁财产；栽赃陷害；侮辱诽谤；违规辞退、解聘或开除；克扣工资、奖金或其他应有的福利待遇；刁难、压制升职、岗位安排、评级考核；刻意拖延或不予批准对方合理申请以及其他侵害举报人及其近亲属合法权益的行为。

受理举报的工作人员对吹哨人构成的不公行为主要表现为：泄露举报事项、举报受理情况以及举报人信息；阻止他人揭发检举、提供证据；利用举报线索敲诈勒索、索贿受贿；为打击报复举报人提供便利、隐瞒、谎报举报信息等。

为保护吹哨人免遭这类报复行为，中国提出并落实的保护措施包括：规定相应的刑事处罚；设立保密机制。依据《中华人民共和国刑法》第二百五十四条，采取打击报复行为者将被处以两年以下有期徒刑或拘役，情节严重者，将被处以两年以上七年以下有期徒刑。在保密机制的设立上，《中华人民共和国刑事诉讼法》第一百一十一条明文规定应为匿名举报者保守秘密，《关于保护、奖励职务犯罪举报人的若干规定》第五条则更为严格地规定了八项保密举措，贯穿制度执行全程，从受理、举报内容录入、材料存放、报送检察长、调查核实情况到答复举报人全程强调文件密封及专人处理，并要求在调查时不得出示举报材料，在答复时不得涉及举报内容。除此之外，亦强调对吹哨人个人信息的保密，禁止对匿名材料进行笔迹鉴定。在受理举报人员对吹哨人构成的不公行为上，《中华人民共和国监察法》第六十三条、第六十五条以及《人民检察院举报工作规定》第七十七条均有禁止此类不公行为的相关规定。除此之外，中国还设立了刑事处罚以保护吹哨人免遭此类行为，依据《中华人民共和国刑法》第三百零八条，这类信息泄露并造成严重后果的，泄露人将被处以3年以下有期徒刑、拘役或者管制，并处罚金。

（四）制度执行

1. 受理与审查

依据被举报人或组织的性质差异，以及被披露信息重要程度的不同，中国受理信息披露的主体具有多样性，包括各级纪检监察机关、司法部门、主管部门等。除受理主体具有多样性外，中国亦设有多种受理渠道。吹哨人可以走访的形式，包括集体走访形式前往各级人民检察院设立的举报中心进行举报，也可通过12309举报网站或相关机关部门的门户网站（如人民检察院门户网站）提交举报信息，或者线上预约受理时间，由专员前往吹哨人认可的地点进行线下受理。人民检察院亦可受理以电话形式、信函形式、传真形式进行的举报。但目前，中国尚未对敏感信息的披露规定专门的受理渠道。考虑到受理主体和受理渠道的多样性，为加快受理效率，确保管理水平，中国已开启信息化受理，建立并完善举报信息系统，逐步实现上下级人民检察院之间、各机关部门之间举报信息的互通。

不同的受理主体在对举报信息进行审查时其审查机制亦存在差异。就监察机关的审查机制而言，审查主要分为两步，涉及监察机关内部多个部门。第一步为初步核实，针对举报提供的线索，监察机关成立核查组，由核查组撰写初步核实情况报告并提出处理建议，由承办部门提出分类处理意见，并报至主要负责人审批；第二步为立案调查，经主要负责人审批通过后，即开始办理立案手续，召开专题会议，确立调查方案及调查措施，并向被调查人、组织及其家属通知该项决定，向社会公开发布。就检察院的审查机制而言，检察院在收到举报线索后，应在7日内由专人负责，将举报文件依情移送至侦查部或下级人民检察院。各部门应在3个月内将处理情况送回最高检举报中心。上级检察院应对处理报告进行审查，若认为处理不妥，需提出意见并上报检察长审批，返回下级重新办理，必要时可派专员前往，或以网络、电话等形式进行督办。

在审查举报线索是否属实，吹哨人是否为诬陷或传谣时，所依据的审查标准需符合《联合国反腐败公约》中提出的"善意与合理"根据。《中华人民共和国刑法》第二百四十三条[①]以及《中华人民共和国刑事诉讼法》第一百一十一条均明确规定，若吹哨人是出于善意及合理的根据，但因判断失误而导致举报线索失实，应为错告或检举失实，而不应被视为有意诬陷，无须承担诬告陷害罪所规定的法律责任，否则应依照规定处以有期徒刑或拘役、管制。

2. 跟进与救济

吹哨人若因吹哨而遭遇不公平待遇，可进行投诉以寻求救济。目前，中国尚未设立专门处理这类投诉的独立机构，因此缺乏专门性救济渠道，吹哨人仅能通过通用救济渠道寻求帮助。

在吹哨人保护制度情景下，通用救济可分为三种类型：第一种是针对被举报人的报复打击行为，向吹哨人提供救济；第二种是针

---

① 《中华人民共和国刑法》第二百四十三条——诬告陷害罪（刑法）：捏造事实诬告陷害他人，意图使他人受刑事追究，情节严重的，处三年以下有期徒刑、拘役或者管制；造成严重后果的，处三年以上十年以下有期徒刑。国家机关工作人员犯前款罪的，从重处罚。不是有意诬陷，而是错告，或者检举失实的，不适用前两款的规定。

对受理举报专员对吹哨人构成的不公待遇，向吹哨人提供救济；第三种则是吹哨人对审查结果不满，为此提供救济。依据《中华人民共和国刑事诉讼法》第一百一十一条，公安机关、人民检察院以及人民法院均可为吹哨人提供救济。就第一种类型而言，依据《中华人民共和国刑法》第二百五十四条，报复陷害者，将处以两年以下有期徒刑，情节严重的则为两年以上七年以下有期徒刑。人民检察院在提供救济时，将依据报复的严重程度，分三种情况向吹哨人提供其所需的救济。第一种情况：直接危险，即当举报人及其近亲属人身、财产安全受到威胁，人民检察院应当采取以下一项或者多项保护措施：

（1）禁止特定的人员接触举报人及其近亲属。

（2）对举报人及其近亲属人身、财产和住宅采取专门性保护措施。

（3）其他必要的保护措施。

就第二种情况：有关部门对吹哨人及其近亲属受到的报复行为作出错误处理，人民检察院应要求相关部门及时纠正；第三种情况：遭受打击报复情况严重的，包括遭受人身伤害和重大财产损失，人民检察院将给予救助。就第二种类型而言，依据《中华人民共和国刑法》第三百零八条，对于泄露案件中不应当公开的信息，造成严重后果的，应当处以三年以下有期徒刑，拘役、管制并罚金。就第三种类型而言，依据《中华人民共和国刑事诉讼法》第一百一十二条，吹哨人若不满审查结果，可向相应的审查机构申请复议。

3. 宣介与激励

在宣介方面,《人民检察院工作规定》第六条明确要求各级人民检察院采取多种形式,利用现代信息技术,开展举报宣传工作。中国目前正在实践中的宣传工作包括:设立专门的举报接待场所,通过网络平台、社区海报、图书馆栏目等方式,告知公众举报受理点的地址、邮编,举报电话,网址,接待时间与地点,并向公众普及举报线索处理的程序以及查询处理进展和结果的方式。

对吹哨人的激励,可以从物质层面和精神层面鼓励更多的人吹哨。中国对吹哨人的奖励举措分为两类:一类是荣誉奖励方式,包括颁发奖旗、奖状、奖章、证书等。另一类是奖金奖励,依据所举报犯罪的性质、情节和举报线索的价值等因素确定奖励金额。不同的法律法规对奖励金额的设置不同,就各级人民检察院所规定的奖励机制而言,每案奖金数额一般不超过 20 万元。举报人有重大贡献的,经省级人民检察院批准,可以在 20 万元以上给予奖励,最高不超过 50 万元。有特别重大贡献的,经最高人民检察院批准,不受上述数额的限制。奖金方式一般针对个人性质的吹哨人,实行"一案一奖",对举报有功单位的奖励,一般采取荣誉奖励方式。

(五)制度评估

目前,中国尚无针对吹哨人保护制度实施情况的专门性、系统性评估报告,仅有针对部分省市企业,或部分领域的关联性报告。例如,2013 年《江苏法制发展报告》的子报告《江苏省公司举报机制调研报告》涉及了江苏省部分接受调研的公司所反馈的举报制度执行状况；发表于2017年《中国食品安全治理评论》上的报告《食品安全监管中的抽样检测和公众举报》涉及了食品药品领域的公众举报及保护机制评估；中国社会科学院法学研究所、国家法制指数研究中心"法制指数"创新工程项目组的《中国法院信息化第三方评估报告》中第九章第二节"便捷人民群众投诉举报"提及了有关网络举报平台的评估。[①] 在国际层面，澳大利亚的一些学者和非政府组织2014年发布了一份针对二十国集团成员吹哨人保护制度的评估报告，其中包括对中国的评估。

该报告设立了一系列评估指标：受理机构的覆盖面；违纪违法行为的详细定义；吹哨人的详细定义；内部举报渠道的设立；外部披露渠道的规范；吹哨人保护门槛是否切实可行；明文保护匿名举报；机密信息披露的保护；内部披露机制的设置要求；保护吹哨人免遭报复；在遭遇报复后设有全面的补救措施；对报复者的处罚；监督权的落实；有关透明度的立法。其中，中国在公共领域法制方面排第七名，在私有领域列第六名。各指标的评分显示，中国公共部门的表现明显强于私营机构，仍有大量的私有企业单位未能健全其吹哨人保护制度，甚至尚未建立相关机制。中国公共部门表现中评分最低，被认为"缺失"的指标有两项：外部披露渠道的规范以及有关透明度的立法。除前三项指标获得好评外，其余指标均被评

[①] 中国社会科学院法学研究所国家法治指数研究中心：《中国法院信息化第三方评估报告》，中国社会科学出版社2016年版。

为"尚不足"①。

◇ 三　比较及完善建议

（一）中外吹哨人保护制度比较

第一，在概念和意义方面，中外的鸿沟还是很明显的。西方"吹哨人"更多的是跟公共利益挂钩，而中国或许因为当前的发展阶段及亲亲相隐的传统人情社会文化的影响，公共利益导向性的"吹哨人"观念还有待发掘和弘扬。中外因为政治传统和文化的差异，西方对于"吹哨人保护制度"的重视通常从个人角度切入，比如对监督权、知情权、言论自由等基本人权的保护，也兼及一些公共福利的考量，比如维护社会公共安全和利益，提升企业社会责任，便于政府监管，防范风险，增加透明度，打击腐败等。中国对其的认识更多地带有工具主义色彩，较少和人权与民主相关联，即使正如前文所述，学界对其深远意义也开始有一些阐发。

第二，在制度的设计层面，中国的吹哨人保护体制机制虽然取得巨大进展，但是还有待完善。一方面，中国的吹哨人保护制度从无到有，逐步发展，并日益得到中央的高度重视。但总的来说制度

---

① Simon Wolfe, Mark Worth, Suelette Dreyfus, A. J. Brown, "Breaking the Silence: Strengths and Weaknesses in G20 Whistleblower Protection Laws", Retrieved at https://static1.squarespace.com/static/5e249291de6f0056c7b1099b/t/5ea06fa5373a0514bec2819a/1587572655023/Breaking-the-Silence-Strengths-and-Weaknesses-in-G20-Whistleblower-Protection-Laws1.pdf on August 22, 2020.

还比较分散，严密程度还有待提高，并且因为中国特殊的国情和政治发展道路，我们与国际层面的吹哨人保护规范的距离还比较大。中国尚未有专门的吹哨人保护立法，现有的相关条款散见于不同的法律法规中，2016年几个部委联合出台的规定也只是针对职务犯罪吹哨人的保护，并没有将之作为全面深化改革的目标单独写进党的十八届三中全会发布的决定中。

第三，在制度的执行层面，虽然较以往已经有长足进展，但是还无法做到对吹哨人的保护、救济、激励，以及对打击报复人的惩罚做到无漏洞和强有力。其中一个证据就是潜在的吹哨人会担心遭到打击报复，而出于自身安全的考虑，除非不得已，一般都不愿进行实名吹哨，甚至对于匿名吹哨也会有所顾忌。这一方面是因为吹哨人保护制度的执行本身就是世界性的难题，另一方面则是因为中国的相关规定还不完善。在制度的评估方面，这方面还没有引起国内的高度重视，而国外，比如日本、美国等的经验值得参考借鉴。

（二）中国吹哨人保护制度的完善建议

第一，全面正确认识吹哨人保护的意义，特别是要在弘扬公共精神、维护公共利益方面，深化相关研究并做好周密的顶层设计。当前国内对吹哨人保护的研究并不多，而其作为国际上通行的治理利器，无疑应该得到更多的关注、重视和深入分析。在分析中国的发展阶段、在特殊国情的基础之上探索构建中国特色的吹哨人保护制度的可能和路径等。在整体的顶层设计中，应重点从潜在的吹哨人角度出发对制度进行"查漏补缺"，确保保护无漏洞和薄弱环节，预先考虑对制度的定期评估,包括收集和分享相关数据,并适时进行政策和制度调整等。

第二,重点推进国民公共精神的培育以及民主素质的提升,引导形成一种尊重人权以及鼓励公共利益意义上的吹哨文化。一套完善的吹哨人保护制度要想发挥其应有的功能,特别依赖于良好的公共精神以及国民素质,包括基本的人权意识。培育鼓励吹哨的文化也需要加强对该制度的宣介和激励。相关举措可以包括在员工入职手册中明确相关的权利和义务,在宣传栏里长期张贴相关规定,在对举报的物质激励方面考虑借鉴国外一些国家"罚金分成"的做法等。只要结果是有利于社会及公共利益的,或可以不用考虑吹哨人的主观动机。

第三,在制度设计的技术层面,中国吹哨人保护制度可以考虑加强如下一些举措:(1)通过可诉讼化加强吹哨人和被举报对象双方的程序正义,包括落实保密制度等;(2)切实防止任何形式的歧视性或隐性报复行为,包括解雇、停职或降级,其他纪律处分或纠正措施,重新分配任务,绩效评估,关于薪酬、福利、奖励、教育或培训的决定,要求接受医学检查或职责、责任或工作条件等其他的重大变化,在遴选、复职、任用或晋升等人事变动方面的歧视行为;(3)严厉打击骚扰、侮辱、威胁和任何其他形式的明显报复行为;(4)免除吹哨人刑事和民事责任,特别是诽谤和违反保密法方面的指控;(5)在有初步证据显示存在打击报复行为后,雇主有责任证明对举报者造成损害的措施是出于举报以外的原因。

第六章

系统观念指导下中国预防腐败体制机制的国际借鉴和完善

正所谓"君子之道日彰，小人之道日亡"，随着中国道路越走越宽广，特别是在新冠疫情冲击下中外表现殊异的对比下，社会各界对中国特色社会主义"四个自信"，即"道路自信、理论自信、制度自信、文化自信"空前认同，而这为中国更加虚怀若谷和开放借鉴奠定了有利条件。其中就包括积极向西方发达国家借鉴学习预防腐败体制机制的丰富理论和实践。不过，这种时候我们需要避免盲目自大以及妄自菲薄两种极端倾向，而是应该实事求是，对具体制度进行客观仔细甄别辨析。这尤其需要系统观念的指导和文化形态学的视角，对中西方宏观差异有所把握，从而更好地理解预防腐败体制机制国际借鉴的可能和标准，并在全面深化改革和推进社会主义民主政治建设的整体谋划中完善本书所考察的四项制度，使各归其位各尽其能，为实现中华民族伟大复兴作出贡献。

第六章　系统观念指导下中国预防腐败体制机制的国际借鉴和完善

一　坚持用系统观念指导中国反腐倡廉体系建设

中共十九届五中全会通过的《关于制定国民经济和社会发展第十四个五年规划和二〇三五年远景目标的建议》首次将"坚持系统观念"上升为未来一段时间国家各项工作的指导原则。而在随后召开的十九届中央纪委五次全会上，习近平总书记强调当年的纪检监察工作要围绕开好局、起好步来展开，要深入贯彻全面从严治党方针，充分发挥全面从严治党引领保障作用，确保"十四五"时期中国发展的目标任务落到实处。那么怎样从系统观念出发来指导反腐倡廉工作无疑就是其中应有之义，需要我们深入思考和研究。事实上，党中央近年来提出一体推进不敢腐、不能腐、不想腐（以下简称"三不"）的从严治党重要方略，将正风肃纪反腐与深化改革、完善制度、促进治理贯通起来等无不体现着系统观念的智慧。所以不管是从增强"四个意识"、坚定"四个自信"、做到"两个维护"，还是从提高政治判断力、政治领悟力、政治执行力的角度，都要求我们对其中的深邃智慧进行细致阐发并从中得出一些有益的政策启示。

（一）何为系统观念

系统观念与系统思维同义，按照当前的普遍理解，指的是根据对象的系统性特征，从要素和要素、要素和系统、系统和环境的相互联系、相互作用中，综合、整体地考察认识对象的一种思维形式。其与非系统思维的差别就如同唯物辩证法与马克思主义所批判的形而上学方法的差别，即发展地而不是静止地、全面地而不是片面地、普遍联系地而不是单一孤立地观察事物。中国语境中的系统观念有三个来源：一是由西方近代科学发展出的系统科学。这在20世纪得到钱学森等老一辈科学家的阐发和倡导而广为人知。二是马克思主义唯物辩证法。其核心要义即世界的普遍联系和永恒发展。三是中国的传统文化。这在中国古代的易经思维和中医思维等中就有很好的体现，包括对圜道观及全息感通的强调等。系统观念的核心原则包括整体性原则、互联性原则和演进性原则，后两者分别对应空间和时间维度。其中，中国本土思路来源较之于西方思想来源最突出的差异是对时间维度的强调，所以虽然西方系统科学将系统思维总结提炼出很多相关概念并提出丰富理论，但是其缺失了非常重要的历史维度。

中央之所以在此时将系统观念上升为未来各项工作的指导原则，主要有三个原因。第一，从原理上讲，系统观念的必要性是由事物的客观系统属性所决定的，也只有这样我们才能客观地认识和把握外在事物。第二，在全球化、信息化和网络化日益深入的今天，系统观念的重要性日益凸显。第三，中国在逐渐进入本土时代实现本土意识觉醒的需要。虽然西方的系统科学也很发达，但是其文化传统主要还是以"大阴解之"为特征，所以其化约和分析等形而上学的方法才会在当前西方主导的哲学社会科学中大行其道，并对我们形成巨大的影响。现在我们是到了一个学习并消化西学后力争实现回归传统"大一通之"智慧的阶段。

（二）系统观念下的腐败概念与反腐倡廉建设

从词源上说，跟不少其他词汇一样，现代汉语中的"腐败"属于日源外来词，是近代日本学者借用汉字翻译西方概念 corruption 的结果。"腐败"一词在古汉语中也有出现，为同义复合词，意思为"朽烂变质"。西方的"腐败"在古代除了指称物质层面的"毁坏变质"外，还主要用来形容政治体的整体性衰败及其对应的人的灵魂的堕落。现代汉语中第一次使用"腐败"出现在梁启超1902年的《亚里士多德之政治学说》中，即取此意。但是，随着西方政治思想史从古典共和主义演变为现代自由主义，腐败概念也出现了巨大变迁。如今的腐败概念主要是建立在公私二元划分基础之上，用来指称"公权私用"的个体行为，而随着行为主义和实证主义的兴起，腐败概念逐渐背离其整全含义，出现定义越来越窄的趋势，这样，古代宏观整全性的腐败观念逐渐转化为片面狭隘的只盯住掌握公权力的个体官员行为的描述和诊断。很明显，广义腐败观比较接近系统观念。这从腐败的反义词廉洁（Integrity）的词根"整体"上就有很好的体现，而且可以说一切马克思主义意义上的异化都是腐败。这也应和了中国古代大哲庄子对片面性的预言和警告："后世之学者，不幸不见天地之纯，古人之大体，道术将为天下裂。"（《庄子·天下》）

以习近平同志为核心的党中央一直从系统观念的高度推进反腐倡廉工作。这从以系统施治、标本兼治的理念正风肃纪反腐的提法及一体推进不敢腐、不能腐、不想腐的战略目标就有很好的集中体现。正如习近平总书记在十九届中纪委四次全会上所指出的："不敢腐、不能腐、不想腐是相互依存、相互促进的有机整体，必须统筹联动，增强总体效果。要以严格的执纪执法增强制度刚性，推动形成不断完备的制度体系、严格有效的监督体系，加强理想信念教育，提高党性觉悟，夯实不忘初心、牢记使命的思想根基。"[1] "三不"与正风肃纪反腐也有很好的对应关系，其中不敢腐对应着雷霆反腐的威慑作用，不能腐对应着织牢纪法等制度的笼子，不想腐则对应着从思想文化根源上寻求解决端正风气的治本之举。习近平总书记对"四风"成为腐败温床的洞见，对"腐蚀"和"围猎"的提法，对用好"四个形态"的重视，对修身和齐家的强调，以及对将正风肃纪反腐与深化改革、完善制度、促进治理贯通起来等的要求也都可见这种一以贯之的系统思维智慧，需要我们切实遵循并得出有益启发。

二 文化形态学视角下的国际借鉴

在系统观念的指导下，我们考察一项具体制度的国际借鉴就需要特别重视其背后千丝万缕的联系。这就需要我们掌握马克思主义唯物辩证法及其在哲学社会科学中具体运用的例子——文化形态学这把钥匙。正如"胜者为王"的道理所揭示的，近代以来的历史见

---

[1] 《习近平谈治国理政》第3卷，外文出版社2020年版，第549页。

第六章 系统观念指导下中国预防腐败体制机制的国际借鉴和完善

证了西方文明的日益走强和不断扩张,而这导致西方文化观念和思维模式或多或少地影响着世人的思考,以及被其主流视为"异端"的马克思主义唯物辩证法与文化形态学的边缘化。鉴于此,这里有必要重点对这一"密钥"作较为详细的介绍和说明。

国人耳熟能详的唯物辩证法(Materialist Dialectics),又称辩证的唯物主义,是一种研究自然、社会和人的思维的哲学方法。它是由马克思首先系统性地整理及批判性地改革费尔巴哈、黑格尔等的哲学体系而逐步成形,再经后来的马列主义者(主要如恩格斯、列宁、李达、艾思奇、毛泽东等)的发展而形成的一套逐渐完善的世界观(本体论)、认识论和方法论的思想体系,是马克思主义哲学的核心组成部分。

唯物辩证法认为,世界存在的基本特征有两个:其一,世界是普遍联系的;其二,世界是永恒发展的。在前一个特征方面,唯物辩证法用普遍联系的观点看待世界和历史,认为世界是一个有机的整体,主张联系是事物之间和事物内部诸要素之间的相互依赖、相互影响、相互作用和相互制约,反对以片面或孤立的观点看问题。在唯物辩证法看来,联系具有客观性、普遍性和多样性。联系的客观性是指联系是事物本身所固有的、不以人的主观意志为转移的属性。联系的普遍性体现在一切事物、现象和过程都既有横向的与周围事物的联系,也有纵向的与历史和未来的联系;它们及其内部各要素、部分、环节,都不是孤立存在的,而是相互依赖、相互作用、相互影响、相互制约的,虽然它们也存在着相对独立性,即任何事物都同其他事物相区别而相对独立地存在。事物的普遍联系和事物的相对独立存在是互为前提的。联系的多样性是指联系可分为内部联系和外部联系、本质联系和非本质联系、必然联系和偶然联系、主要联系和次要联系、直接联系和间接联系等。在实践中，注重分析和把握事物的各种条件，一切以时间、地点和条件为转移。

在后一个特征方面，唯物辩证法认为，世界是一个过程，由不同的状态组成；世界上没有永恒的事物，有生必有灭，无灭必无生；在旧事物灭亡的同时，就意味着新事物的产生。在唯物辩证法看来，所谓发展就是指事物由简单到复杂、由低级到高级的变化趋势，其实质是新事物的产生和旧事物的灭亡；其发展往往是一个"不平衡→平衡→新的不平衡→新的平衡"的波浪式前进、循环往复式上升的过程，而一个个有限的过程就组成了无限发展的世界，换言之，世界也可以被看作永恒发展的"过程"的集合体。①

而文化形态学可以说是马克思主义唯物辩证法在当代人文社会科学中最为接近和直接的体现。因为这种亲近性，文化形态学在西方主流学术界也是非常边缘化的小众学科。② 它是斯宾格勒将生物学上的"形态学"方法运用于历史文化研究的一门学问。在斯宾格勒看来，"所有的理解世界的方式，在最后的分析中，都可描述为一种'形态学'。机械的和广延的事物的形态学，或者说，发现和

---

① "唯物辩证法"，维基百科，https：//zh.wikipedia.org/zh-hans/%E5%94%AF%E7%89%A9%E8%BE%AF%E8%AD%89%E6%B3%95，2020年10月16日登录。

② "形态学"本是生物学的一个概念，意指那种通过分析与比较生物现象的形式、结构和生长过程等来确定它们的种类属性和生长特征的方法。这一方法后来也用于地质学、地理学和语言学等领域。它不同于传统科学之处在于它不是从先定概念或普遍本质去推演具体现象，而是通过对不同现象进行比较和提炼来揭示这些现象背后所体现的历史特性。

第六章　系统观念指导下中国预防腐败体制机制的国际借鉴和完善 **291**

整理自然定律与因果关系的科学,可称之为系统①的形态学。有机事物的形态学,或者说历史与生命以及所有负载着方向和命运之符记的东西的形态学,则可称之为观相的形态学"②。系统形态学研究的是作为自然的世界,而观相形态学研究的是作为历史的世界。前者把世界看作已经生成的,可用因果关系和科学定律加以把握的,而后者则把世界看作正在生成的,是只能凭直觉去观察和体验的,所以可以说前者是"科学的经验",所遵循的是一种"空间的逻辑"和因果的必然性,而后者是"生命的经验",所遵循的是一种"时间的逻辑"和命运的必然性。

所谓"观相学",顾名思义,就是通过观察一个人的体貌特征去预断其个性特征、人生经历及命运的艺术,在斯宾格勒那里,这个概念被推及与生命活动有关的一切事物和现象,即通过对人类历史中的一切事物和现象的体认,去把握其背后的生命形态的特征与命运。观相的方法其实就是艺术的方法、审美的方法,它不仅要求我们对对象进行直观的把握,而且要求我们设身处地、"生活在对象之中",以内在之眼去体验、经历对象的生活。正如他所指出的:

　　自然研究者可以教育出来,但明识历史的人却是天生的。他一下子就能抓住和穿透人与事的要害,且凭的是一种感觉,这感觉是学不来的,是说辞所不能训示的,而且只有在其极其强烈的

---

① 这里使用的"系统"很明显和上述"系统观念"中的系统并不是同一个概念。
② 转引自[德]斯宾格勒《西方的没落》,吴琼译,上海三联书店2006年版,导言。

时候才能有些微的显示。……形式与定律，描绘与理解，象征与公式，皆有不同的器官，它们的对立就类似于生与死、生产与毁灭的对立。理性、体系和理解，当它们在"认知"的时候，就是一种扼杀。那被认知的东西，成为一个僵死的对象，可以度量和分解。相反，直观性的内心视象可以在一个活生生的、内在地感受到的统一体中赋予具体的细节以生命和活力。①

这或许容易让人想起尼采对西方哲学传统的批判，因为该传统将所有活生生的概念全部变成"木乃伊"，这些哲学家威胁到所有他们崇拜的东西的生命。

在斯宾格勒那里，文化哲学、历史哲学、生命哲学是三位一体的相通概念。他在著作中虽然很少提及生命哲学，但是却特别强调"文化有机体"的概念。这不论是生命的还是文化的都包含着两层意思：一是一个由各个部分有机地联系起来的整体；二是一个包含着从出生到成长、从衰老到死亡的有机的生成过程。所以如同人体是由神经系统、消化系统、血液循环系统等组合而成的一个有机整体一样，文化有机体也是由各个部分组成的，如政治组织、经济形态、法律体系、哲学与宗教、科学与艺术等，文化的心灵或精神正是通过这各个部分的共同作用来实现或完成自身的，同时也是体现于这各个部分之中的。因此，文化的各个部分的性质、状态及发展水平，是与文化整体的性质、状态及发展水平相一致的，一定的艺

---

① ［德］斯宾格勒：《西方的没落》，吴琼译，上海三联书店2006年版，导言。

术形式总是与一定时代或文化的一定发展阶段的政治、经济、宗教、科学等方面的状况相关联的，反之亦然。故而，对各种文化现象的考察，就不能只抓住其表面的特征，不能将其视作孤立的因素，使其与作为有机体的整体割裂开来，而是应当在整体中、在与其他部门或领域现象的通观中来显示其本质，来揭示这一文化有机体的"形态学关系"①。只有这样，按斯宾格勒的说法，"艺术的形式跟战争和国家政策的形式联系起来了。同一文化的政治方面和数学方面，宗教概念与技术概念之间，数学、音乐和雕塑之间，经济学与认知形式之间，都将显示出深刻的关系"②。

很明显，斯宾格勒的文化形态学与马克思主义的唯物辩证法是非常亲近而且相通的，甚至可以视为是后者在当代哲学社会科学中的直接运用和体现。他对观相的形态学的阐述其实就是对马克思主义经典作家将社会描述为"活的有机体"的一个注脚。西方的主流哲学传统擅长的只是万物的"相对独立性"，及在其基础上形成的"机械性"的"系统形态学"，但是对于万物普遍联系的面向和永恒发展的面向，特别是社会作为"活的有机体"面向则基本上是空白的。而这恰是这里采取的"密钥"所能打开的知识"宝藏"。这也呼应了国内一学者对中国、西方和印度哲学本质特征差异的解读：西方哲学重空间，印度哲学重时间，中国哲学时空兼顾；其中，视现实为幻的印度和重现实之虚的中国，是很难产生出亚氏逻辑和实验科学的，而西方哲学的特质决定了只有西方文化才能率先现代化，但是其特质的片面性又决

---

① [德]斯宾格勒:《西方的没落》，吴琼译，上海三联书店2006年版，第22页。
② [德]斯宾格勒:《西方的没落》，吴琼译，上海三联书店2006年版，第46页。

定了西方主导的统一世界史在给人类带来丰盛、新奇、辉煌的同时，也产生了持续的麻烦、矛盾和困境，需要东方哲学来予以启发和拯救，比如人类命运共同体的理念。[①] 或许正如斯宾格勒所预言的那样："在西方，用系统的方式处理世界，在过去的一百年中已经达到并通过了它的顶点，而观相的方式的伟大时代尚未到来。在百余年的时间里，在这块土地上仍有可能存在的所有科学，都将成为与人有关的一切事物的一种广泛的'观相学'的一部分。这正是'世界历史形态学'的意义所在。"[②]斯宾格勒这里使用的"世界历史形态学"与中国提出的"人类命运共同体"何其相似。

◇ 三 中西宏观差异比较

联系到本书所聚焦的主题，要理解和把握国际上通行的四种预防腐败体制机制的借鉴，我们需要"透视"其背后的历史文化传承精神，并对其有一个宏观的把握。因为兹事体大，这里将不惜笔墨对其进行比较深入的阐述。

（一）中西文化的主要差异

思想界关于中西方文化本质差异的讨论已经非常之多。20 世纪

[①] 张法：《新型的世界哲学应当是怎样的——从人类命运共同体谈起》，《哲学分析》2018 年第 1 期。

[②] ［德］斯宾格勒：《西方的没落》，吴琼译，上海三联书店 2006 年版，导言。

第六章　系统观念指导下中国预防腐败体制机制的国际借鉴和完善

50年代初新儒家代表人物唐君毅就出版了《中华文化之精神价值》。该书以中西文化差异为背景，对中国文化精神予以宏观阐述，回应了百年来中西文化之纠结，并昭示了中国文化未来之远景。他将中华文化精神总结为六个本质特征：无定体观，即没有本体的不变质相，一切物都是由关系构成，都是过程，唯变为本质；生生不已观，即宇宙无有止息观；非定命观，即没有什么东西是单线单向像一神一样地主宰决定其他一切命运的；合有无动静观，即有无、动静无不是一事物之两方面的相系不分而已；无往不复观，即反者道之动，阴阳相反相成，一切事物无往不复；性即天道观，即万物之性谓天道不二、不分。[1] 当代著名比较文化学者安乐哲则将中华文化精神概括为"一多不分"。在安乐哲及其研究团队看来，西方思想传统自古希腊苏格拉底、柏拉图、亚里士多德开始，到启蒙运动确立的个人自由主义基于两点：一是形而上学的超绝造物神（或唯一真理）本体论；二是宇宙间一切皆为形而上学质相的个体性、互不联系、二元对立。这在比较中西哲学阐释视域中可称为"一多二元"，而与"一多二元"相对，中国的天道万物观可概括为"一多不分"，因为中国自然宇宙观没有西方形而上学的超绝造物神或唯一真理的"一"，也没有西方形而上学质相的个体性、互不联系、二元对立的"多"，所以"一多不分"是"一"中有"多"、"多"中有"一"；"一"与"多"互为必要依存条件。[2] 旅居北美多年的

---

[1] 转引自《"一多不分"概述》，一多不分网，http://www.yiduobufen.com/index.php/index/chinawordart/id/45.html，2020年10月17日登录。

[2] 《从中西文化互鉴看马克思主义中国化》，一多不分网，2017年9月18日，http://www.yiduobufen.com/index.php/index/chinawordart/id/45.html，2020年10月17日登录。

香港同胞吴大品则提前退休，花了三年时间对中西方文化差异进行了系统研究，其成果《中西文化互补与前瞻——从思维、哲学、历史比较出发》系统考究了中西方因为环境与演化所导致的思维不同，人际关系不同，乃至宏观历史的不同，并对中西方的互补性及未来中西合璧的可能进行了讨论。[1] 后来的学术界也有不少研讨，包括以中西文化差异为背景考察具体议题。这里将不揣浅陋，试图用新的表述勾勒对中西方主要差异的理解。

中西文化精神或者叫"心灵"的差别，一言以蔽之，可以说是"大一通之"与"大阴解之"的差别。这与上述有学者所总结的"西方哲学重空间，印度哲学重时间，中国哲学时空兼顾"，以及"一多二元"与"一多不分"的提法和观点并不矛盾，事实上，中华文化精神"时空兼顾"和"一多不分"的特质也就是这里所说的"大一通之"的最好体现。这一抽象和提炼也切合了上述唯物辩证法和文化形态学的洞见。"大一通之"就体现在世界普遍联系和永恒发展的两个基本特征之中，而"大阴解之"则是西方主流哲学传统所擅长的对万物相对独立性展开的"分而析之"的传统。

"大一通之"和"大阴解之"的表述引自《庄子·徐无鬼篇》，在先秦思想家中其常与天地、本末、母子等意象相通，而后者似乎更为形象和便于理解，并常见于先秦典籍中。比如《庄子·天下篇》言："'天能覆之而不能载之，地能载之而不能覆之，大道能包之而不能辨之'；知万物皆有所可，有所不可，故曰：'选则不遍，

---

[1] 吴大品：《中西文化互补与前瞻——从思维、哲学、历史比较出发》，中华书局（香港）有限公司2009年版。

教则不至,道则无遗者矣'。"《淮南子》言:"夫道有经纪条贯,得一之道,连千枝万叶","譬犹本与末也,从本引之,千枝万叶,莫不随也","辟若伐树而引其本,千枝万叶则莫得弗从也"等。《道德经》则言:"我独异于人,而贵食母。"

由上讲述,我们不难理解贯穿中国历史并延续至今的"大一统"思想和实践。中国"大一统"一词的正式提出,始见于《公羊传·隐公元年》:"何言乎王正月?大一统也。"有人认为这里的"大"字不是形容词"大",而是动词"尊大"的"大","一"是元,"统"是始,"一统"就是元始,元始就是万物(包括政治社会)的本体,所以"大一统"的本义是指政治社会自下而上地归依于一个形而上的本体,从而使这一政治社会获得一个超越的存在价值。后来这被运用到政治制度和政治文明领域,并被广泛理解为一种自上而下地以一个最高权力为中心进行政治统治的集中统一,并一直延续至今。对此,有学者指出,"大一统"正是中华文明上下5000多年历史所积淀的深厚的历史文化传统中的关键性因素,它在现代中国的政治制度建构中占有重要位置,甚至是发挥着基础性的作用。[1] 新中国成立后,中国共产党领导中国人民在古典大一统模式的基础上,遵循社会发展规律,结合社会主义的基本要求,创造性地发展出以新型政党制度、人民代表大会制度以及统一的多民族国家制度为主要框架的新大一统模式。[2]

---

[1] 林尚立:《当代中国政治:基础与发展》,中国大百科全书出版社2017年版,第34页。

[2] 韩向臣、李龙:《政治制度与政治文明:现代中国的新大一统模式》,《河南社会科学》2020年第28卷第7期。

(二) 中西政治文明的差异

中西方文化的本质差异决定了两种政治文明的差异，这首先体现在双方的意识形态上。西方内政外交有着非常浓厚的意识形态色彩，而其意识形态最本质的特征就是在"大阴解之"文化驱动下的越发狭隘与短视。加拿大著名政治理论家马克·沃伦也承认西方主流自由民主理论的实质为"欺骗性的意识形态"。对于沃伦来说，这种意识形态的吸引力特别依赖于其将政治从强制转变为说服，并允许个人在自由宪制保护下蓬勃发展的承诺，但是这种思路有一个非常重大而致命的假设，即只要政治权力受到限制，个性和自主权就会得到充分的发展，而没有意识到社会上存在着诸多"力量"可以对构成个人发展的"全面需要、关系和属性"进行"腐蚀"或"扭曲"[1]。这实际上是为什么马克思批判自由民主制混淆了政治解放和人的解放。美国著名政治理论家帕特里克·迪宁在其《民主信仰》一书中也对西方自由民主的意识形态进行了犀利而彻底的批判，正如其在该书自序中所指出的：

这是一个关于悖论的研究，因为一个旨在最小化信仰本身的政治制度却依赖于信仰，一个高扬谦逊的政权却在"不谦逊"地宣扬自己的政权主张，对政治真理的拒绝却导致了一个新的指导性政治真理的出现，以及一个最反乌托邦的政权却成

---

[1] Mark Warren, "Liberal Constitutionalism as Ideology: Marx and Habermas", *Political Theory*, 1989, 17 (4), pp. 514, 523.

第六章　系统观念指导下中国预防腐败体制机制的国际借鉴和完善　**299**

为最危险的乌托邦并到处进行最大力的宣扬和推广。①

他于2018年出版的新书《为何自由主义已经失败》则延续了这一立场和思路。② 该书认为，自由主义是250年来大部分时间在西方世界占主导地位的意识形态，它导致了私有主义、收入不平等、文化衰落、自由受到侵蚀以及强大而集权的官僚机构的发展，如今已是筋疲力尽，穷途末路。③

可以看出，西方自由民主意识形态的狭隘和短视与中国历史上及当前正在实践的政治理念和道路形成鲜明对比，并且这种差别正日益明显。这里限于篇幅不再详述，只是指出不管是习近平总书记有关发展道路的"鞋子合脚论"，对于文明"和而不同"的理想，对马克思主义"唯物辩证法"的强调，还是对人类命运共同体的憧憬和倡议，都折射出中国政治理念兼容并包的本质和特征。这也体现在马克思主义"解放思想、实事求是、与时俱进"这一活的灵魂之中，包括马克思主义具体的立场观点和方法等。中国当前政治的包容性也植根于中国源远流长的文化传统。中国有句古训，叫作"不谋万世者，不足谋一时；不谋全局者，不足谋一域"。中国古圣人孔子也被称为"万世师表"为万世立法。我们的祖先早在两千多

---

① Patrick Deneen, *Democratic Faith*, Princeton, Princeton University Press, 2005, p. xvii.
② Patrick Deneen, *Why Liberalism Failed*, US, Yale University Press, 2018.
③ 值得指出的是，该书取得了令人惊讶的商业成功，并在反对不受限制的全球化、自由市场原教旨主义和激进自治的保守思想家中颇具影响力，它还被一杂志赞为"一段时间以来出版的最令人振奋的文化批评书"。

年前就对认知的"短视""狭隘"或叫"片面性"有着非常深刻的认识和高明的破解智慧,比如庄子和荀子等的"解蔽"智慧等。

四 中西腐败观差异及四项制度的"位"与"能"

(一) 腐败观的"小大之辩"

首先有必要澄清一下庄子"小大之辩"。该表述不是庄子原话,而是学界对《庄子·内篇》之中《逍遥游》和《齐物论》两篇所阐发道理的一个总结表述。① 在《庄子》全书之中,关于"大小"的篇幅有很多。最有代表性的就是其开篇所言"小知不及大知,小年不及大年"的道理。庄子第一篇《逍遥游》开头即描述鲲鹏展翅之壮美,言语中体现出他对于这种生物的赞叹,而蜩与学鸠却对其进行了讥讽,为此庄子评价是"之二虫又何知!"这可以说是从空间上说"小大之辩",随后庄子又引入时间的维度,即"小年不及大年"的道理。"奚以知其然也?"庄子问道,其答案就是"朝菌不知晦朔,蟪蛄不知春秋,此小年也。楚之南有冥灵者,以五百岁为春,五百岁为秋;上古有大椿者,以八千岁为春,八千岁为秋。而彭祖乃今以久特闻,众人匹之,不亦悲乎!"庄子在《秋水篇》中所言"井蛙不可以语于海者,拘于虚也;夏虫不可以语于冰者,笃

---

① 或许也有人用来表示学界对庄子"小大"思想两种截然相反的解读所引发的争论,这里主要集中于庄子的原文哲理阐发上。

第六章 系统观念指导下中国预防腐败体制机制的国际借鉴和完善 | **301**

于时也;曲士不可以语于道者,束于教也"隐喻的都是同一个道理。学界将其解读为庄子崇"大"抑"小",这其实是对庄子的一个误读,正如他在《庄子·齐物论》中所指出的:"天下莫大于秋毫末,则太山为小;莫寿于殇子,而彭祖为夭。天地与我并生,而万物与我为一。"庄子在这里又认为天地万物尽管形态千差万别,但是在本质上都是齐一的,所以魏晋玄学家郭象认为"逍遥"是:"夫小大虽殊。而放于自得之场,则物任其性,事称其能,各当其分,逍遥一也,岂容胜负于其间哉!"也就是说,从更高一个层面来说,庄子的"逍遥"是指万物虽然有形体的大小、觉悟的高低不同,但只要每个个体能够顺其本性、安于本命,便可做到逍遥自在。

有了这种"小大之辩"的智慧之后,我们就可以比较客观理性地审视广义和狭义腐败的差别。正如本书第一章导论所述,"腐败"的原意就是"腐朽衰败",而且在自由主义兴起之前,腐败观更多的是对一种宏观的有关政体和心灵状态的描述和诊断,与马克思所言的"异化"无异,而随着自由主义的兴起,则日益将这种宏观的视角转化为狭隘的、只盯住掌握公权力的个体行为的描述和诊断。笔者将自由主义兴起前后的不同腐败观视为"广义与狭义腐败观"的差别。"狭义腐败观"甚至一度只将"腐败"与贿赂相连,连裙带主义等都被排除在外。[①] 正如中国家喻户晓的《三字经》开篇所

[①] Miller, Seumas, "Corruption", The Stanford Encyclopedia of Philosophy (Winter 2018 Edition), Edward N. Zalta (ed.), retrieved on August 9, 2020 at https://plato.stanford.edu/archives/win2018/entries/corruption/.

言：“人之初，性本善，性相近，习相远。苟不教，性乃迁。”中西方在文明起点上的腐败观大体是类似的，但是随着各自的演化发展，则逐渐相去甚远。西方日益演变为非常狭隘的视角，因为其使命本就是"大阴解之"，这与中国几千年一贯的随着时空转换而或明或暗的"大一通之"视角形成鲜明对比。下面我们就对这两种腐败观进行一个系统的梳理和比较。

这里将文明的原点追溯到"轴心时代"。这个概念由德国哲学家卡尔·雅斯贝尔斯提出，指的是公元前800年至公元前300年间，古代波斯、印度、中国和希腊罗马世界在宗教和哲学方面出现了新的思维方式，并取得了惊人的平行发展，而它们之间基本没有任何明显的直接文化接触。这一时期不约而同地出现诸多开创思想范式的大思想家，比如中国的老子、孔子，西方的苏格拉底、柏拉图，以及印度的释迦牟尼等。可能是受此启发，香港小说家倪匡于1978年创作了小说《头发》，讲述世界四大宗教的创始人，即佛教的始祖——佛陀释迦牟尼，基督教《圣经》中的耶稣基督，伊斯兰教先知穆罕默德和道家的始祖老子李聃等作为外星人来自同一个地方的故事。小说毕竟是小说，最多只能用来启发我们的思考。不过回到原点去思考我们当今的事情则可能并非全无道理。正如中国古圣贤所说，"夫物芸芸，各复归根""我独异于人，而贵食母"（《道德经》），"万物有所生，而独知守其根；百事有所出，而独知守其门"（《淮南子·原道训》）。况且这些大范式的开创者，或曰文明创始人依然深深地影响着其所开凿的文明的发展和演变。这也是为何西方传至后世的各种学说不过是对柏拉图思想的注脚，而中国则有孔子

第六章　系统观念指导下中国预防腐败体制机制的国际借鉴和完善 **303**

"为万世立法"之说。

顺着这些大哲的视角，人类历史就是一部退化与拯救的历史，其中退化也可以看作一种广义腐败观。退化的方面在西方资本主义和自由民主引导下的历史潮流中已有很好体现，而拯救的方面则寓诸由中华文明母体与马克思主义结合形成的最终走向共产主义的中国特色社会主义道路。这个宏大叙事用老子的话来说，叫作"天地不仁，以万物为刍狗；圣人不仁，以百姓为刍狗"；并且遵循着一个"失道而后德，失德而后仁，失仁而后义，失义而后礼"（《道德经》），失礼而后法、失法而后乱的演进规律。① 孔子所做的一切就是因势利导，以期有朝一日能回到"大道之行"的理想状态，而不是踏上西方式的"万劫不复"的不归之路。这个演进在柏拉图的《理想国》中有较详尽的论述，但正如中国古人所云，"短绠不可以汲深井之泉，知不几者不可与及圣人之言"（《荀子·荣辱》），古今中外鲜有人发现这一宏大叙事。这里将简要介绍他的洞见。

柏拉图在《理想国》中通过对话的方式不仅描述了个体怎样逐渐发展成社会，而且最后通过五种政体及其相对应的人的灵魂的演进展示了西方历史的全貌。这五种政体分别对应了哲学王美德政治、军人荣誉政治、资本家财富政治、自由民主政治和暴君独裁政治。如果把眼光放长，这五种政治的依次演化就构成了西方历史的全部，而柏拉图对每一次更替都做了非常精辟的分析。从资本家财富政治到自由民主政治的演化其实对应了西方早期资本主义到后期

---

① 从我们今天的视角来看，或许中间还可以加上一个"法"的阶段，即失礼而后法，失法而后乱这样一个过程。

自由民主演进的历史。但是柏拉图对于自由民主政治必将退化为暴君独裁政治的预言与分析却极少得到现代人的关注与肯定。

那么这种退化的核心逻辑是什么呢？首先，柏拉图指出，从自由民主政治向暴君独裁政治的转变遵循着从资本家财富政治到自由民主政治转变相似的逻辑，即对于该政体认为的最大的"善"（比如财富之于资本家政体和自由之于自由民主政体）的极端追求导致了该政体不可避免的退化。好似在资本主义社会财富将侵入社会的每个毛孔一样，在自由民主政体中自由也将侵入该社会的方方面面。按照中国哲人的讲法，本来是"物之不齐物之情也"，但是对于自由及其衍生出来的平等的追求最后会导致整个社会的"无政府化"和"平面化"。用柏拉图的话说就是，最后会达到一个父不父、师不师、长不长、男女无辨的状态；大众对自由是如此执着与狂热，以至于如有人提出一丁点专制气息的建议，他们都会被激怒并且不能容忍。柏拉图将这一最缺少自制、最狂热而又通常好吃懒做的阶级比喻成"雄蜂"阶级。① 柏拉图将这个"雄蜂"阶级视为自由民主政体一个特有的阶级。这个阶级在之前的政体里要么被打压，要么不受拥戴，所以并没有太多的锻炼而且缺少活力。但是自由民主政体则给它提供了绝好的环境，所以这个阶级将不可避免地发展壮大并且最终主导整个社会的发展，而这离暴君独裁政体也就

---

① 这个比喻其实很有深意。第一，自然界中的雄蜂是由未受精卵发育而成，先天带着不完全的印记。第二，它们"身宽体胖"但却专司交配的任务，并不创造任何直接的财富，但是一旦饿了就会在蜂房外面飞来飞去，嗡嗡大叫。第三，在工蜂采蜜容易的季节，工蜂并不吝惜雄蜂的大饮大食，但当秋风落叶、万物开始凋谢的时候，工蜂便由大方慷慨而变得非常吝啬，开始对雄蜂实行"驱逐"或者"限制"的极端政策。

第六章　系统观念指导下中国预防腐败体制机制的国际借鉴和完善 **305**

不远了。

　　针对这种转变的具体过程，柏拉图指出，最关键的是该阶级的壮大最终将导致该社会的不可持续，并且将由该阶级和资本家阶级之间的误会与冲突开始。柏拉图将民主自由社会大致分成三个阶级，除了刚才提到的"雄蜂"阶级外，还有就是为此阶级提供"蜂蜜"的资本家阶级和对政治并不那么感兴趣的中产阶级。柏拉图认为"雄蜂"阶级和资本家阶级之间的不信任和敌意很可能从一些小的猜疑开始，但很快就会向失控的方向发展。随着冲突的升级，柏拉图预言资本家将会叛逃，而"雄蜂"阶级的领袖为了维持统治，将会不可避免地大开杀戒，排除异己。因为这个阶级最不擅长创造财富，从祖上遗留下来的基业很快就会被掏空，所以柏拉图认为最后"弑父"这样的惨剧、这个人类历史上最"野蛮"的一页也不是不可想象的。

　　这就是柏拉图预示的西方历史的梗概，对于一些明眼人来说，西方历史正按照柏拉图所预示的路线向前推进。虽然柏拉图所处的时代与现在迥异，也不存在现代意义上的自由民主制度，但是当前西方社会面临的一些困境却与柏拉图分析的症结有些切合，比如生财者寡而食之者众所导致的不可持续问题。或许当前西方国家经济空心化与生产率下降所导致的"蛋糕"无法继续做大的问题，海外掠夺反哺国内无以为继的问题，寄生性金融资本过度膨胀的问题，主流族群人口少子老龄化问题等都印证了柏拉图关于历史演进深层逻辑的分析。这也是一种广义腐败观的视角，借用柏拉图的比喻，即是从金银到铜铁的转变。从古典大哲"通"的视角来看，一个政体及其治下个体的典型灵魂是相互映射的,所以柏拉图在其《理想国》中才"近取譬"地分析人的灵魂以理解政体的正义。从通变的观点来看,"正义"在柏拉图的笔下就有点类似于广义理解的"廉政",而所有的不正义都是腐败的结果。相应地,世上不腐败的政体只有哲学王统治的王权政体,以德为政治权力分配和运行的基石;其他的不管是资产阶级统治的资本主义财富政体,还是民选政客统治的民主自由政体,都是不正义的,所以也都是腐败的。在当今自由民主制度下,公领域中哪儿还有"德"的位置?即使有,那也是尼采在其《道德谱系学》中不厌其烦地论述的上下颠倒的新"道德"。

相应地,西方历史上不少有着真知灼见的大思想家,如霍布斯、马克思、尼采、斯宾格勒等也都从各自角度不遗余力地应对着西方的这种堕落趋势。霍布斯和尼采的一大贡献是将该退化的深层原因追溯到了贯穿西方历史的古希腊哲学传统。霍布斯认为,英国内战的症结在于其政治传统所导致的"三心二意"状态,即政府三权分立雏形的形成及政教二元的分庭抗礼。霍布斯为此采取了"因势利导"的策略,从而创建出一套极为严谨的政治理论,想为他的理想政治做辩护并扭转历史的走向。[①] 作为西方文明最激进的批判者,尼采抨击了近代自由民主革命不仅将人类的价值观来了个180度的颠覆,而且其影响正如蔓延的毒素一样将不断侵蚀整个人类的

---

① Chengyi Peng, "The Western Philosophical Tradition as the Prime Culprit: A New Interpretation of Hobbes' Diagnosis of the English Civil War", MA Thesis, University of British Columbia, 2008.

"机体",并期待超人的到来和拯救。但是,正可谓道高一尺,魔高一丈,他们的努力还是未能挽救西方堕落的趋势,所以历史依然向着既定的方向驶去。想一想霍布斯和尼采等在西方受到的曲解和污名化:一个主张绝对主权的人被解读成了自由民主的先驱,而另一个则被讥讽为"疯子",这个判断就不难理解了。斯宾格勒的策略则是以先知般的口吻完成了一部振聋发聩的预言书《西方的没落》,但是它的声音似乎很快就被淹没在群氓的指责声中并渐被历史所遗忘。

正是在这样的世界历史恢宏剧本的背景下,我们可以更好地理解马克思主义及中国特色社会主义"反腐倡廉"的非凡之处。马克思有一句名言,即"哲学家们只是用不同的方式解释世界,问题在于改变世界"[1]。这是理解马克思主义历史功绩的关键,也是巩固我们当前意识形态阵地的极佳切入点。这句话中的"世界"基本上可以和"历史"互换,这样就和这里讨论的世界历史剧本联系了起来。首先,基于马克思作品中的洞见和智慧,我们有理由相信马克思也洞悉了上述世界历史剧本的梗概。但是他与众不同的地方就是要"革命",要用行动去"拯救"人类。他意识到"物质力量只能用物质力量来摧毁"[2],否则纯粹的哲学批判只能是空谈误国。事实上,这对理解马克思思想发展轨迹至关重要。不管是他对黑格尔的大加鞭挞,还是对资本主义的无情揭露,抑或是其历史唯物主义的提出,包括对腐败根源于"私有制"的解读,等等,都是为了这个

---

[1] 《马克思恩格斯选集》第 1 卷,人民出版社 2012 年版,第 136 页。
[2] 《马克思恩格斯选集》第 1 卷,人民出版社 2012 年版,第 9 页。

目的而服务的。

(二) 四项制度各归其位、各尽其能

有了上述的视野之后，一条反腐倡廉从本到末的光谱就呈现出来了。从最本原上说，因为党风、政风、民风都是相通的，所以要彻底解决腐败问题也就需要解决人的异化问题，也就是实现人的解放的问题。这其实也是马克思主义最为核心的议题和目标。它不仅要求我们对身外自然进行人化，对社会关系进行人化，而且需要对我们身内自然进行人化。正如一位学者所指出的：

> 所谓身内自然人化，即人作为主体将自身的本质力量对象化在客体即身内自然之中，在通过劳动、实践创造的方式满足本能欲求、生理需要的基础上，超越身内自然的物欲性、个体性、直接功利性，使其获得文化性，使人成为身内自然的自觉主体。身内自然人化的过程就是自由的不断实现过程。[①]

这也是马克思批判西方资产阶级革命只能是政治解放，而不能带来人的解放的原因。

为此，马克思因其所处的时代而将"私有制"设为消灭的目标，但是"私有制"和"私有观念"并不等同。想想诸多得道高人如佛祖释迦牟尼等都能放弃荣华富贵而以"身为天下"也就不难理

---

① 张建云：《身内自然人化——马克思主义关于人的内在自然人化思想及当代价值》，中央编译出版社2014年版，第3页。

解此中真意了。在如今私有产权不受侵犯观念被广为接受的情况下，将矛头指向"私有观念"则更加可取也更加可行。在这方面，古今中外多少大哲都为此做了诲人不倦的努力。这在前文论述社会廉洁教育的重要性时已有提及，此不再赘述。总之，反腐倡廉如果不能治其本，那么结果就只能如历史上道家对儒家批评的那样："不本其所以欲，而禁其所欲；不原其所以乐，而闭其所乐。是犹决江河之源，而障之以手也。夫牧民者，犹畜禽兽也，不塞其圄垣，使有野心，系绊其足，以禁其动，而欲修生寿终，岂可得乎！"（《淮南子·精神训》）

顺着这个思路，我们也可以更好地理解习近平总书记所说的跳出"历史周期率"的办法："只要马克思主义执政党不出问题，社会主义国家就出不了大问题，我们就能够跳出'其兴也勃焉，其亡也忽焉'的历史周期率。"而其中不出问题的答案是"我们党要始终成为时代先锋、民族脊梁，始终成为马克思主义执政党"，"要敢于进行自我革命，敢于刀刃向内，敢于刮骨疗伤，敢于壮士断腕，防止祸起萧墙。这就是为什么我们党要不断进行自我革命的根本意义所在"。[①]

当然治本是理想，而现实也躲不开治标的需要，所以中央提出"不能腐"和"不敢腐"必须与"不想腐"一体推进。也正是在这个意义上，我们在本书中考察的四项制度也就有了它们的价值，并且应该根据它们在此腐败治理从本到末的光谱中各归其位，各尽其

---

① 习近平：《推进党的建设新的伟大工程要一以贯之》，《求是》2019年第19期。

能。事实上，就如图6-1所示一般，这四项预防腐败制度的先后顺序也是按照此考虑来安排的。

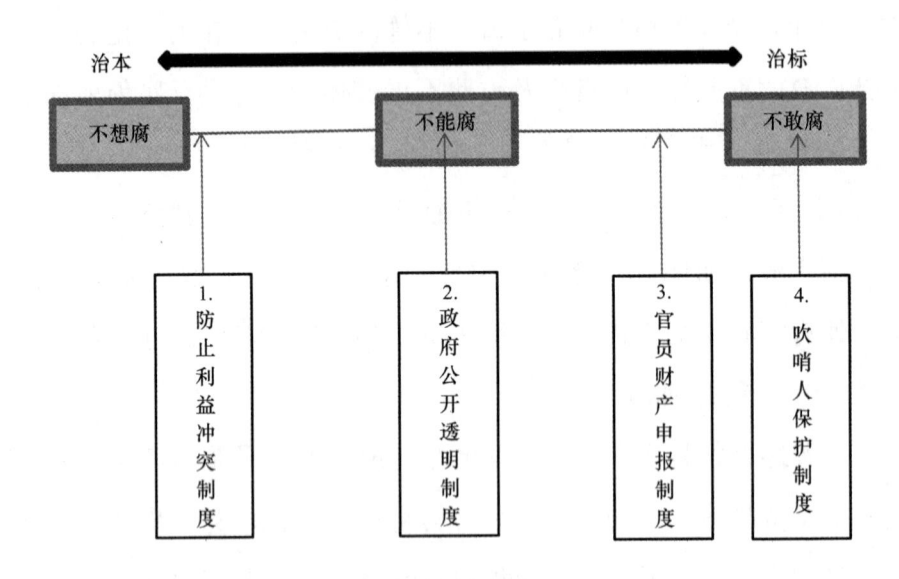

图6-1 四项制度在反腐倡廉本末光谱中的方位

首先，排在第一位的防止利益冲突制度无疑比较接近于治本的一端，所以介于"三不"中的"不想腐"和"不能腐"之间。西方一些具体的防止利益冲突举措如禁令等更多地着眼于"不能腐"，而加强伦理的法制化建设和全社会的廉洁教育等更偏向于"不想腐"。

其次，政府公开透明制度则是属于更加接近于"不能腐"的举措。完善的公开透明制度可以使得对公权力的监督问责更容易实现，这就为公职人员可能的贪腐行为构成了更加强有力的限制。

再次，官员财产申报与公示制度则介于"不能腐"和"不敢腐"之间，并视其目标而定其具体的位置。如果目标主要是预防腐败，其位置则越靠近"不能腐"；如果目标主要是惩治腐败，则其

第六章 系统观念指导下中国预防腐败体制机制的国际借鉴和完善 | **311**

位置更靠近"不敢腐",而且这种导向型的制度公示程度也较高。

最后,吹哨人保护制度则着眼于"不敢腐",因为其启动需要等腐败行为既成。换句话说,其主要是对上游漏网之鱼的发现和报警,其既具有辅助惩治腐败的功能,也能发挥一定的预防腐败的威慑作用。

这四种制度的功能主要取决于其在反腐倡廉本末光谱中所处的位置。通常来说,其越接近于治本一端,其作用、潜能和意义就越大;反之亦然。当然,在不同的具体反腐倡廉阶段,这些制度可以灵活搭配使用,主要看治标和治本的分量权衡,但总目标依然是向治本的方向移动,而且治标不能与治本相冲突。一些学者将"官员财产申报制度"视作反腐倡廉的终端机制而大加倡导①,则是因为一方面对该制度的定位认识不准,另一方面没有和其他备选制度做比较。

值得指出的是,这四种制度也并非泾渭分明,而是相互渗透、相辅相成的。这也合乎系统观念的指导和文化形态学的视角。比如官员财产申报与公示制度和政府公开透明制度及防止利益冲突制度联系得都很紧密。一方面,财产申报与公示本就可以帮助识别利益冲突,事实上,一些国家如美国的官员财产申报与公示制度就是以防止利益冲突为主要目的而设计的。另一方面,其中公示环节和政府公开透明的联系就很明显。吹哨人保护制度同样与政府公开透明制度联系紧密。完善的公开透明制度可以减少吹哨人吹哨的风险,并能更好地发挥吹哨人保护制度"查漏补缺"的特殊作用。

---

① 林华:《公职人员财产申报法的理论展开》,中国法制出版社2019年版,第1页。

正如系统观念指导原则和文化形态学视野所启示的，学习借鉴这四项具体制度更为重要的是掌握并消化其背后所蕴含的精神。这其实就是林尚立提出的监督体系要"有机化和有效化"的题中应有之义，以及实现反腐倡廉的政党路径、国家路径和社会路径协同发展的本质要求。[①] 诚然，中国反腐倡廉体系是中国共产党一手缔造形成的，所以不管何时都必须以政党为中心力量。但是随着国家和社会的发展，中国反腐倡廉体系从20世纪80年代开始逐渐在国家化面向上有了更加自觉的意识和战略，包括1987年成立监察部到如今成立国家监察委员会以优化整合权力监督体系等。很明显，"在惩治和预防腐败中，党的行为与国家行为遵循完全不同的逻辑，前者从组织的纪律与党的意识形态出发，后者从法律与制度出发"；与此同时，"市场经济的发展与社会自主性的成长，正不断增强社会行为的力度、广度和效度，在政党、国家之外，逐渐成为具有一定自主性的惩治与预防腐败的重要力量"[②]。

这种政党、国家和社会协同推进反腐倡廉体系建设的思路与一些学者提出的"腐败治理"概念其实异名同实。正如中国政法大学的林华所指出的：

> 中国共产党一直将相关预防和惩治腐败的活动称为"反腐

[①] 林尚立：《当代中国政治：基础与发展》，中国大百科全书出版社2017年版，第345页。

[②] 林尚立：《当代中国政治：基础与发展》，中国大百科全书出版社2017年版，第338—340页。

第六章 系统观念指导下中国预防腐败体制机制的国际借鉴和完善

败",而且我们也一直受"anti-corruption"翻译的直接影响,并产生对该域外术语的路径依赖,然而就汉语的语词分析而言,"腐败治理"一词在建设现代民主法治国家的语境下看能具有更好的表达蕴含。"腐败治理"削弱了斗争哲学思维、暴力政治色彩,包含了将预防和惩治腐败工作纳入法律日常治理和制度性治理的考量,容纳了广大主体对廉政建设的参与,可以突破我国反腐败工作中选择性执法、一把手腐败严重的困境,同时也能充分体现切实进行预防和惩治腐败的行动与实践,将减少和消除腐败违法行为所产生的后果也纳入概念之中。[1]

总之,不管用什么概念,当前我国预防腐败体制机制的完善都应该被纳入党的十八届三中、四中全会,党的十九大以及十九届四中全会等一直追求的"坚持和完善中国特色社会主义制度,推进国家治理体系和治理能力现代化"目标以及推动社会主义民主政治建设大局中来加以谋划。西方的预防腐败体制机制缺乏政党的向度,但是在国家和社会向度上比较完善和发达。这也是我们可以参考和借鉴的,但前提条件是不能与政党中心相冲突。这其实也是中国预防腐败体制机制国际借鉴的标准所在。狭义腐败观下的具体制度和体制机制只有技术和辅助功能,所以不能与广义腐败观的宏观目标和制度相冲突。也就是说,广义腐败观更多关注的是"坚持和完善

---

[1] 林华:《公职人员财产申报法的理论展开》,中国法制出版社2019年版,第37页。

中国特色社会主义制度",即"政道"层面的问题,而狭义腐败观更多关注的则是"推进国家治理体系和治理能力现代化",即"治道"层面的问题。在"治道"层面我们可以积极借鉴国外的理论和实践,但是必须跟中国的政道相兼容。当然,在这个大标准下,对于具体的制度我们得进行具体的仔细考察、甄别和辨析,积极借鉴其中与中国政治体制兼容的建设性的成熟做法,对中国的相应制度进行完善。这样,我们旨在务本的反腐倡廉制度建设又将迈上一个新台阶,政治生态也将得到进一步改善。

参考文献

中文文献

白清礼：《政府信息公开与保密之间的冲突与制衡》，《河南图书馆学刊》2012年第4期。

蔡小慎、张存达：《中国防止利益冲突制度演变及其效应分析》，《理论探索》2015年第5期（总第215期）。

陈国权、毛益民等：《权力法治与廉政治理》，中国社会科学出版社2017年版。

陈卫东、张佳华：《检察机关举报工作中的现实问题与对策研究》，《中国人民大学学报》2011年第3期。

陈勇：《国外政府信息公开收费制度的特色与启示》，《兰台世界》2014年第17期。

程文浩：《预防腐败》，清华大学出版社2011年版。

仇晓光、杨硕：《证券举报人制度：价值源流、规则构成与启示》，《社会科学战线》2016年第11期。

戴巍：《〈联合国反腐败公约〉视域下中国举报人保护法制发展分析》，《邵阳学院学报》（社会科学版）2016年第15卷第4期。

费丽芳：《政府信息公开申请理由再观照——基于境外立法例和本

土经验视角》，《浙江社会科学》2013年第9期。

复旦大学数字与移动实验室：《中国开放数林指数2019（上半年）》，复旦智库报告，2019年。

干以胜主编：《新形势下防止利益冲突制度研究》，中国方正出版社2015年版。

高新民：《国家治理体系现代化与反腐倡廉建设》，《中共党史研究》2014年第2期。

郭萍：《举报人保护制度设计的四个关键》，《科教导刊》2014年第2期。

郭强华：《中国特色财产申报制度研究》，中国社会科学出版社2019年版。

韩向臣、李龙：《政治制度与政治文明：现代中国的新大一统模式》，《河南社会科学》2020年第28卷第7期。

韩旭、齐延平：《论美国法上的"禁止报复性解雇"规则》，《华东政法大学学报》2017年第2期。

何名祥：《法治下实名举报人保护制度的建立和完善》，《中共贵州省委党校学报》2014年第1期。

鸿鹏、王聪、李真真：《美国科研不端举报人保护制度研究》，《中国科学基金》2015年第4期。

后向东：《信息公开的世界经验》，中国法制出版社2016年版。

后向东：《信息公开法基础理论》，中国法制出版社2017年版。

胡建森：《行政法学》，法律出版社2015年版。

黄伟群：《政府信息公开保密审查制度研究》，人民出版社2014年版。

姜明安：《中国政府信息公开制度的发展趋势》，《比较法研究》2017年第2期。

蒋卫荣：《中外政府信息公开范围制度设计差异及其启示——兼谈〈中华人民共和国档案法〉第一条的修改》，《档案学研究》2015年第5期。

李广宇：《政府信息公开诉讼：理念、方法与案例》，法律出版社2009年版。

李辉：《国外腐败问题研究：历史、现状和方法》，中国方正出版社2019年版。

李卫国：《举报制度：架起公众监督的桥梁》，中国方正出版社2011年版。

廖晓明、邱安民：《我国官员财产申报制度影响因素及实现路径探索》，社会科学文献出版社2014年版。

林华：《公职人员财产申报法的理论展开》，中国法制出版社2019年版。

林尚立：《当代中国政治：基础与发展》，中国大百科全书出版社2017年版。

刘泽华：《先秦士人与社会》，天津人民出版社2004年版。

刘志勇：《中国官员财产申报制度研究》，中国社会科学出版社2013年版。

卢鸿福：《让办理公开走向常态》，《法治与社会》2016年第5期。

吕艳滨：《透明政府：理念、方法与路径》，社会科学文献出版社2015年版。

栾甫贵、田丽媛：《吹哨者、公司、审计师的博弈分析基于吹哨者保护制度的研究》，《审计与经济研究》2017年第1期。

苗庆旺：《构建一体推进不敢腐、不能腐、不想腐体制机制》，《求是》2019年第24期。

倪星：《惩治与预防腐败体系的评价机制研究》，中山大学出版社2012年版。

聂资鲁等：《域外防止公职人员利益冲突理论与实践研究》，世界图书出版公司2017年版。

牛美丽：《政府预算信息公开的国际经验》，《中国行政管理》2014年第7期。

彭成义：《国外吹哨人保护制度及启示》，《政治学研究》2019年第4期。

彭錞：《中国政府信息公开制度的宪法逻辑》，《法学》2019年第2期。

宋世勇：《中国举报统一立法研究》，中国社会出版社2016年版。

谭宝刚：《"太一"考论》，《中州学刊》2011年第4期（总第184期）。

谭洁：《美国〈吹哨人保护法案〉对中国食品安全监管的启示》，《广西社会科学》2015年第1期。

唐琼、陈思任：《美国联邦政府信息质量保障政策体系及其借鉴》，《情报理论与实践》2018年第4期。

田辰山：《中国辩证法：从〈易经〉到马克思主义》，中国人民大学出版社2008年版。

王灿平、薛忠义：《信息公开下中国责任政府的建构——借鉴英国、美国、新加坡、日本等国经验》,《江西社会科学》2016年第2期。

王长江:《民主是良好政治生态的要件》,《探索与争鸣》2015年第6期。

王聪、邓淑莲:《预算文件公开的国际比较》,《中国财政》2017年第1期。

王建鹏:《论过程性信息公开》,《法制与社会》2017年第31期。

王敬波:《什么不能公开?——信息公开例外事项的国际比较》,《行政法学研究》2016年第3期。

王敬波:《五十国信息公开制度概览》,法律出版社2016年版。

王倩:《保护"吹哨人"的劳动法分析——基于德国司法经验的考察》,《当代法学》2016年第5期。

王万华等:《知情权与政府信息公开制度研究》,中国政法大学出版社2013年版。

王万华主编:《知情权与政府信息公开制度研究》,中国政法大学出版社2013年版。

王娅:《政府信息公开视阈下的"透明"论析》,《华中科技大学学报》(社会科学版)2018年第32卷第4期。

文茂群:《毛泽东处理"公"与"私"关系的智慧——基于毛泽东书信的考察》,《中共山西省委党校学报》2019年第42卷第5期。

习近平:《决胜全面建成小康社会 夺取新时代中国特色社会主义伟大胜利——在中国共产党第十九次全国代表大会上的报告》,2017年10月27日,新华社。

习近平：《习近平在中纪委第六次全体会议上的讲话》，2016年1月12日，新华社。

习近平：《在哲学社会科学工作座谈会上的讲话》，2016年5月18日，新华网。

夏义堃：《民间组织促进政府信息公开与共享的国际经验借鉴》，《图书情报工作》2013年第2期。

肖卫兵：《从国际信息公开领域新变化审视中国信息公开制度》，《情报理论与实践》2014年第1期。

新玉言、李克编：《大数据：政府治理新时代》，台海出版社2016年版。

杨伟东：《政府信息公开：主要问题研究》，法律出版社2013年版。

姚坚：《政府信息公开原则与公开限制》，《广东社会科学》2017年第6期。

殷盈：《社会资本视域中腐败网络生成的过程与后果》，《南京师大学报》（社会科学版）2015年第6期。

应松年：《行政程序法》，法律出版社2009年版。

余凌云：《行政法讲义》，清华大学出版社2014年版。

詹强：《行政法学视野中的"吹哨人"制度》，《福建行政学院学报》2016年第4期（总第158期）。

张法连：《预防腐败势在必行：国内外预防腐败问题研究》，山东大学出版社2008年版。

张根大：《法律效力论》，法律出版社1999年版。

张昊天：《论公共企业的信息公开主体资格》，《交大法学》2016年第 2 期。

张新宝：《从隐私到个人信息：利益再衡量的理论与制度安排》，《中国法学》2015 年第 3 期。

张增田：《风险管理视角下公职人员的利益冲突及其防控》，《反腐败：防止利益冲突的理论与实践》，中国方正出版社 2012 年版。

赵需要：《中国政府信息公开保密审查体系研究》，人民出版社 2017 年版。

赵雅丹：《信息分享结构与透明政府建设》，上海社会科学院出版社 2012 年版。

浙江省杭州市纪委、监察局：《反腐败：防止利益冲突的理论与实践专题研讨会暨第四届西湖—廉政论坛综述》，《反腐败：防止利益冲突的理论与实践》，中国方正出版社 2012 年版。

《政府信息公开工作年度报告发布情况评估报告（2019）》，中国社会科学出版社 2019 年版。

《中共中央关于坚持和完善中国特色社会主义制度 推进国家治理体系和治理能力现代化若干重大问题的决定》，2019 年 11 月 5 日，新华网。

中共中央：《关于新形势下党内政治生活的若干准则》，2016 年 11 月 2 日，新华社。

中国社会科学院"政治发展比较研究"课题组：《国外公职人员财产申报与公示制度》，中国社会科学出版社 2013 年版。

《中华文化复兴宣言——为促进新世纪中华民族伟大复兴和世界和平与发展而奋斗》，李伯淳执笔，七十六名中华文化研究者签名，

2004年。

周汉华主编：《政府信息公开条例专家建议稿：草案、说明、理由、立法例》，中国法制出版社2003年版。

朱晓峰、崔露方、陆敬筠：《国内外政府信息公开研究的脉络、流派与趋势——基于 WOS 与 CNKI 期刊论文的计量与可视化》，《现代情报》2016年第10期。

朱友华：《对不作为式的腐败也要"零容忍"》，2018年1月16日，新华网。

庄德水：《防止利益冲突与廉政建设研究》，西苑出版社2010年版。

宗婷婷、王敬波：《美国高校校园安全信息公开：制度、经验与借鉴》，《国家教育行政学院学报》2018年第12期。

邹林：《领导干部个人事项申报绝非小事》，《青海日报》2017年7月10日。

［加拿大］托比·曼德尔：《信息自由：多国法律比较》，龚文库等译，社会科学文献出版社2011年版。

［美］安东尼·汤森：《智慧城市：大数据、互联网时代的城市未来》，赛迪研究院专家译，中信出版社2015年版。

［日］岸根桌郎：《文明论——文明兴衰的法则》，王冠明译，北京大学出版社1992年版。

［英］贾纳韦：《叔本华》，龙江译，译林出版社2013年版。

英文文献

Africa Union Convention Against Corruption, Art. 5（6）.

Chen, Y., 2018, "Circumventing Transparency, Extra-Legal Exemptions from Freedom of Information and Judicial Review in China", Information and Judicial Review in China, *Journal of International Media & Entertainment Law*, Vol. 7, Issue 2.

Council of Europe Civil Law Convention, Art. 9.

Council of Europe Criminal Law Convention, Art. 22 (a).

Dennehy, Raymond L., "The Illusion of Freedom Separated from Moral Virtue", *Journal of Interdisciplinary Studies*, 19.1/2, 2007.

European Court of Human Rights, Heinisch v. Germany, application no. 28274/08, 21 July, 2011.

"Extractive Industries Transparency Initiative", Wikipedia, retrievedat https://en.wikipedia.org/wiki/Extractive_Industries_Transparency_Initiative#Member_countries on Feb. 12, 2020.

Helen Darbishire, "A Guide for Journalists on How to Access Government Information", retrieved on Jan. 23, 2020 at https://web.archive.org/web/20161021010615/; http://www.legalleaks.info/wp-content/uploads/2016/04/Legal_Leaks_English_International_Version.pdf.

Helen Darbishire, "Ten Challenges for the Right to Information in the Era of Mega-Leaks", in Tarlach McGonagle and Yvonne Donders eds., The United Nations and Freedom of Expression and Information: Critical perspectives, June 2015.

Inter-American Convention against Corruption, Art. 3 (8).

Jonas Nordin, "The Swedish Freedom of Print Act of 1776-Background and Significance", *The Journal of International Media & Entertainment Law*, Vol. 7, No. 2, 2017–2018.

Kim, Jin-Ha., "Tuning: Constitutional Employment under the Confucian Ruleof Ritual", *Paper Presented at the Annual Meeting of the American Political Science Association*, Marriott, Loews Philadelphia, and the Pennsylvania Convention Center, Philadelphia, PA, Aug. 31, 2006.

Kuhn, Thomas S., "Logic of Discovery or Psychology of Research?", in Imre Lakatos and Allan Musgrave, eds., *Criticism and the Growth of Knowledge*, Cambridge: Cambridge University Press, 1970.

Marcuse, Herbert, *One-Dimensional Man: Studies in the Ideology of Advanced Industrial Society*, Boston: Beacon Press, [1964], 1991.

Margot Priest. Designing Freedom of Information Systems: An Overview from Legislation to Implementation. June 2018. Retrieved on Feb. 13, 2020 at https://www.oipc.ab.ca/media/939018/independent_research_foi_systems_jun2018.pdf.

Mark Warren, Liberal Constitutionalism as Ideology: Marx and Habermas. Political Theory, 1989, 17 (4).

Masahiko Aoki, *Toward a Comparative Institutional Analysis*, US: MIT Press, 2001, Chapter 1.

Michael Davis, "Conflict of Interest", *Encyclopedia of Applied Ethics* (Volume 1) [M]. San Diego: Academic Press, 1998.

"20 Milestones of Swedish Press Freedom", retrieved on March 18, 2020at https: //sweden. se/society/20-milestones-of-swedish-press-freedom/.

Miller, Seumas, "Corruption", The Stanford Encyclopedia of Philosophy, Winter 2018, Edward N. Zalta (ed.).

OECD (2011), Asset Declarations for Public Officials: A Tool to Prevent Corruption, OECD Publishing.

OECD, Committing to Effective Whistleblower Protection. Paris: OECD, 2016.

OECD, "Cultivating a Culture of Integrity: Instilling Integrity Values and Managing Conflict-of-interest", in *OECD Integrity Review of Mexico: Taking a Stronger Stance against Corruption*, OECD Publishing, 2017.

OECD. Managing Conflict of Interest in the Public Sector: A Toolkit. Paris: OECD, 2005.

OECD. Managing Conflict of Interest in the Public Service: OECD Guidelines andCountry Experiences, 2003.

OECD. Study on Whistleblower Protection Frameworks, Compendium of Best Practices and Guiding Principles for Legislation. Paris: OECD.

OECD. Trust in Government: Ethics Measures in OECD Countries. 2000.

Olivia B. Waxman, "Questions of Profit in Politics Raised by Trump Administration Are Older Than You May Think", Time, March 10, 2017.

"Open Government Partnership", Wikipedia, retrieved athttps: // en. wikipedia. org/wiki/Extractive_ Industries_ Transparency_ Initiative#Member_ countries on Feb. 12, 2020.

Patrick Deneen, Democratic Faith. Princeton, Princeton University Press, 2005.

Patrick Deneen, Why Liberalism Failed. US, Yale University Press, 2018.

Peng, Chengyi, "The Western Philosophical Tradition as the Prime Culprit: a New Interpretation of Hobbes' Diagnosis of the English Civil War", MA Thesis, University of British Columbia, 2008.

Peter Nolan. China at the Crossroad, Cambridge, UK: Polity, 2004.

Rossi, Ivana M., Laura Pop, and Tammar Berger. 2017. Getting the Full Picture on Public Officials: A How-To Guide for Effective Financial Disclosure. Stolen Asset Recovery (StAR) Series. Washington, DC: World Bank.

Rossi, Ivana M., Laura Pop, and Tammar Berger. 2017. Getting the Full Picture on Public Officials: A How-To Guide for Effective Financial Disclosure. Stolen Asset Recovery (StAR) Series. Washington, DC: World Bank. doi: 10.1596/978-1-4648-0953-8.

Rousseau, Jean-Jacques, *The First and Second Discourses*, New York: St Martin's Press, 1964.

Simon Wolfe, Mark Worth, Suelette Dreyfus, A. J. Brown. Breaking Thesilence: Strengths and Weaknesses in G20 Whistleblower Protection Laws.

Solzhenitsyn, Aleksandr I., *East and West*, Perennial Library: New York, 1980.

The World Bank Public Sector and Governance Group, "Freedom of Information Systems (Right to Information/Access to Information): a Background Primer", World Bank.

Tim Lankester, "Conflict of Interest: A Historical and Comparative Perspective", in ADB/OECD. Managing Conflict of Interest-Framework, Tools, and Instruments, 2007.

Toby Mendel. Freedom of Information: A Comparative Legal Survey. 2nd edition. Paris: United Nations Educational Scientific and Cultural Organization, 2008.

UNDP, Access to Information: Practice Note, 2003.

UN. The United Nations Convention against Corruption: Resource Guide on Good Practices in the Protection of Reporting Persons. Vienna, UN.

Wartenberg, Thomas E., "Species-being and Human Nature in Marx", *Human Studies*, 1982: 5.

跋

如果您按照自序中提供的思想地图，经历千山万水最终抵达这里的话，那么恭喜您，这里还预留了一份彩蛋，等待着那些耐心、毅力、好学及睿智始终伴随左右的远行者。那些能对本书隐而不显的智慧领略一二的睿智之人可能会好奇本书特殊视角的缘由。正如有着万世师表的孔圣人所言："视其所以，观其所由，察其所安，人焉廋哉？人焉廋哉？"这里对此做一个交代。事实上，考之于当今各种学术专著，大多数没有作者的详细介绍，有个别图书甚至除了作者姓名外没有留下任何别的讯息，即使借助强大的网络也寻它不着，这实不可取。为此，这里不仅尝试避免本书读者产生类似遗憾，而且还准备效法名垂青史的《太史公自序》，从而又有新的收获和启发。

在思考如何介绍笔者时，很自然想到了两位中外大哲的相关智慧和洞见。一是老子的观复智慧："致虚极，守静笃。万物并作，吾以观复。夫物芸芸，各复归其根。归根曰静，静曰复命。复命曰常，知常曰明。不知常，妄作凶。"（《道德经·第十六章》）与之呼应，西方集古典哲学之大成的黑格尔亦在他的精神现象学和历史哲学中有着类似的洞见。在黑格尔看来，人类历史不过是绝对精神外化成万物（即中文语境常说的"道成肉身"），然后再通过作为万物之灵长的人类实现个体精神自觉并回归绝对精神的历程。正所谓"起源即本质"，所以大凡有大历史观、"贵食母"者都会追本溯源。这也就不难理解司马迁在其《太史公自序》中会以"昔在颛顼，命南正重以司天，北正黎以司地"开篇，而屈子《离骚》亦以"帝高阳之苗裔兮"（高阳乃颛顼的别号）开头。

无独有偶，笔者的源流亦可追溯到颛顼帝。据古书《列仙传》记载："彭祖者，殷大夫也。姓篯名铿，帝颛顼之孙陆终氏之中子，历夏至殷末八百余岁。"国人对彭祖的印象或许就是其长寿，这倒也应和了老子所言的"长生久视之道"的智慧。所以本书不管是在整体谋篇布局，还是对具体概念的把握上都倾向于采取宏大视角也就其来有自。

笔者本乃底层布衣之子，生长于黔北大地，有着转折之都美誉的遵义静谧乡村。或许是天作之合之故，虽然父母没上过多少学，但都碰巧有着美好而寓意非常深刻的名字：一名"道容"，一名"德宽"，合在一起就是"道德宽容"。这或许也是笔者很早就对老庄之道情有独钟的重要原因之一。或许也和屈子一样，"皇览揆余初度兮，肇锡余以嘉名……纷吾既有此内美兮，又重之以修能"（《离骚》），也就是说父亲观察测度我出生时的气度，给我起了美好的名字，从小到大，我的求学之路也还算是顺风顺水。笔者从七岁发蒙入学开始，每次考试基本都是第一，小学五年级时还跳级并以三个镇第一名的成绩跳级进入省重点南白中学，初三时又在全国统考中脱颖而出获得"希望之星奖学金"，并作为贵州省唯一代表入读坐落于东海之滨的温州全国首家"希望之星班",高中毕业时恰逢加拿大圣托马斯大学校长到访而成为破格录取的五位幸运儿之一,然后在加拿大英属哥伦比亚大学和香港城市大学分别获得文学硕士和哲学博士学位,最后学成归国供职于中国社会科学院。硕士毕业时本来也被英国剑桥大学和伦敦政治经济学院博士项目录取,但是因为奖学金名额少而未能成行。

当然这些特殊的经历给笔者留下的最大的财富就是对价值观的形塑。回顾过往,可以发现中国青少年发展基金会对笔者的影响是非常巨大的。事实上笔者这一路走来遇到的那么多的爱心和帮助都是通过青基会及其发起的希望工程这根主线给串起来的。如果没有他们,笔者的人生肯定会和现在非常不同。这些特殊的经历(包括获得上海好心的高崎和夏楠楠夫妇资助第一年留学费用等)也让笔者这一路见证并获得了太多的爱心和帮助,并很早就立下回报社会、报效祖国的人生目标。邓小平有一句经典的话,叫做"我是中国人民的儿子,我深深地爱着我的祖国和人民",这句话也一直真真切切鞭策着笔者不断砥砺前行。所以在接受一次访谈时,笔者深情地说道:"我时常在想,我本来一无所有,能有今天的一切都多亏了社会上好心人士的爱心,所以将爱心传递下去并回报社会本就是我义不容辞的责任。而如果我现在没有全力那么去做,唯一能接受的理由就是我在不停地赶路,目的是能在将来作出更多更大的贡献!我也很欣慰,这些年我时刻不曾忘记自己的初心和使命。"

除了特殊经历带来特殊价值观从而为自己提供源源不竭的精进动力之外,这些经历给读者的另外一笔财富是对当今时代面临问题的感同身受以及独特的对世界对中国的认识。从云贵高原静谧而又闭塞的乡村，到东部沿海高速发展而喧嚣的港口城市，再到后现代的非常异质的西方文明，再到中西汇通的香港，笔者这一路上见识了太多不同的生活方式和价值观念。这些不仅为笔者思考中国的前途和人类的命运提供了珍贵的对照和启发，同时也因为自己更好地融入了这种中国和世界发展的脉动，所以对于当今时代面临的问题更加感同身受。

正所谓千里之行始于足下，以儒家为主干的中华传统文化虽然践行的是"亲亲而仁民，仁民而爱物"的由近及远的同心圆思路，但其追求的终点显然是"不独亲其亲，不独子其子"的天下大同。正所谓"天假其私以行其大公"，就中华文明传统三源流来说，儒家的入世智慧最终追求的终点必然还是道家和佛家的境界。这一点古人楚弓楚得的寓言故事就讲得非常好。《吕氏春秋·贵公》言："荆人有遗弓者，而不肯索，曰：'荆人遗之，荆人得之，又何索焉？'孔子闻之曰：'去其荆而可矣。'老聃闻之曰：'去其人而可矣。'"这段话的大意是说楚人遗失了弓箭却不肯去寻找，因为他认为楚国人遗失了弓箭，必是楚国人得到它，又何必去找它呢？孔子听到这话，主张去掉"荆楚"这一国别就更好，而老聃听到孔子的话，则说去掉"人"这一限制就更完美了。这其实与佛家讲的"无我相，无人相，无众生相，无寿者相"的无分别心是异曲同工的。

行文至此，想起了古代圣贤老子的箴言："吾言甚易知，甚易行。天下莫能知，莫能行。言有宗，事有君。夫唯无知，是以不我知。知我者希，则我者贵。是以圣人被褐怀玉。"（《道德经·第七十章》）通过上述对笔者的详细回顾与反思也是想表明，这本书的一些思考其实是有深厚的根据的，但是未必为大家所理解。这也恰如古代的另外一个经典比喻所言："圣人之道，犹中衢而致尊邪：过者斟酌，多少不同，各得其所宜。"（《淮南子·缪称训》）也就是说古圣先贤的智慧，就像立于十字路口的取之不竭的酒，过者都可以斟酌取之，多少完全取决于自己的器量，关键是各得其宜就好。

天下没有不散的宴席，就以此作结吧，期待与君的后会有期！

彭成义

甲辰年二月初三（2024年3月12日植树节）

于北京海淀家中